한국에 잘 알려진 지브리 작품으로는

<이웃집 토토로>, <센과 치히로의 행방불명>, <하울의 움직이는 성>,

<벼랑 위의 포뇨> 등 여러 작품이 있습니다.

현재, 2014년 발표된 <추억의 마니>를 마지막으로

장편 영화 제작을 중단한 상태이며 설립부터 현재까지

약 스무 개의 장편애니메이션을 제작하였습니다.

'연주 동영상이 있는 스튜디오 지브리 OST 베스트'는 지브리가 설립되기 전의

<바람계곡의 나우시카>부터 <추억의 마니>까지 명곡 OST 중

베스트 40곡 선정하여 누구나 연주할 수 있도록

쉽게 편곡한 피아노곡집입니다.

전체 40곡의 연주 동영상을 QR코드로 편리하게 감상할 수 있으며,

지브리 애니메이션이 만들어진 연도별로 차례대로 구성하였습니다.

'연주 동영상이 있는 스튜디오 지브리 OST 베스트'와 함께

지브리 애니메이션의 감동을 다시 한 번 느껴보세요.

삼호ETM 편집부

스튜디오 지브리 장편 애니메이션 작품

제목	출시일	감독	음악
천공의 성 라퓨타 Laputa: Castle In The Sky	1986년 08월 02일	미야자키 하야오	히사이시 조
반딧불이의 묘 Grave Of The Fireflies	1988년 04월 16일	다카하타 이사오	미치오 마미야
이웃집 토토로 My Neighbor Totoro		미야자키 하야오	히사이시 조
마녀 배달부 키키 Kiki's Delivery Service	1989년 07월 29일		
추억은 방울방울 Memories Of Teardrops	1991년 07월 20일	다카하타 이사오	카츠 호시
붉은 돼지 Crimson Pig	1992년 07월 18일	미야자키 하야오	히사이시 조
폼포코 너구리 대작전 The Raccoon War Pom Poko	1994년 07월 16일	다카하타 이사오	샹 샹 타이푼
귀를 기울이면 Whisper Of The Heart	1995년 07월 15일	콘도 요시후미	노미 유지
모노노케 히메 The Princess Mononoke	1997년 07월 12일	미야자키 하야오	히사이시 조
이웃집 야마다군 My Neighbors The Yamadas	1999년 07월 17일	다카하타 이사오	야노 아키코
센과 치히로의 행방불명 The Spiriting Away Of Sen And Chihiro	2001년 07월 20일	미야자키 하야오	히사이시 조
고양이의 보은 The Cat Returns	2002년 07월 20일	모리타 히로유키	노미 유지
하울의 움직이는 성 Howl's Moving Castle	2004년 11월 20일	미야자키 하야오	히사이시 조
게드전기 ゲド戦記: Tales From Earthsea	2006년 07월 29일	미야자키 고로	테라지마 타미야
벼랑 위의 포뇨 Ponyo On The Cliff	2008년 07월 19일	미야자키 하야오	히사이시 조
마루 밑 아리에티 The Borrowers	2010년 07월 17일	요네바야시 히로마사	세실 코르벨
코쿠리코 언덕에서 Kokuriko-Zaka Kara	2011년 07월 16일	미야자키 고로	다케베 사토시
바람이 분다 The Wind Rises	2013년 07월 20일	미야자키 하야오	히사이시 조
가구야공주 이야기 Story Of Princess Kaguya	2013년 11월 23일	다카하타 이사오	
추억의 마니 When Marnie Was There	2014년 07월 19일	요네바야시 히로마사	무라마츠 타카츠구

EASY PIANO VER.

스튜디오 지브리 OST 베스트

With
Playing Video

STUDIO
GHIBLI

40
SONGS

EASY
LEVEL

OST BEST

samhoeTM

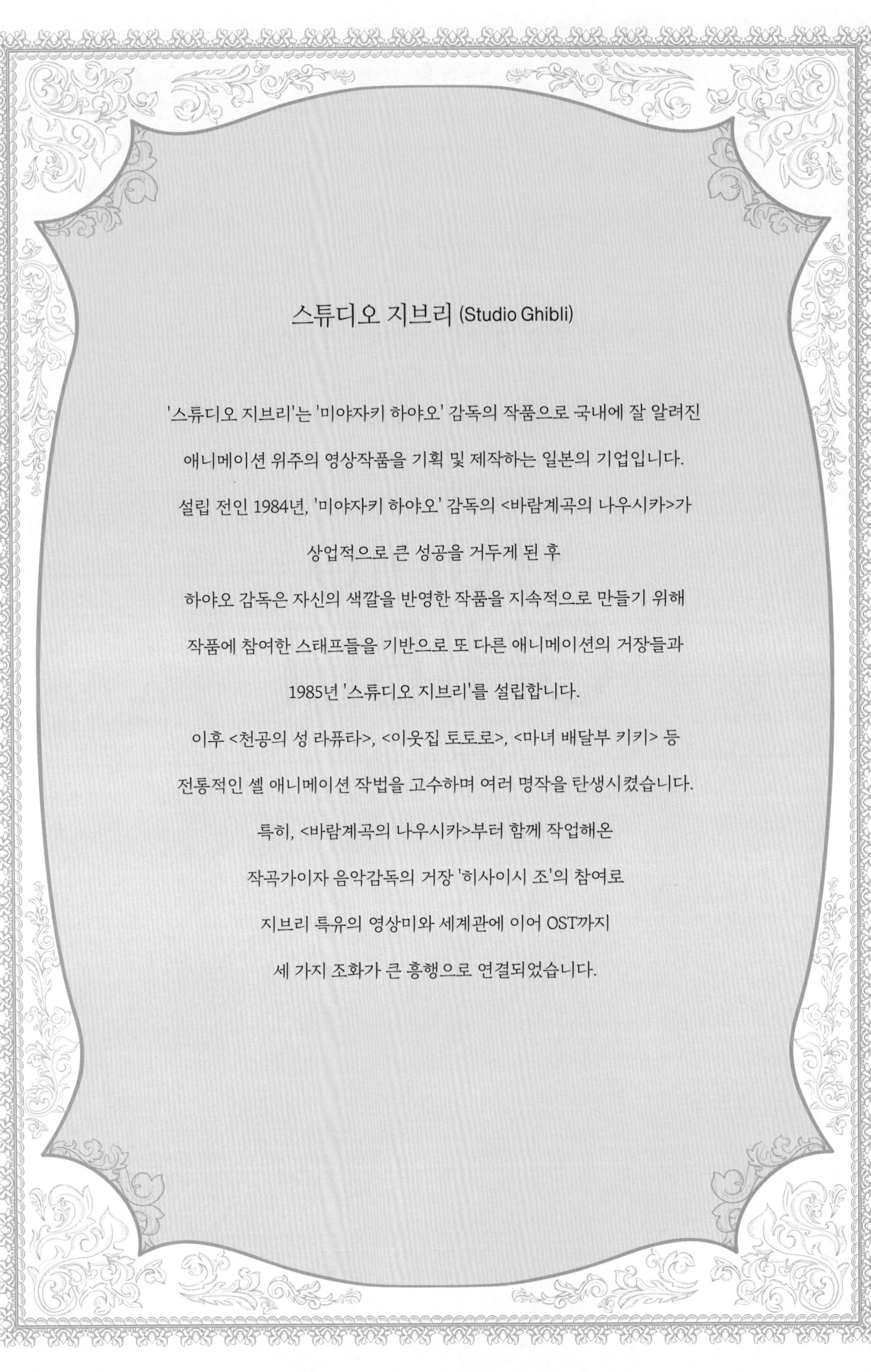

스튜디오 지브리 (Studio Ghibli)

'스튜디오 지브리'는 '미야자키 하야오' 감독의 작품으로 국내에 잘 알려진

애니메이션 위주의 영상작품을 기획 및 제작하는 일본의 기업입니다.

설립 전인 1984년, '미야자키 하야오' 감독의 <바람계곡의 나우시카>가

상업적으로 큰 성공을 거두게 된 후

하야오 감독은 자신의 색깔을 반영한 작품을 지속적으로 만들기 위해

작품에 참여한 스태프들을 기반으로 또 다른 애니메이션의 거장들과

1985년 '스튜디오 지브리'를 설립합니다.

이후 <천공의 성 라퓨타>, <이웃집 토토로>, <마녀 배달부 키키> 등

전통적인 셀 애니메이션 작법을 고수하며 여러 명작을 탄생시켰습니다.

특히, <바람계곡의 나우시카>부터 함께 작업해온

작곡가이자 음악감독의 거장 '히사이시 조'의 참여로

지브리 특유의 영상미와 세계관에 이어 OST까지

세 가지 조화가 큰 흥행으로 연결되었습니다.

스마트폰으로 동영상 보는 법

〈연주 동영상이 있는 스튜디오 지브리 OST 베스트〉는
연주자가 직접 연주한 동영상을 스마트폰으로 언제 어디서나 볼 수 있습니다.
유튜브 채널 QR코드를 스캔하면 원하는 동영상을 선택해 감상할 수 있습니다.

유튜브

---

1. QR코드란 스마트폰으로 인식할 수 있도록 고안된 네모난 모자이크 모양의 코드입니다.

2. 스마트폰에서 자신이 자주 사용하는
   QR코드 스캔 애플리케이션을 실행
   합니다.

안드로이드 용   아이폰 용

---

3. 사각 프레임 안에 QR코드를 맞춰주
   세요.

4. 동영상 주소가 나오고 주소를 클릭하면
   동영상이 나옵니다.

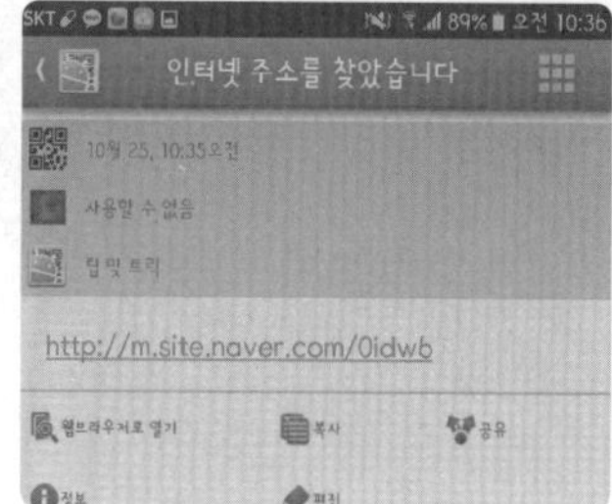

---

5. 화면의 재생 버튼을 눌러 동영상을 감
   상하면 됩니다.

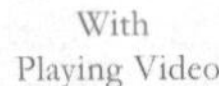

STUDIO
GHIBLI
OST BEST

연주 동영상 QR코드 모음

바람계곡의 나우시카

나우시카 레퀴엠 · 하늘을 나는 사람

천공의 성 라퓨타

너를 태우고 · 천공의 성 라퓨타

반딧불이의 묘

Home Sweet Home

이웃집 토토로

산책 · 오월의 마을 · 바람이 지나가는 길 · 고양이 버스 · 이웃집 토토로

마녀 배달부 키키

맑은 날에 · 바다가 보이는 마을 · 루즈의 전언 · 일 시작

추억은 방울방울

사랑은 꽃,
그대는 그 씨앗

붉은 돼지

체리가 익어갈 무렵 · 돌아갈 수 없는 날들 · 때로는 옛 이야기를

폼포코 너구리 대작전

언제나 누군가가

귀를 기울이면

컨트리 로드

STUDIO
GHIBLI
OST BEST

모노노케 히메

모노노케 히메

아시타카와 산

아시타카의 전설

센과 치히로의 행방불명

어느 여름날

용의 소년

고양이의 보은

여섯 번째 역

또 다시

언제나 몇 번이라도

하루의 추억

바람이 되어

하울의 움직이는 성

세계의 약속

인생의 회전목마

게드전기: 어스시의 전설

테루의 노래

시간의 노래

벼랑 위의 포뇨

벼랑 위의 포뇨

마루 밑 아리에티

아리에티의 노래

코쿠리코 언덕에서

이별의 여름

바람이 분다

여로-몽중비행

가구야공주 이야기

생명의 기억

추억의 마니

Fine On The
Outside

CONTENTS

나우시카 레퀴엠

J. Hisaishi

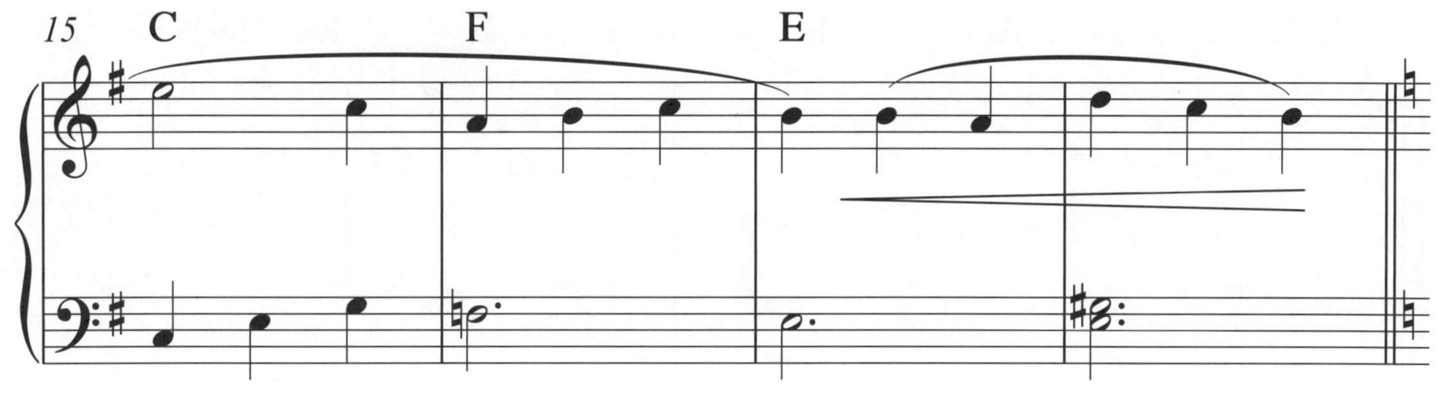

스튜디오 지브리 OST 베스트 | Easy Piano Ver.

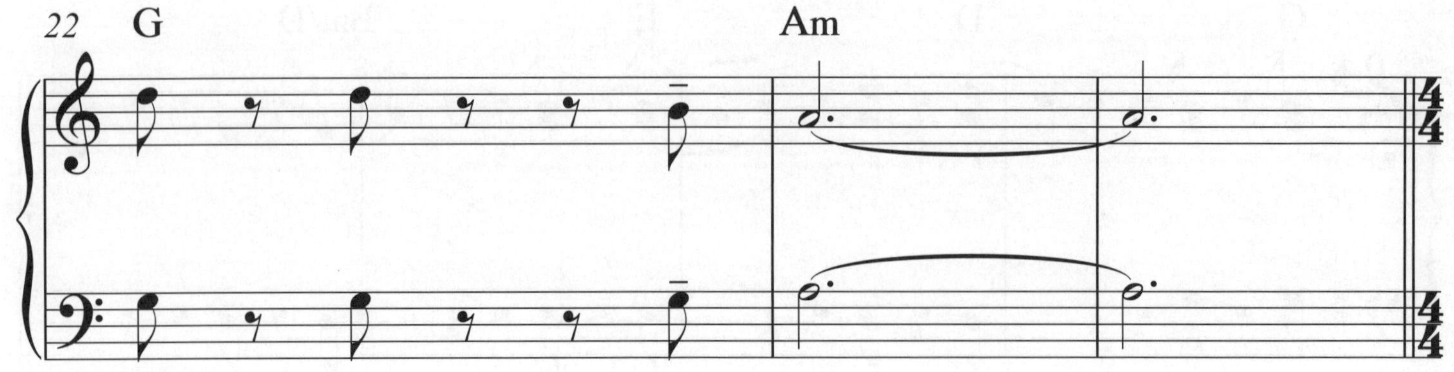

22
G
Am
4/4
4/4

♩ = 82
25
D
Am   E   Am   E   Am   E   F   G   Am
mp
4/4
4/4

29
E
Am   E   Am   E   Am   E   Dm   D#°7   E

33
Am   E   Am   E   Am   E   F   G   Am

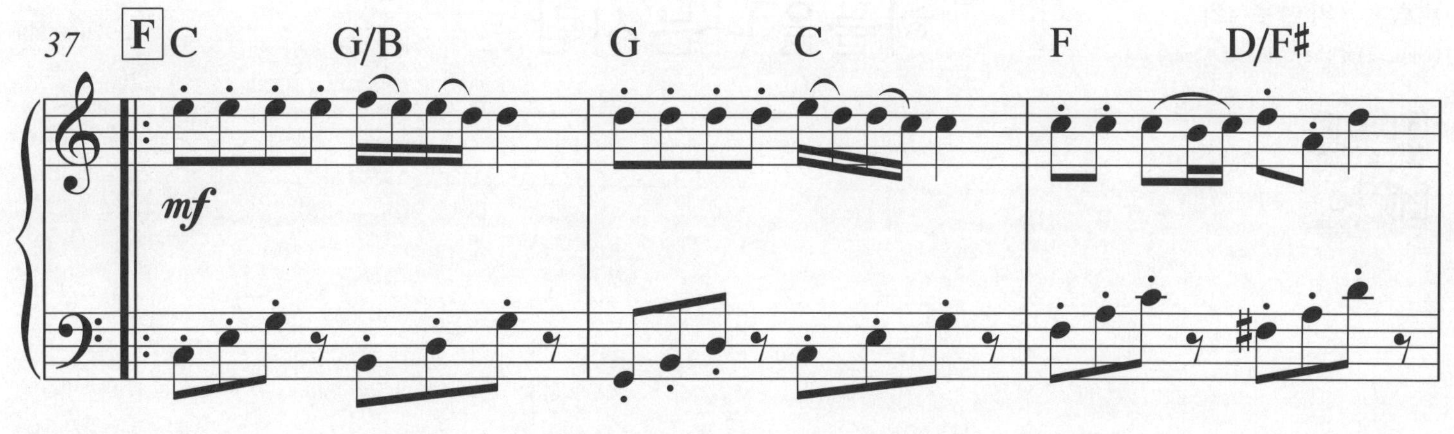

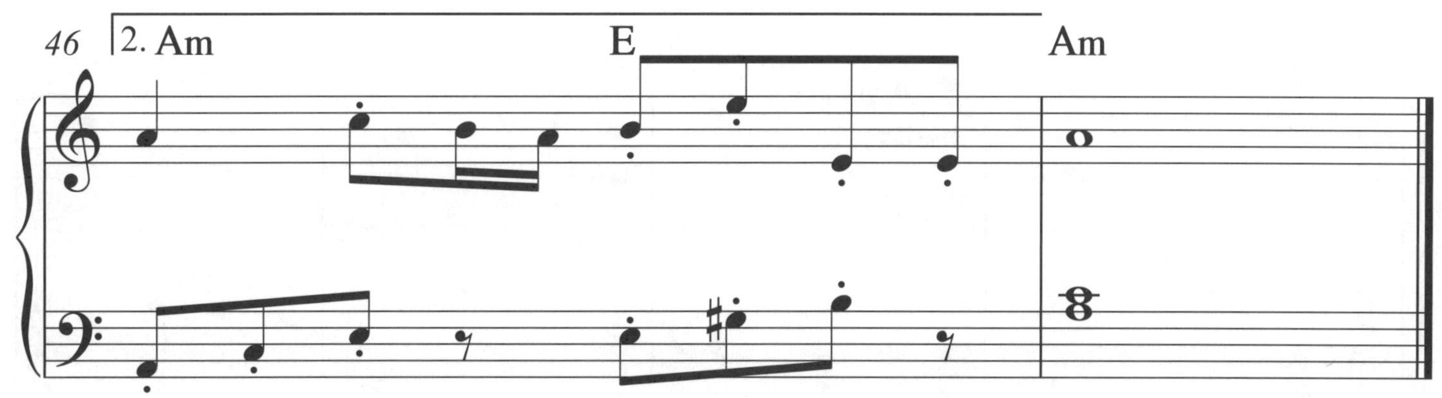

스튜디오 지브리 OST 베스트 | Easy Piano Ver.

하늘을 나는 사람

J. Hisaishi

Moderato ♩ = 96

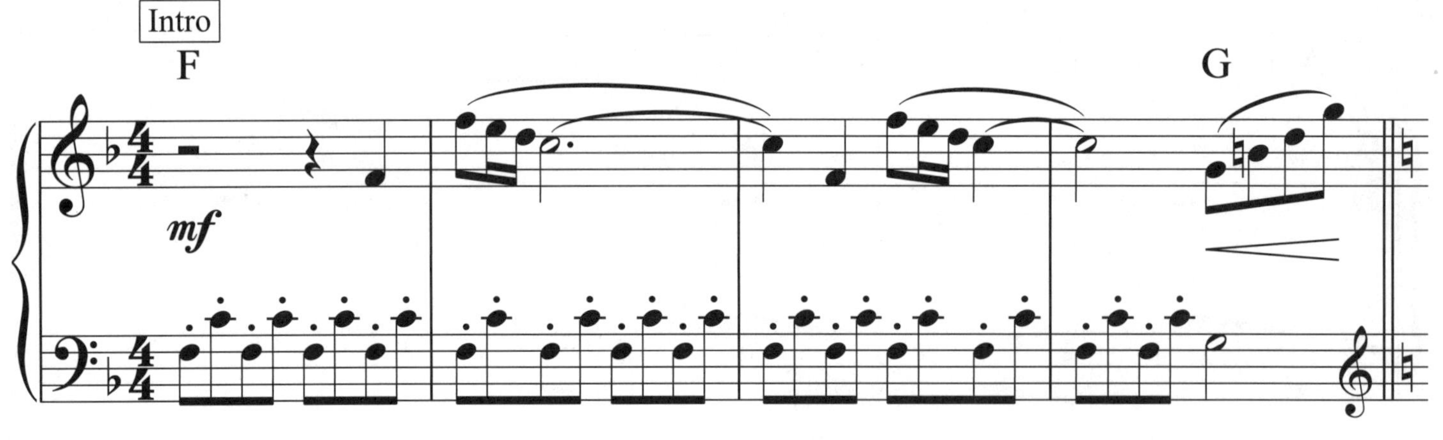

스튜디오 지브리 OST 베스트 | Easy Piano Ver.

Espressivo ♩ = 86

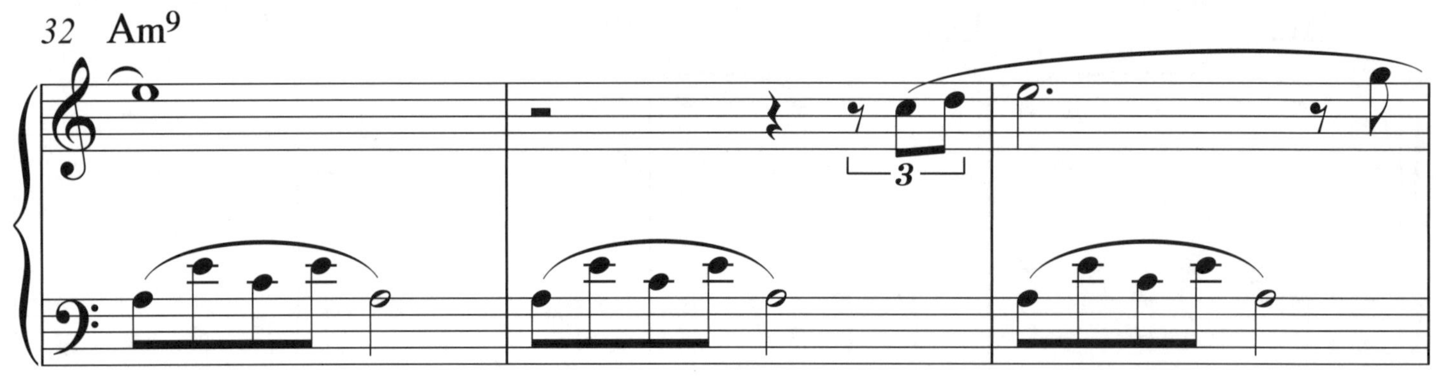

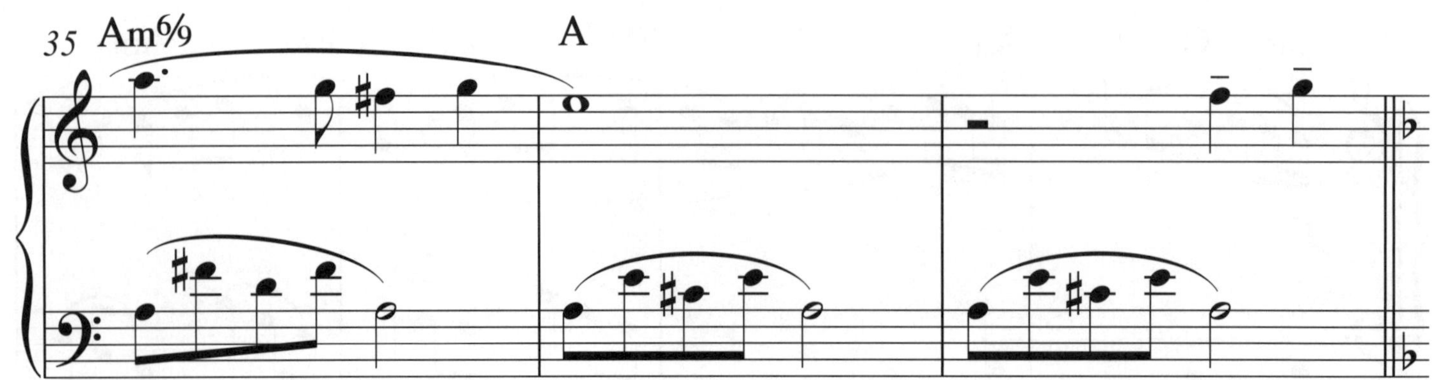

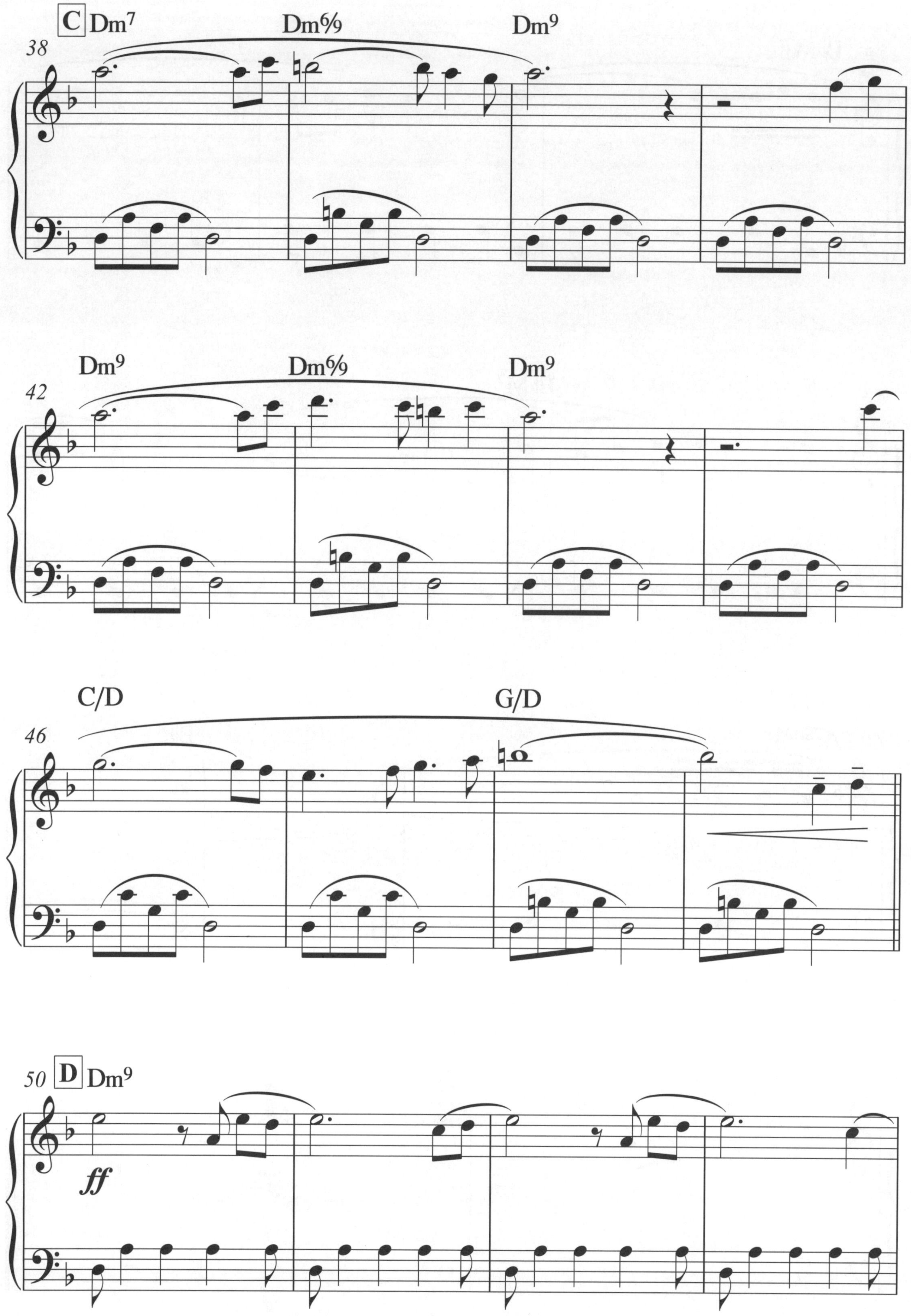

스튜디오 지브리 OST 베스트 | Easy Piano Ver.

54
B♭M7
F

57
F
E♭M7

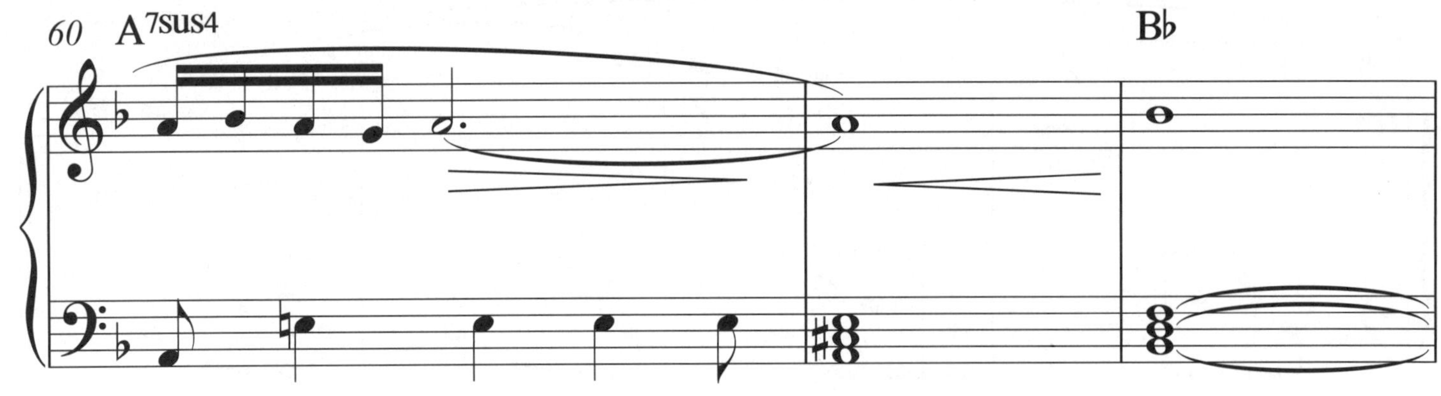

60
A7sus4
B♭

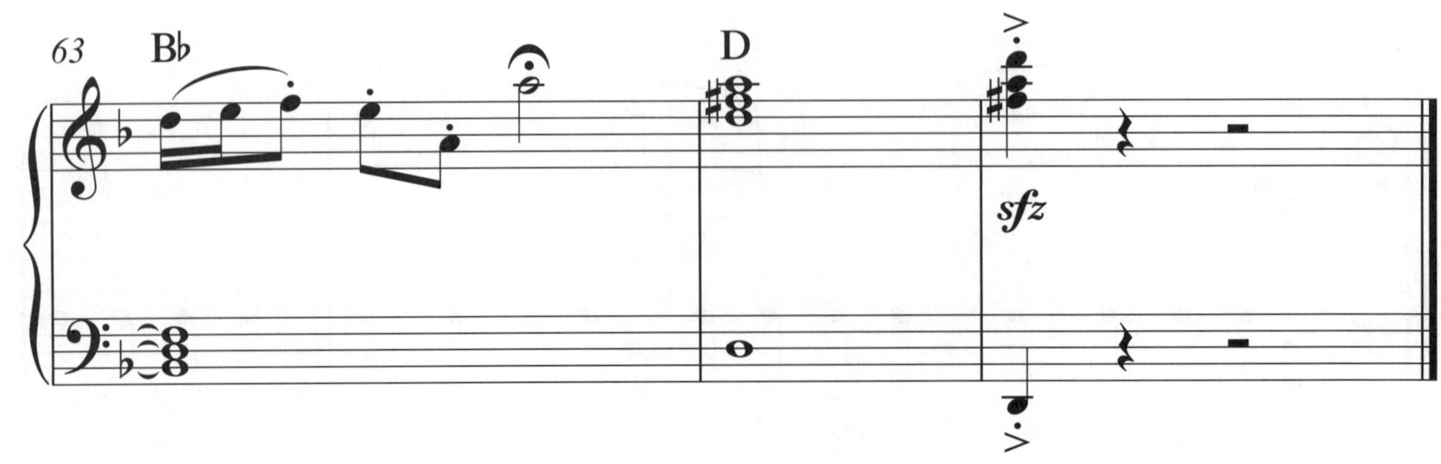

63
B♭
D
sfz

너를 태우고

J. Hisaishi

Allegro ♩ = 118

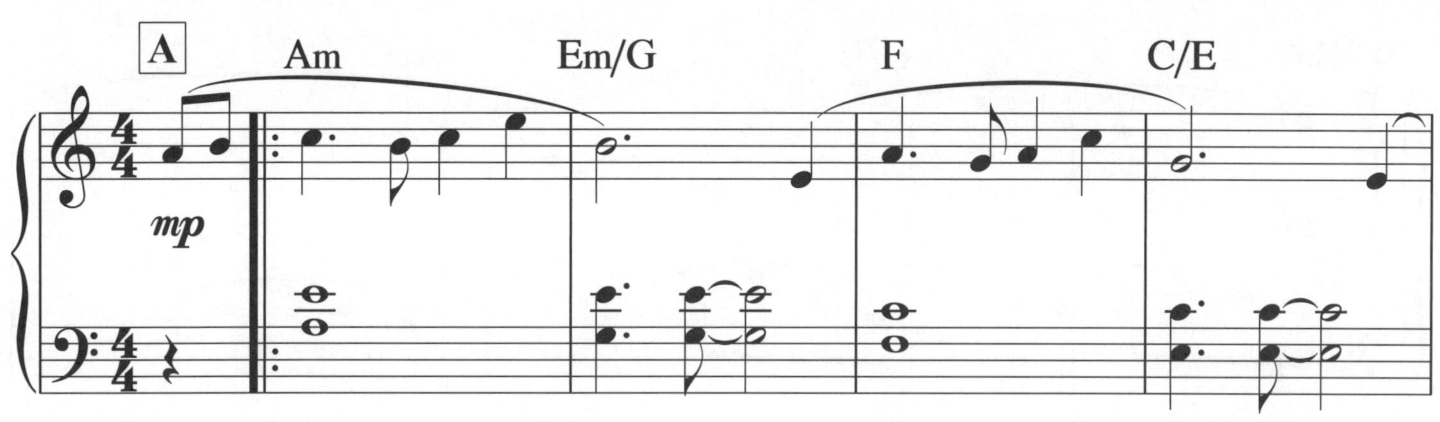

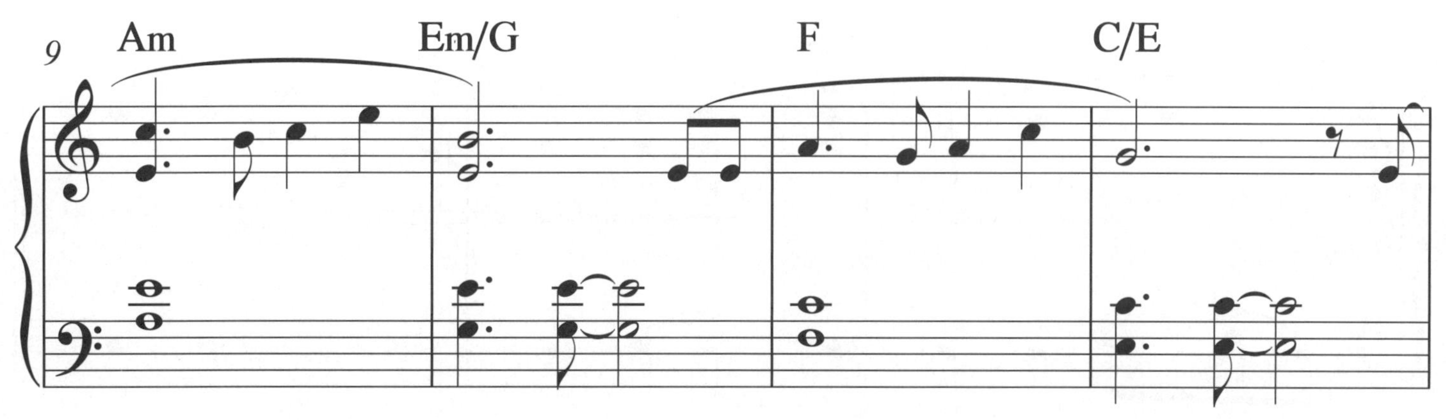

13
Dm7
Am
Dm7
E7
1. Am

17
B C
G/B
Am
mf

20
Em
F
G/F
C/E
Am

23
Dm
Esus4
E

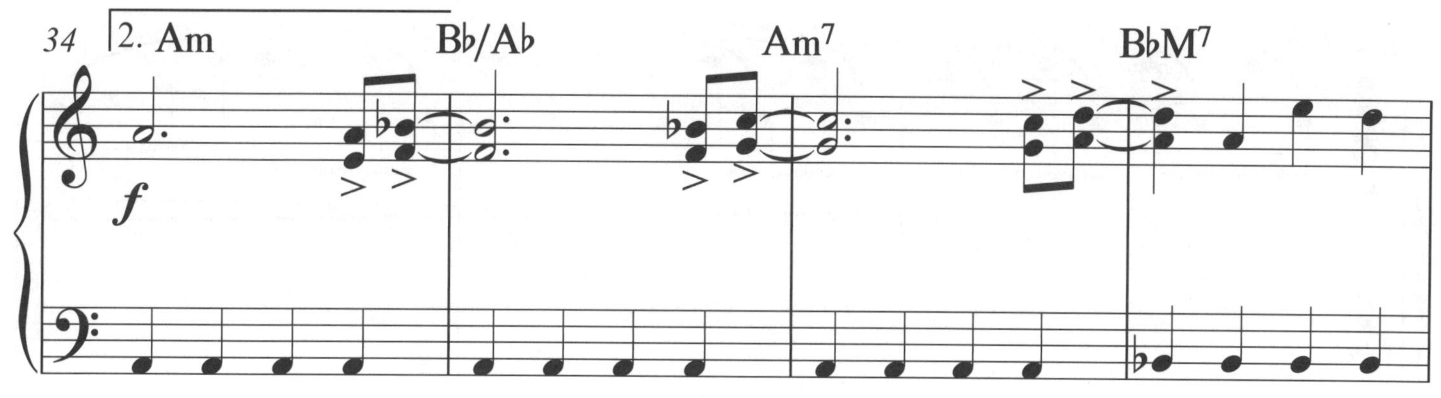

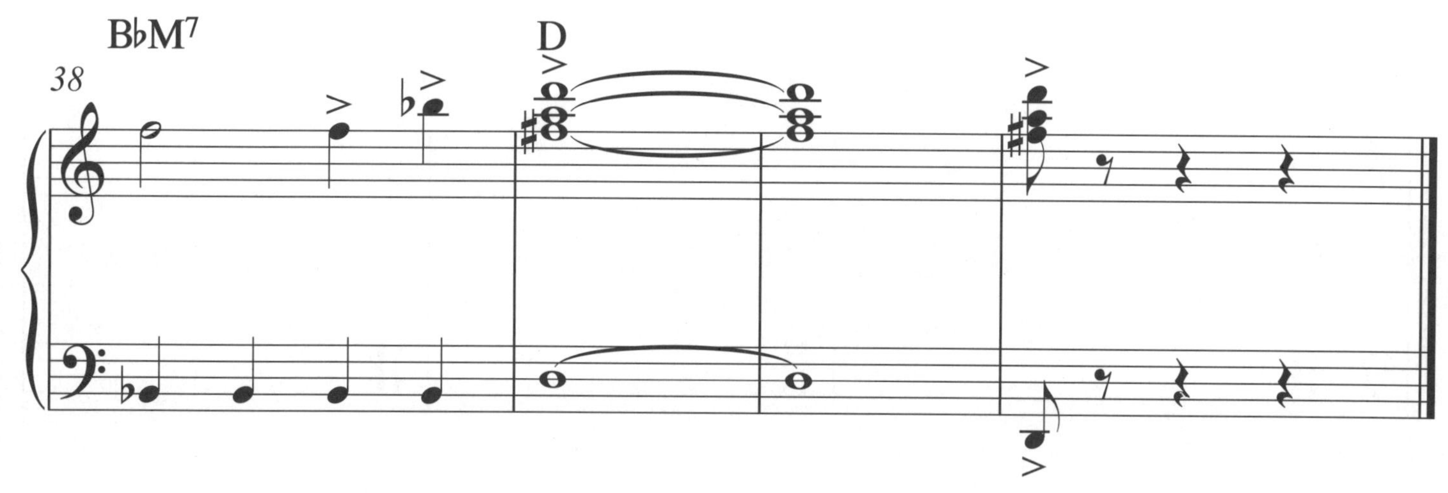

스튜디오 지브리 OST 베스트 | Easy Piano Ver.

천공의 성 라퓨타

J. Hisaishi

Moderato ♩ = 98

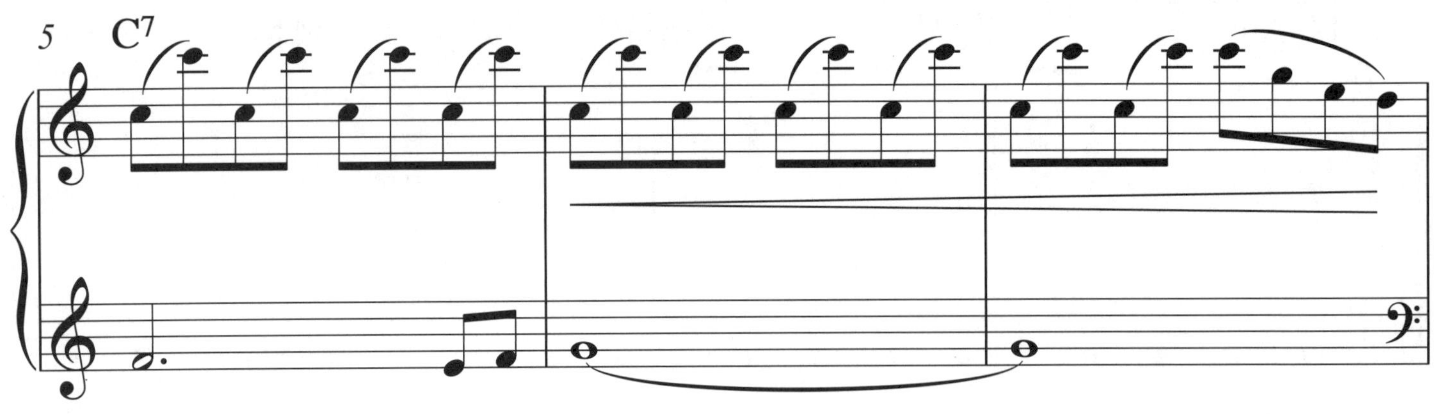

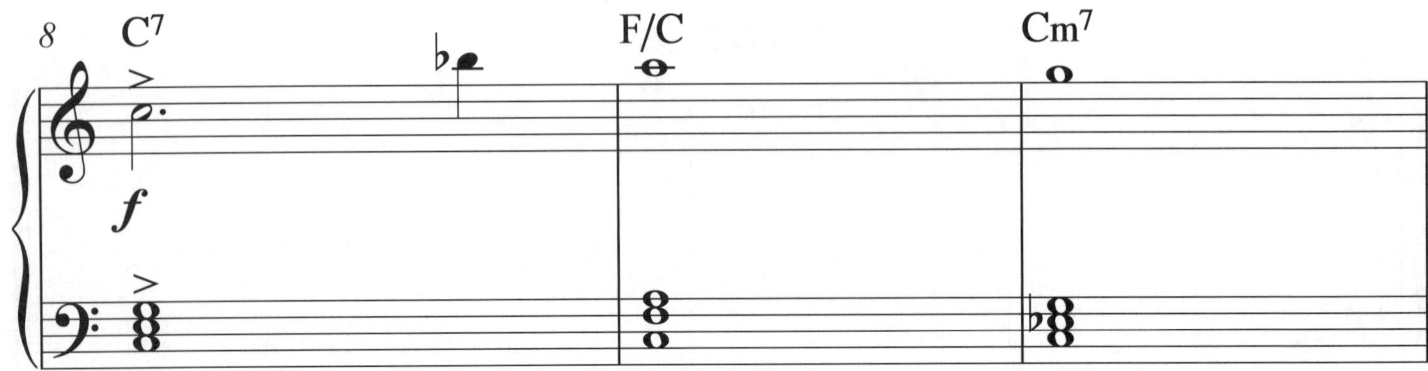

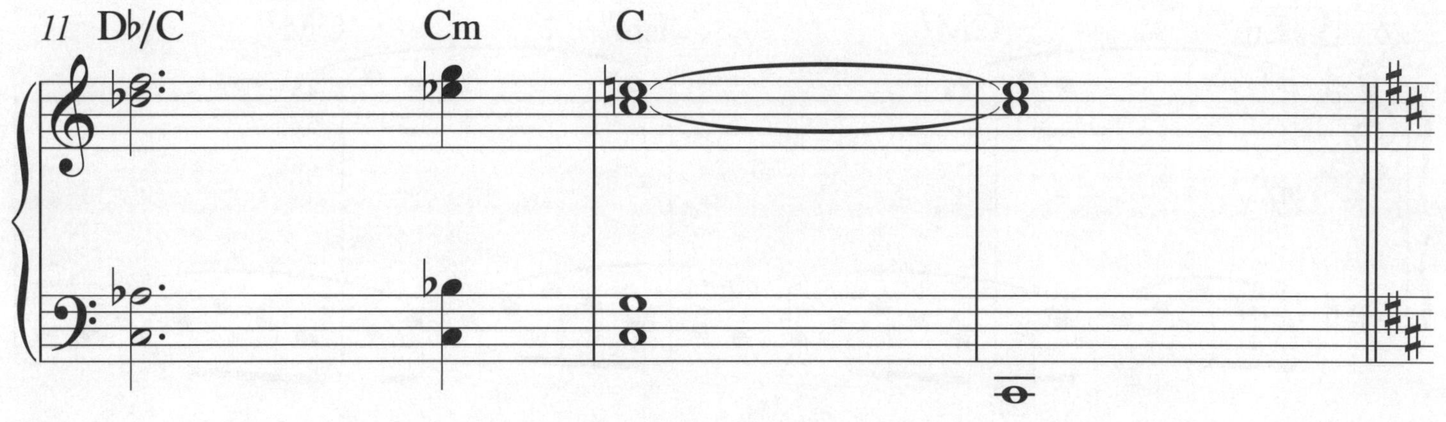

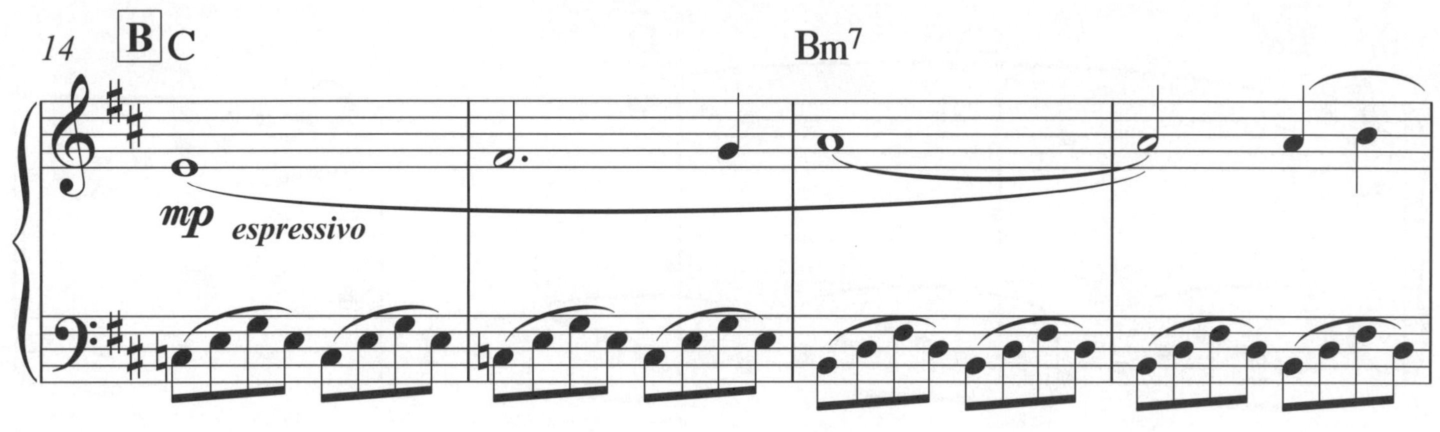

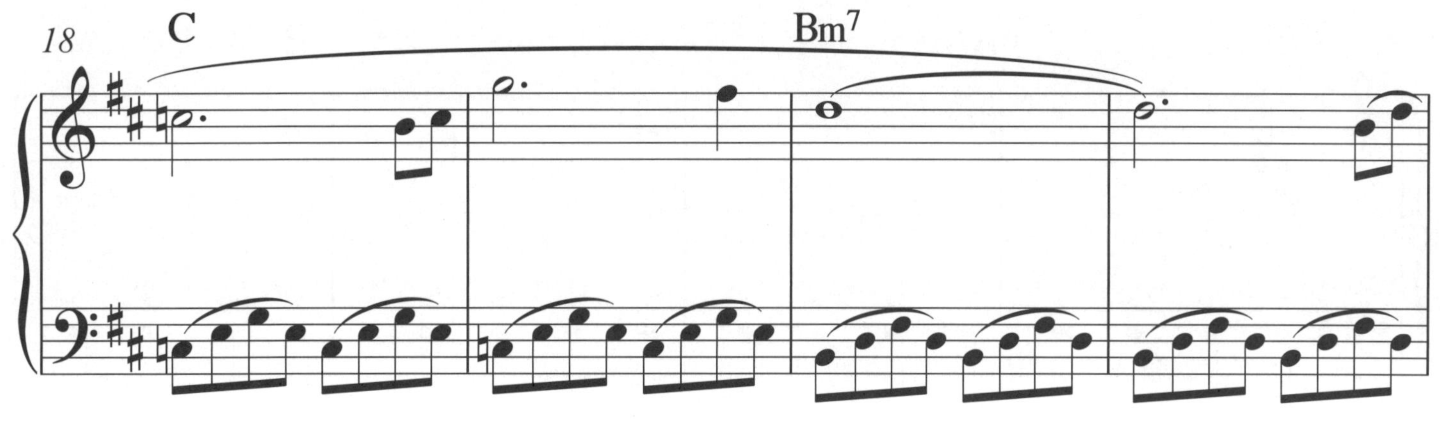

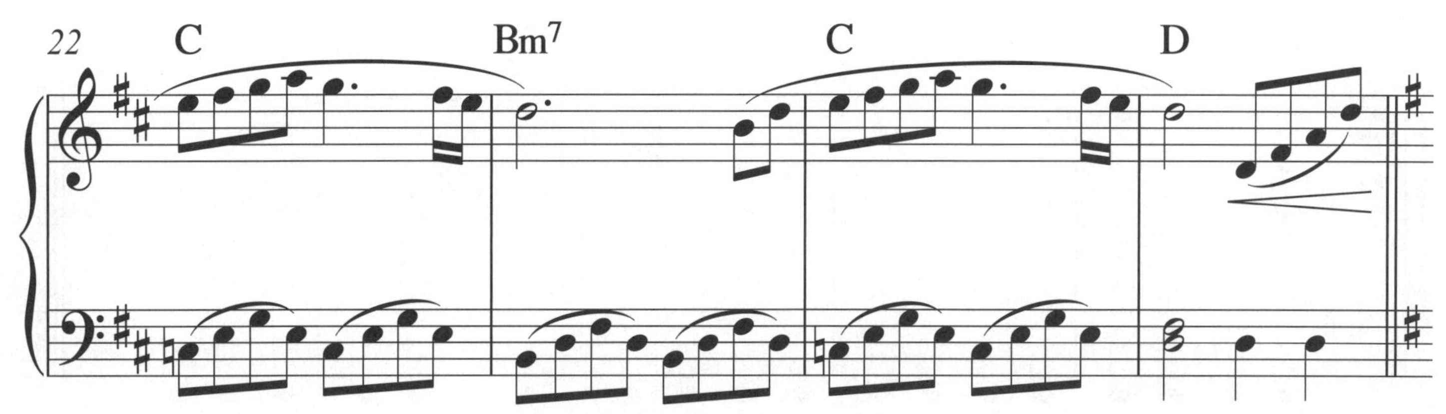

스튜디오 지브리 OST 베스트 | Easy Piano Ver.

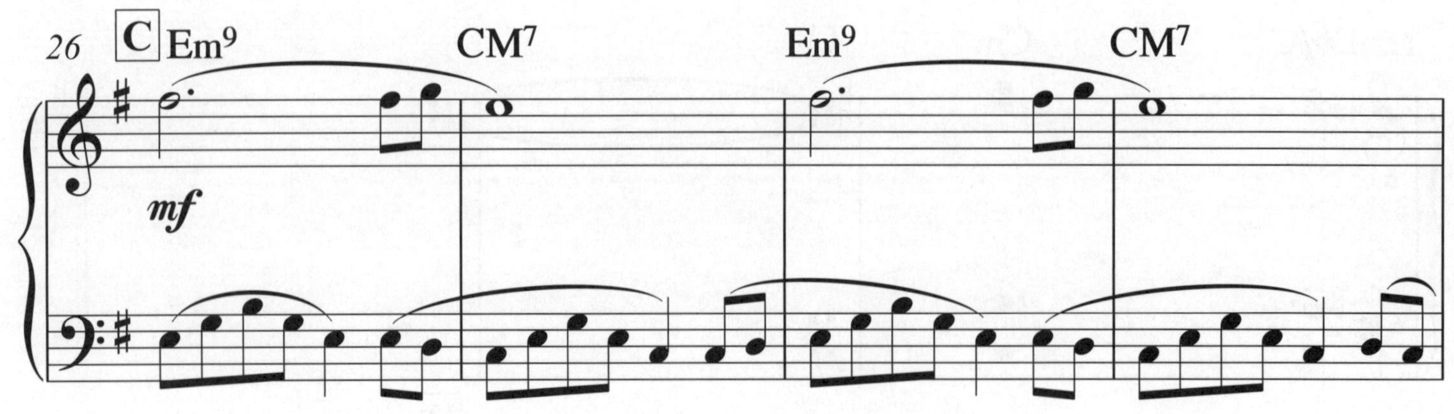

26
C
Em9
CM7
Em9
CM7
mf

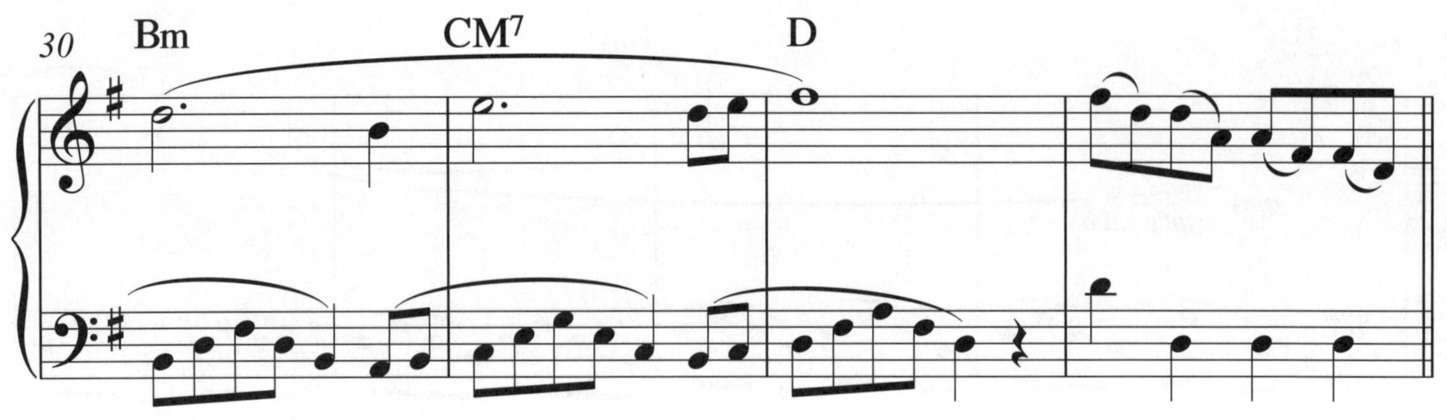

30
Bm
CM7
D

34
D
E7
A/E
E
f

38
E7
A/E
E

스튜디오 지브리 OST 베스트 | Easy Piano Ver.

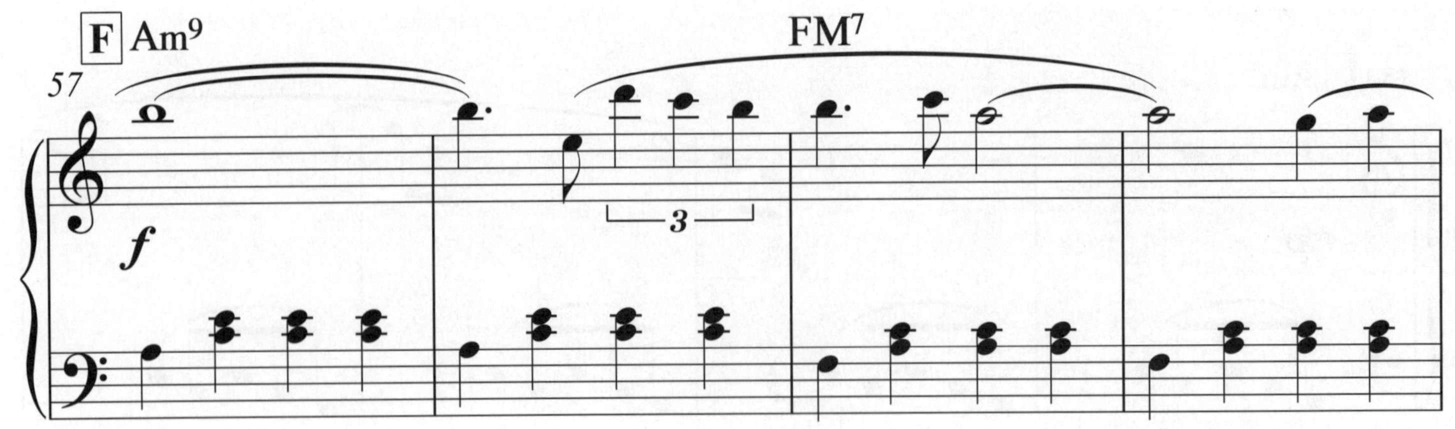
F Am9
57
FM7
f
3

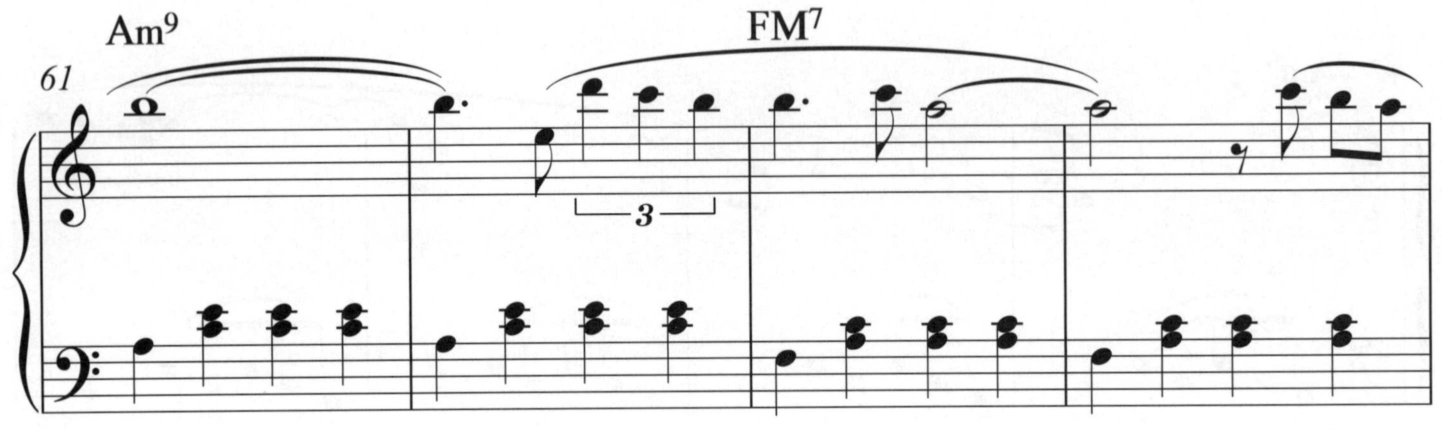
Am9
61
FM7
3

C/E
65
Bb
Asus4
A
poco dim.
mp

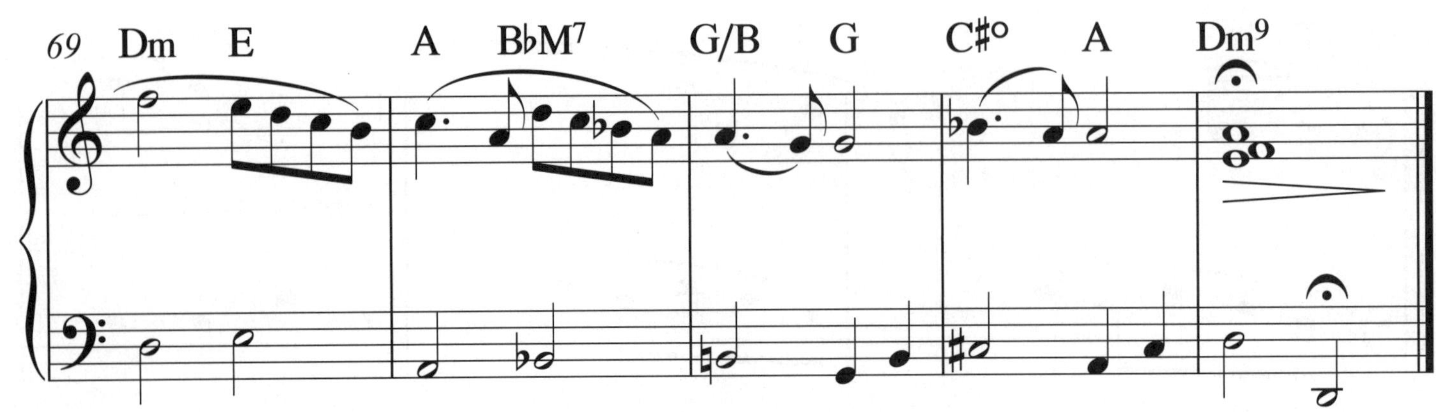
69 Dm E
A BbM7
G/B G
C#o A
Dm9

Home Sweet Home

H. R. Bishop

Andante ♩ = 60

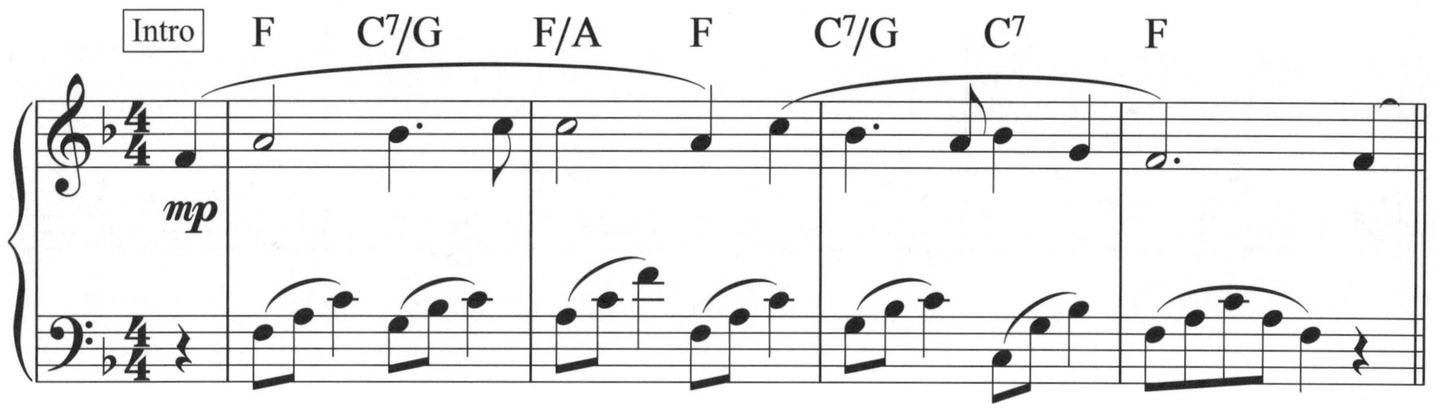

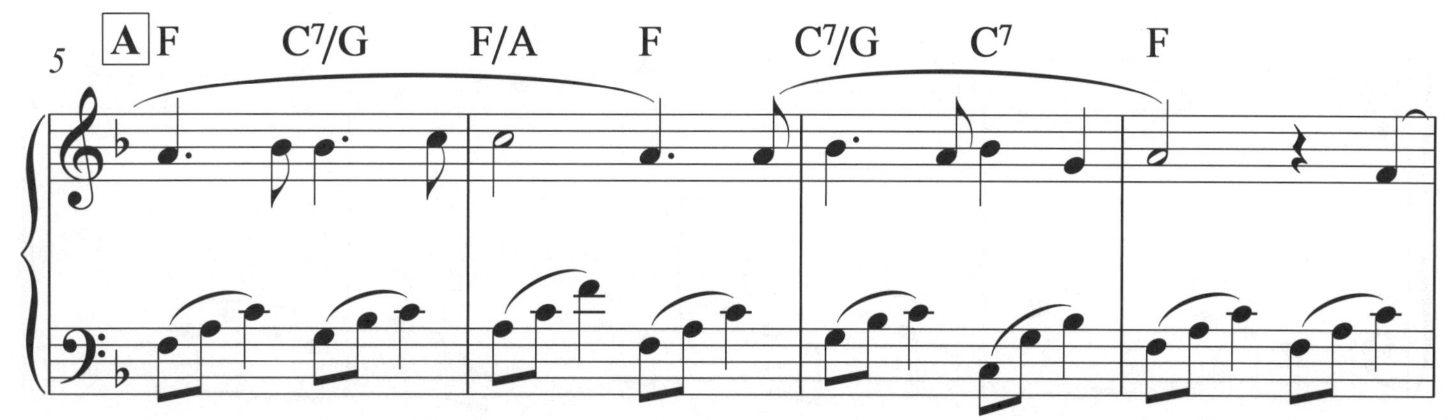

스튜디오 지브리 OST 베스트 | Easy Piano Ver.

9
F
C7/G
F/A
F
C7/G
C7
F

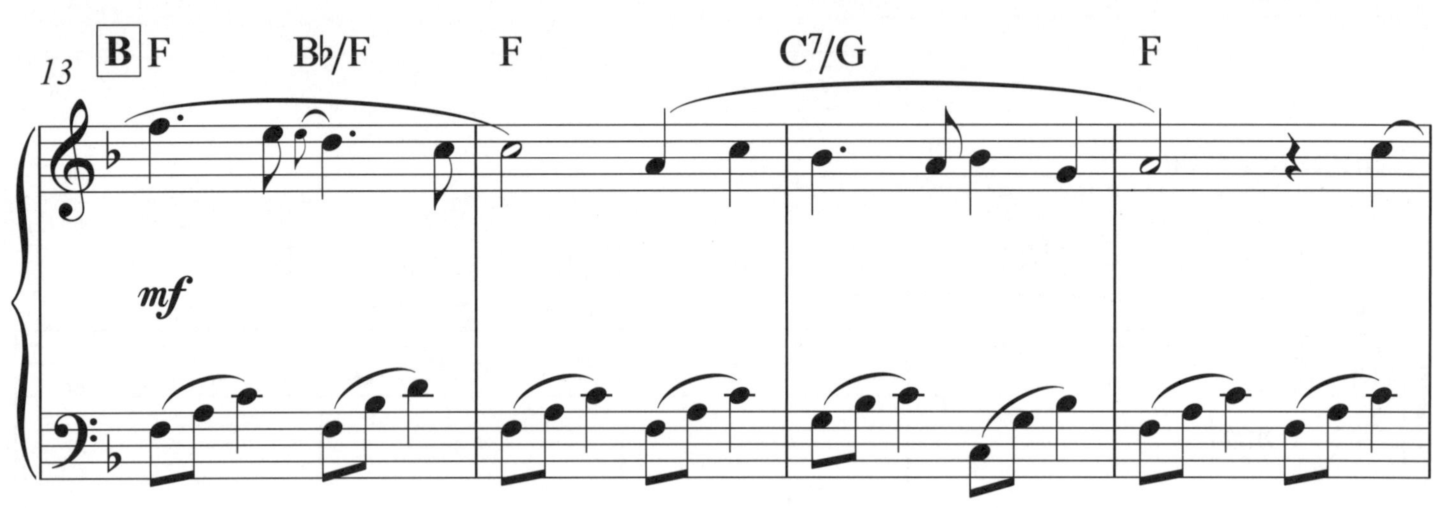

13
B
F
Bb/F
F
C7/G
F
mf

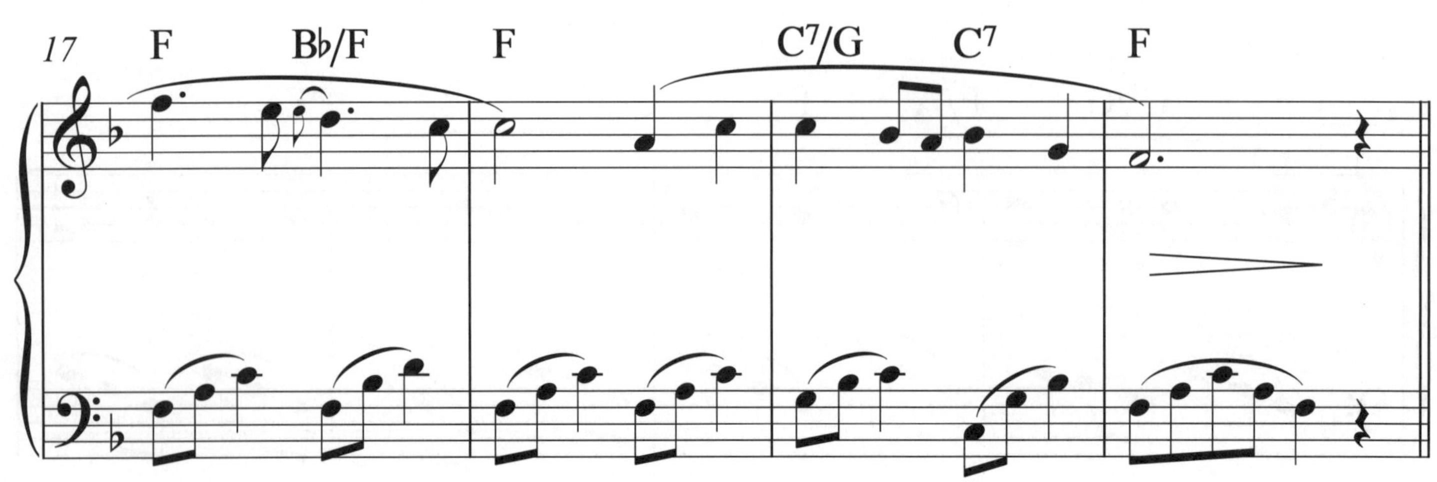

17
F
Bb/F
F
C7/G
C7
F

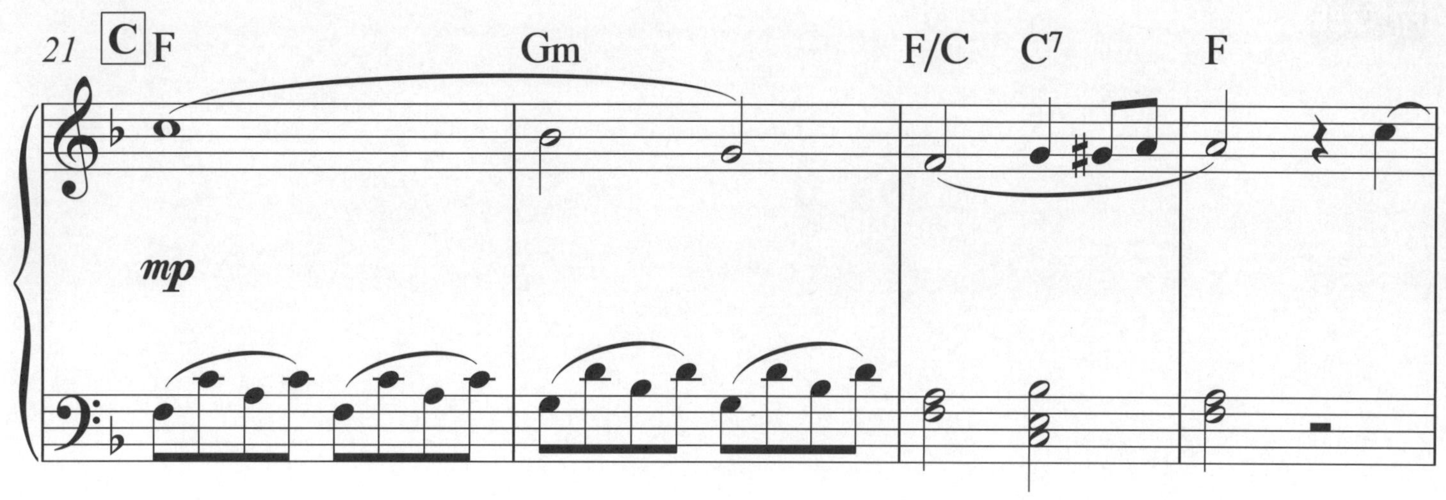

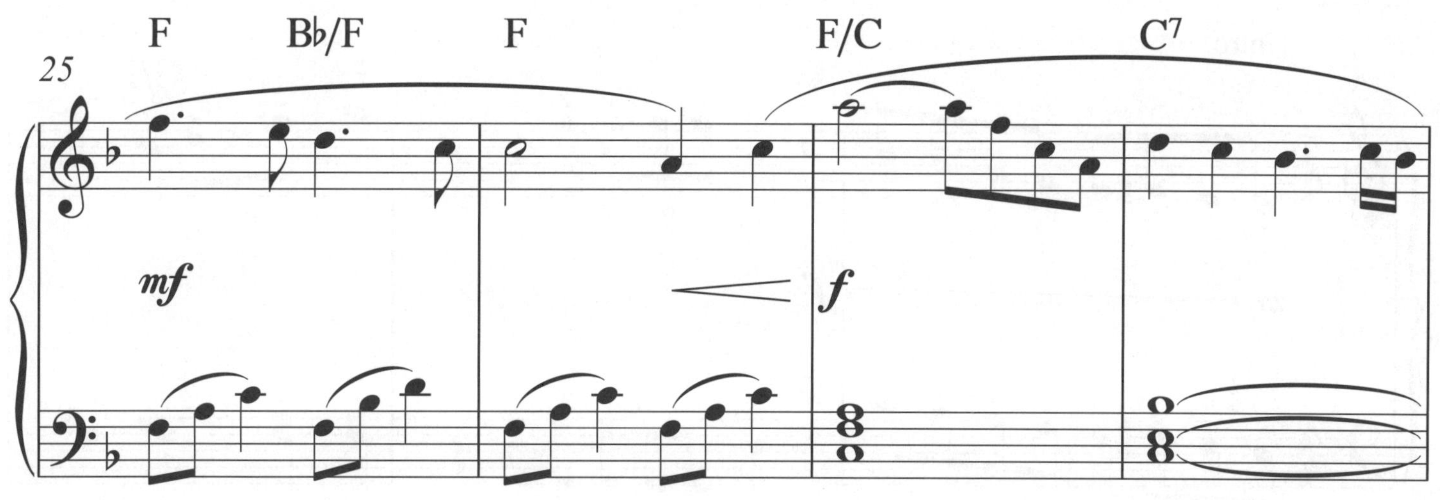

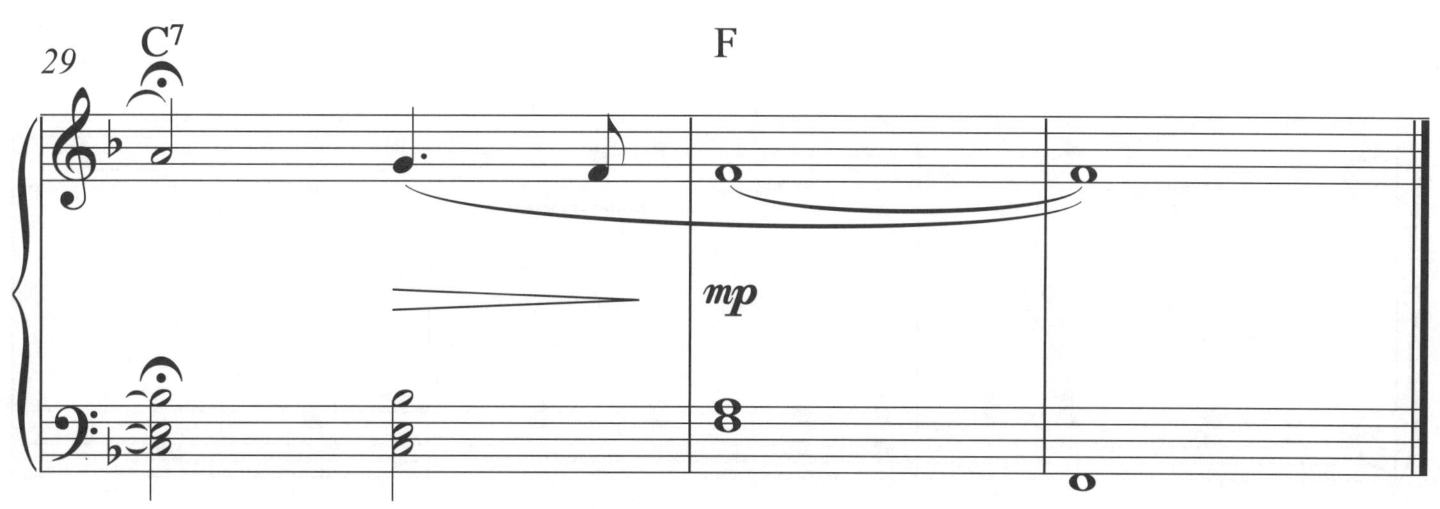

스튜디오 지브리 OST 베스트 | Easy Piano Ver.

산책

J. Hisaishi

Allegretto ♩ = 120

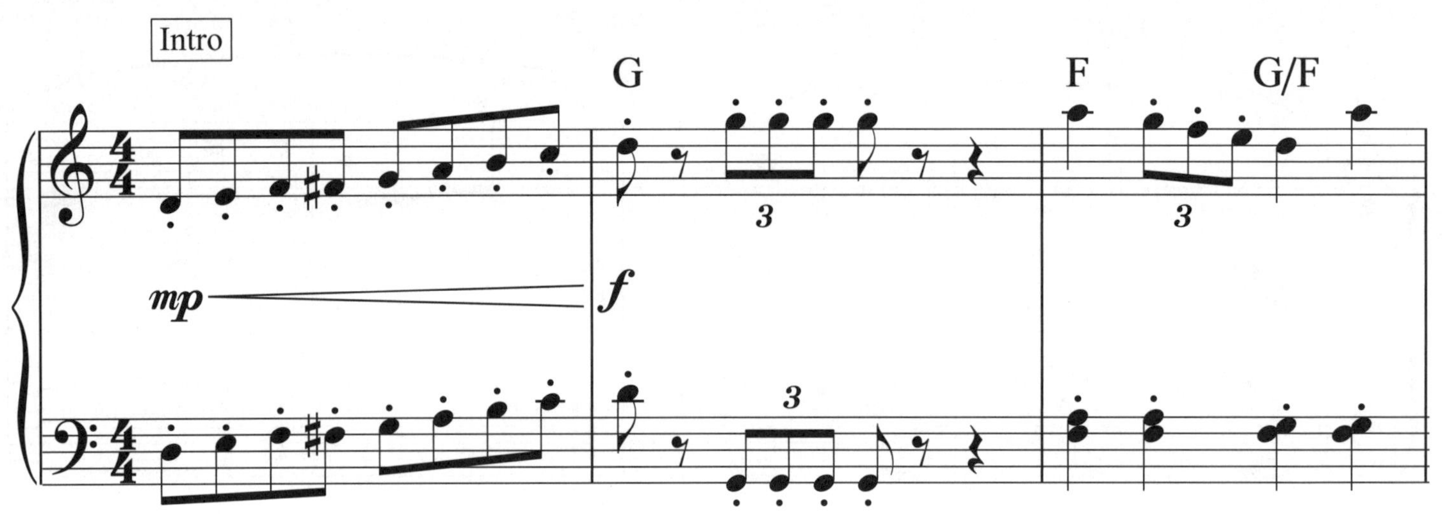

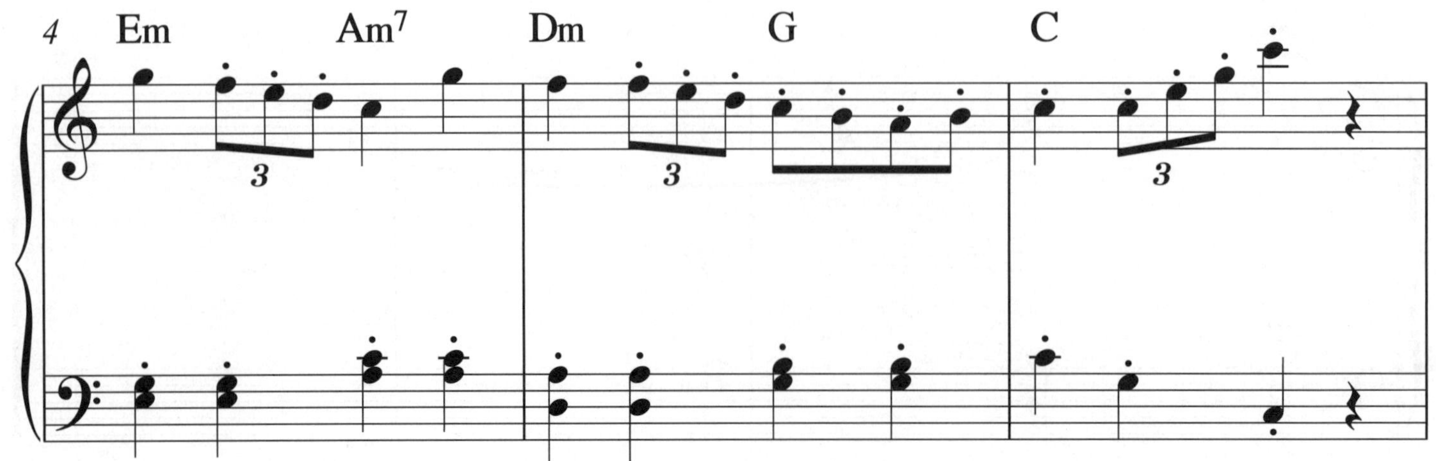

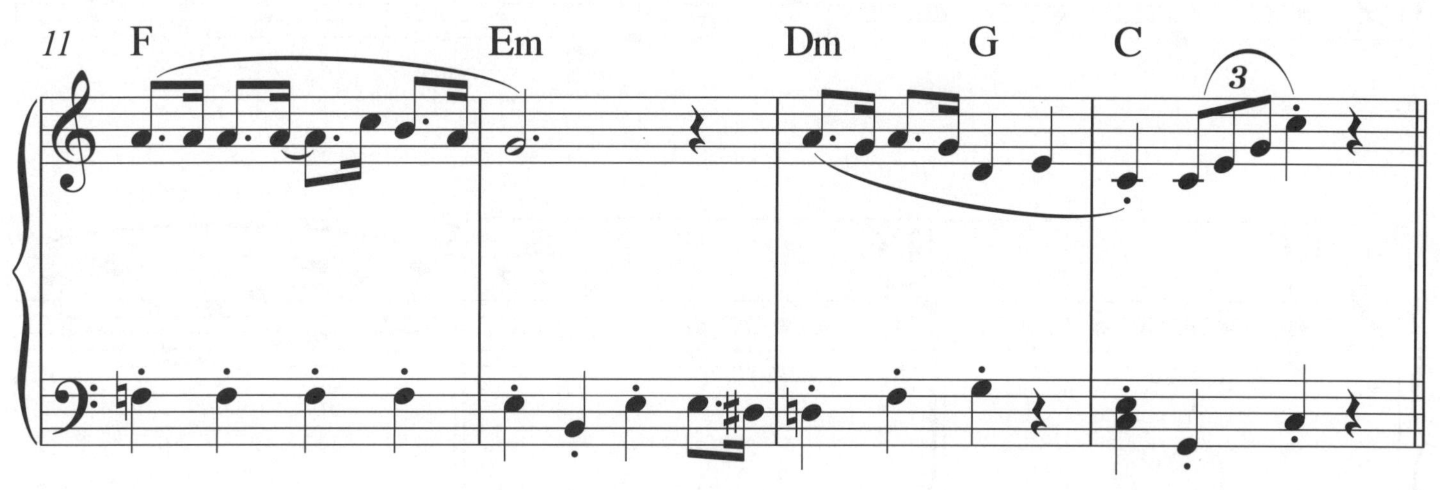

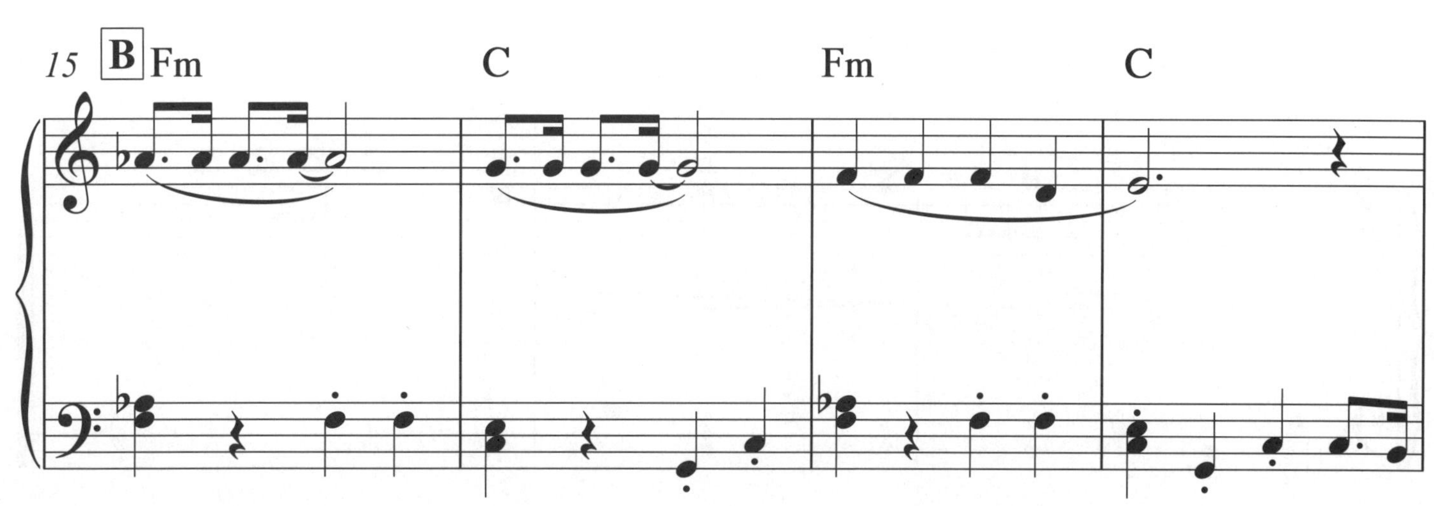

스튜디오 지브리 OST 베스트 | Easy Piano Ver.

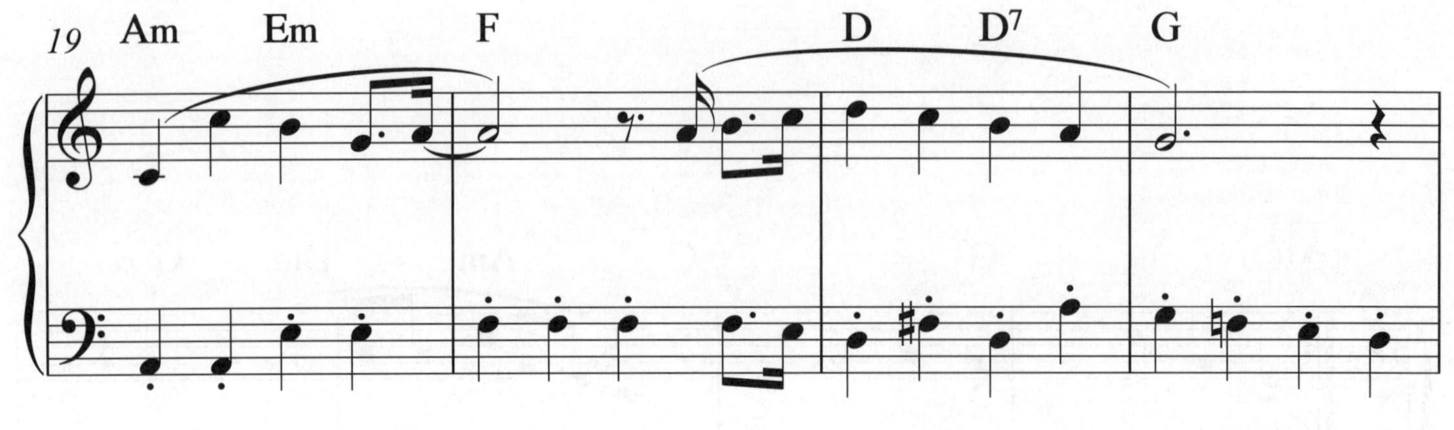

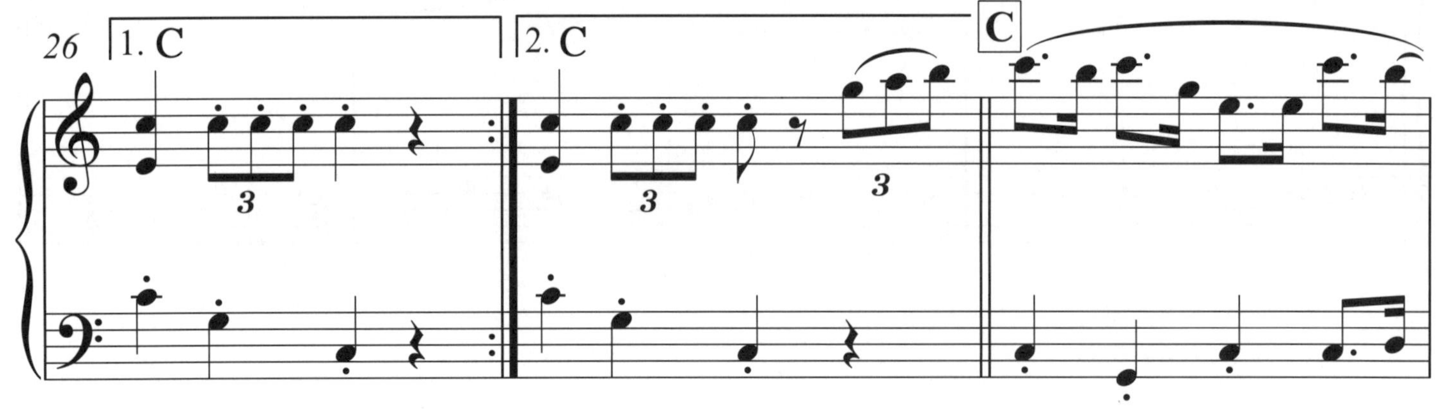

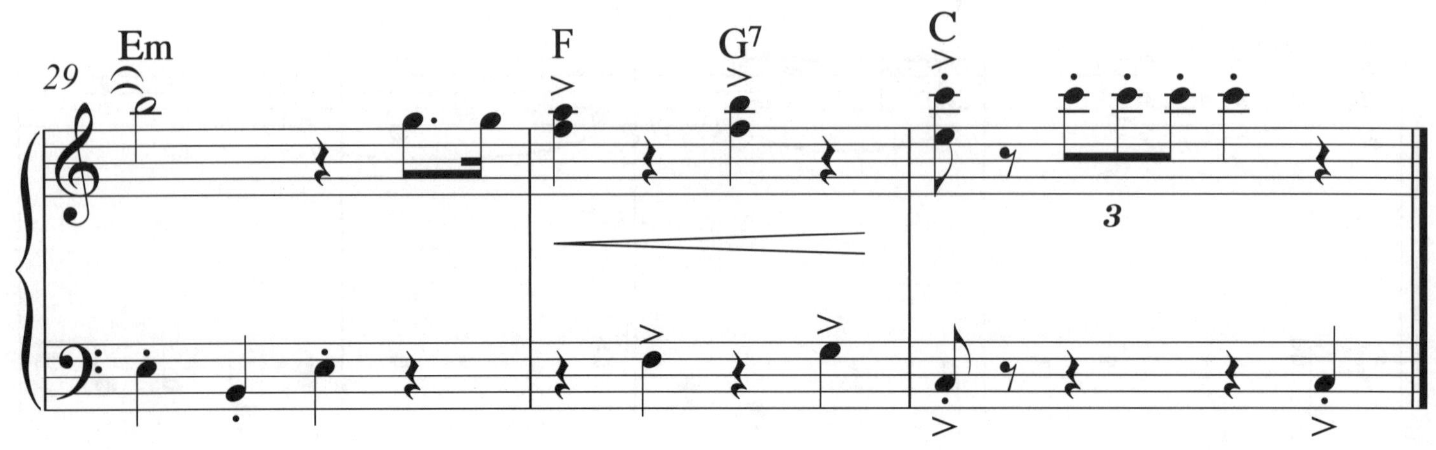

오월의 마을

J. Hisaishi

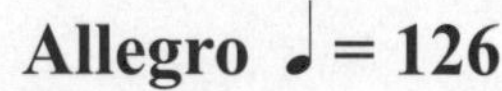

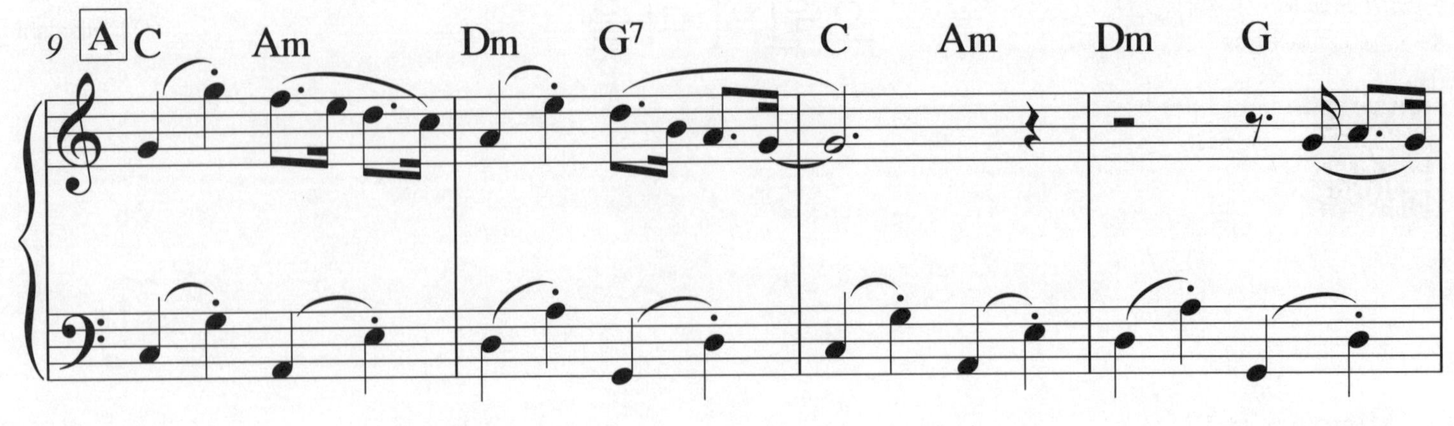
9 A
C   Am   Dm   G7   C   Am   Dm   G

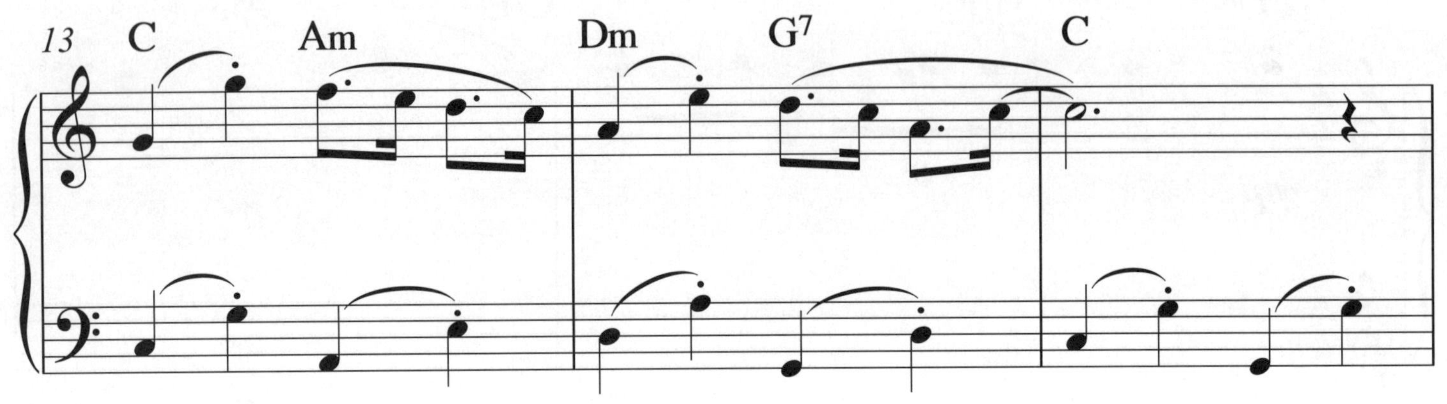
13 C   Am   Dm   G7   C

16 C7   B F   Fm

19 C   F

스튜디오 지브리 OST 베스트 | Easy Piano Ver.

36
C7/E
A
A/G
Dm/F
Dm

39
G9
C13/G
F
F#
G
E
C
Am
f

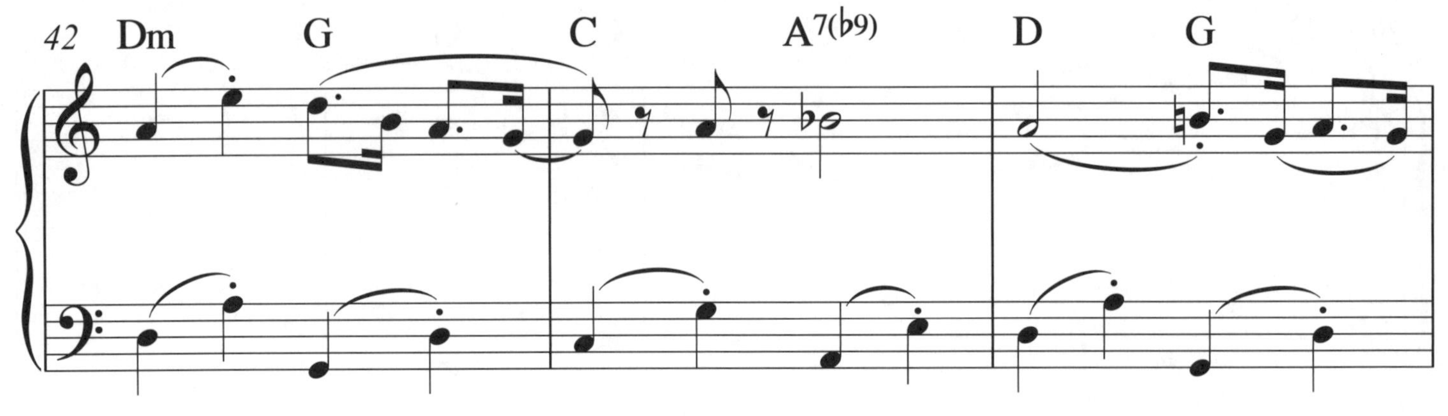

42
Dm
G
C
A7(b9)
D
G

45
C
Am
Dm
G
C
G
C

바람이 지나가는 길

J. Hisaishi

Moderato ♩ = 86

13
2. Am
B Gm7

16
Am7
Gm7

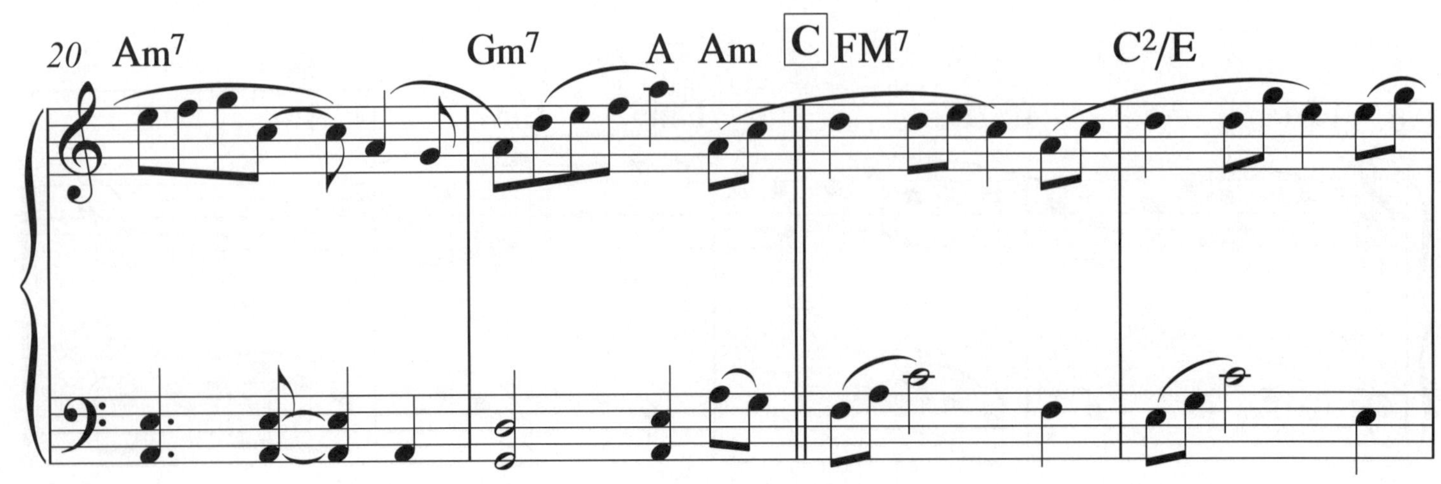

20
Am7
Gm7
A Am
C FM7
C2/E

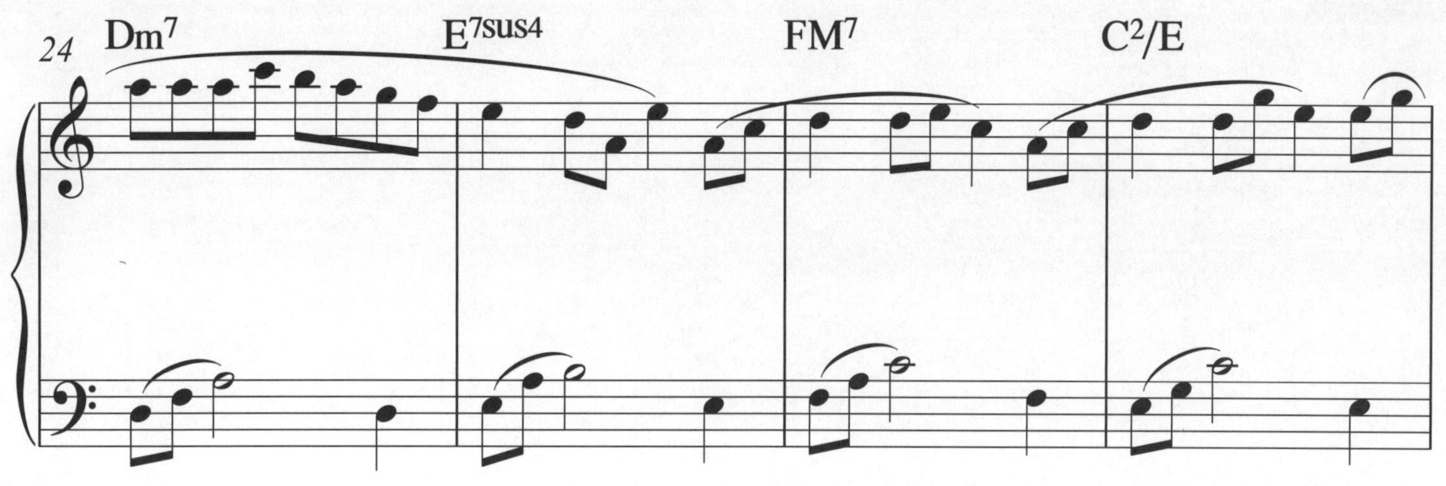

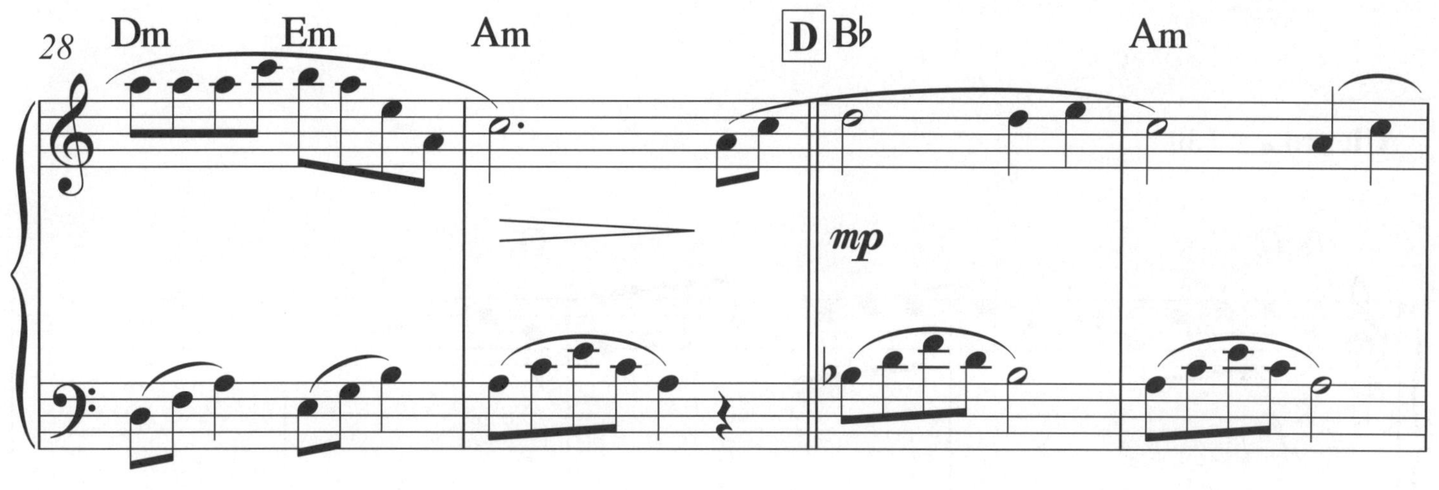

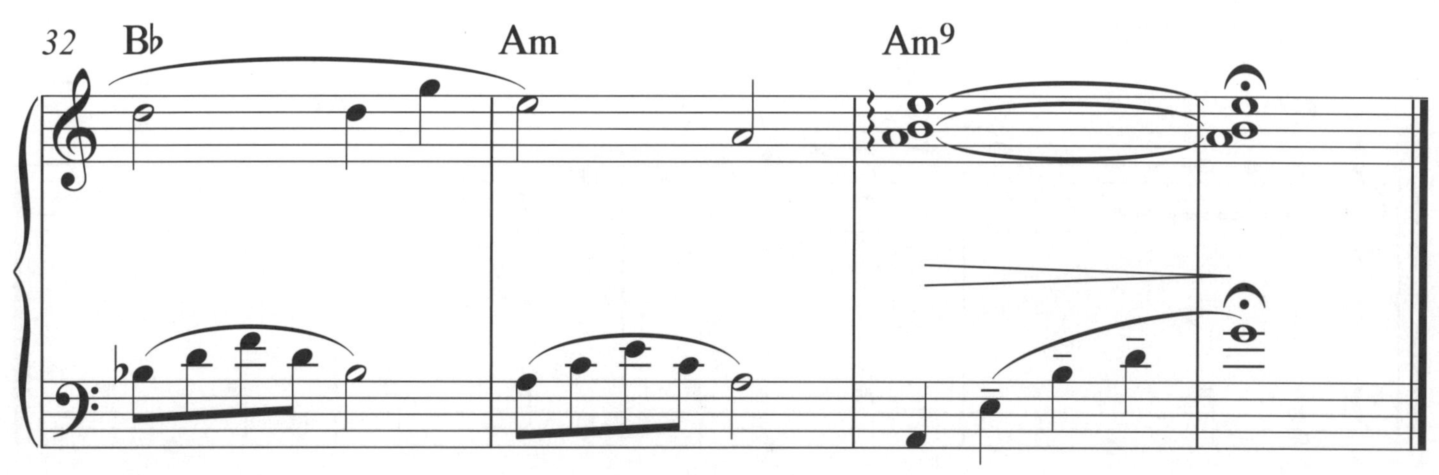

스튜디오 지브리 OST 베스트 | Easy Piano Ver.

고양이 버스

J. Hisaishi

Allegro ♩ = 130

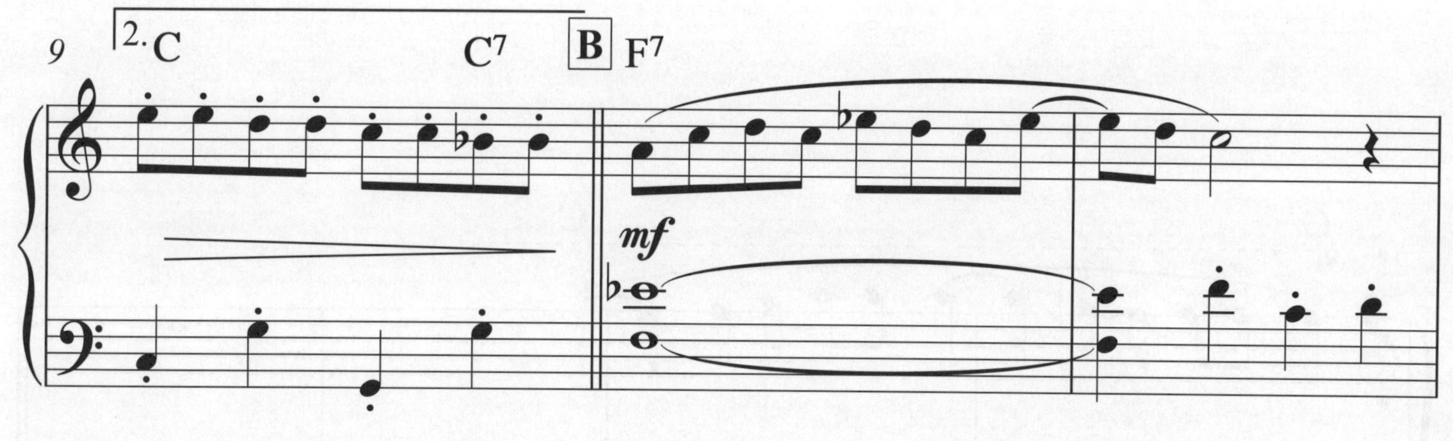

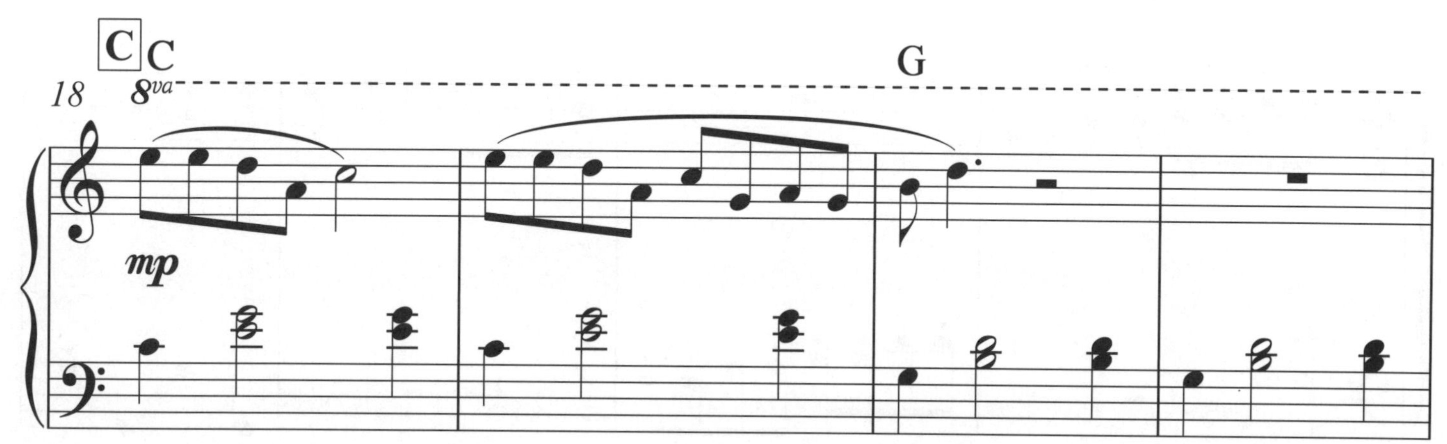

스튜디오 지브리 OST 베스트 | Easy Piano Ver.

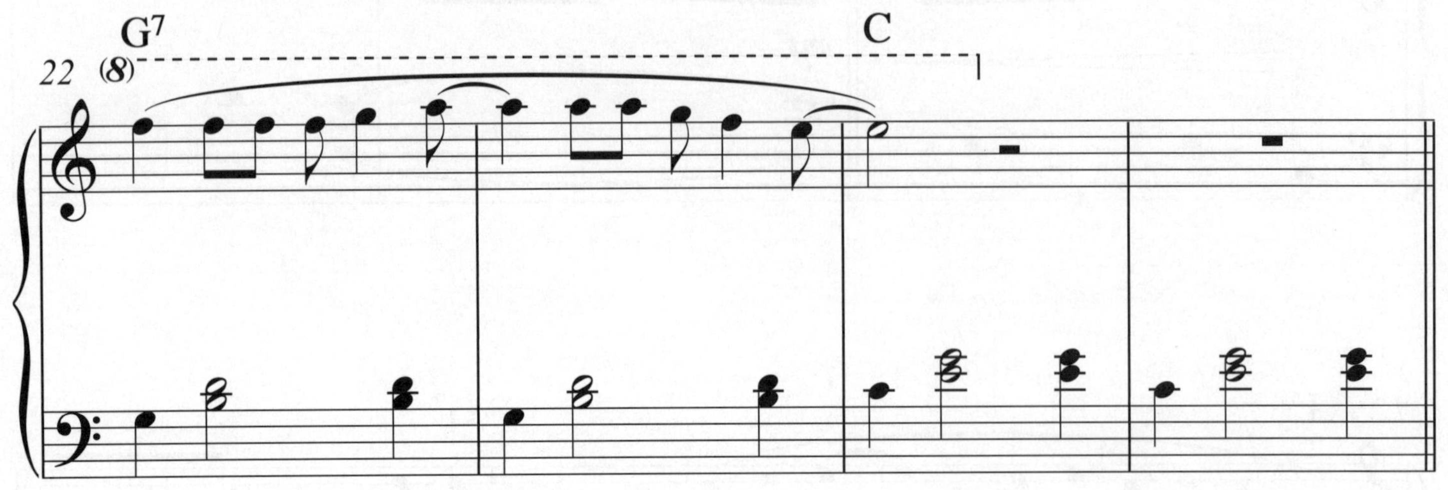

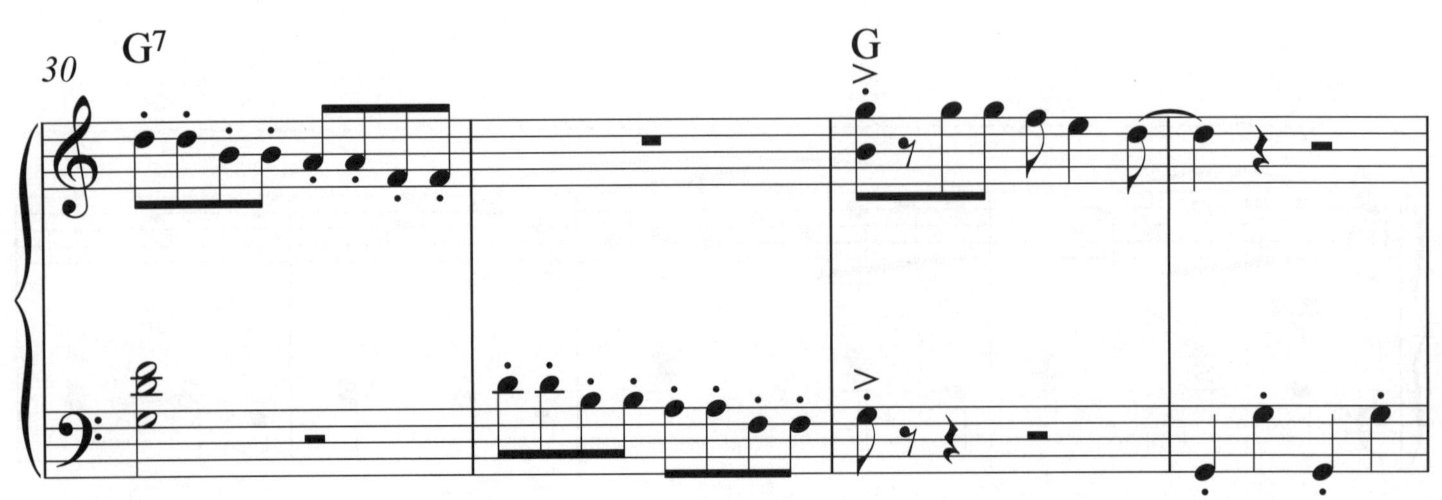

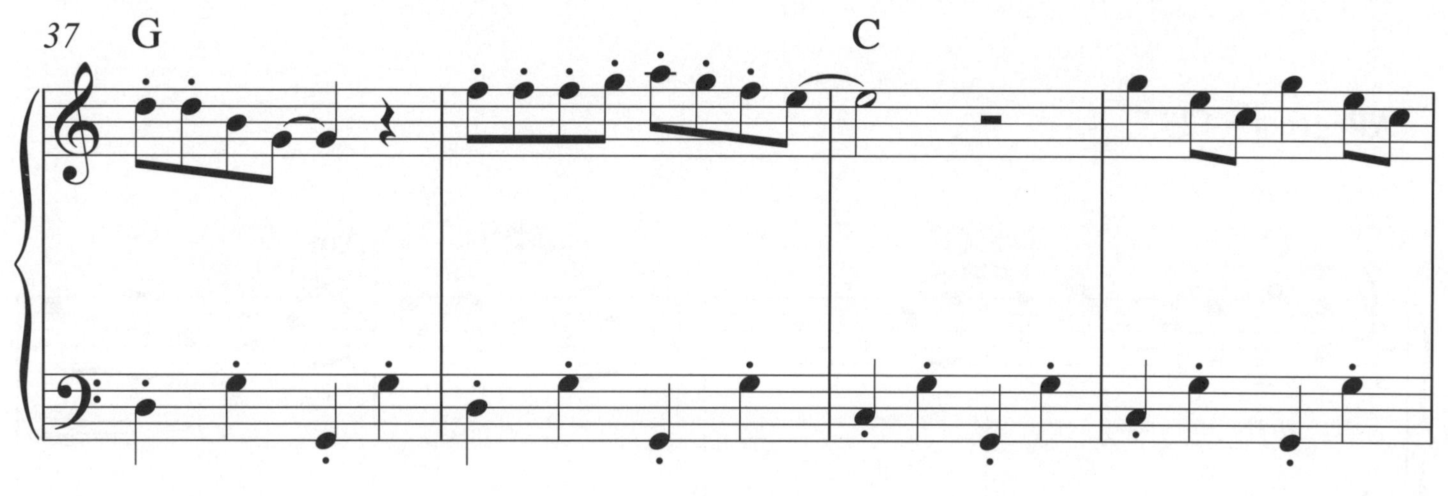

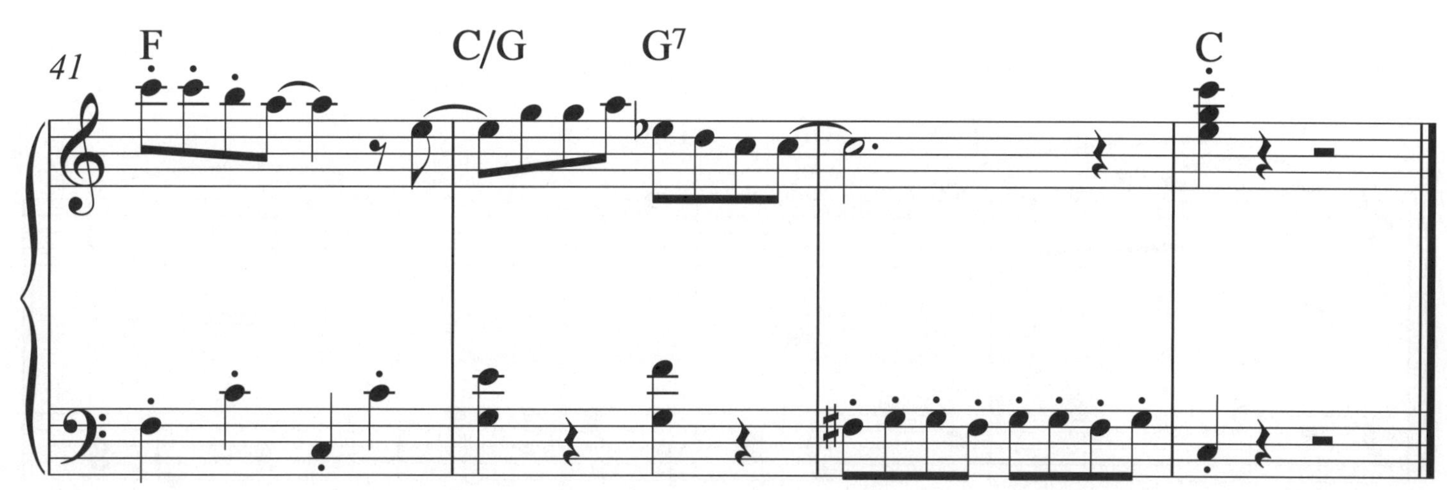

스튜디오 지브리 OST 베스트 | Easy Piano Ver.

이웃집 토토로

J. Hisaishi

My Neighbor Totoro, 1988

Allegro ♩ = 128

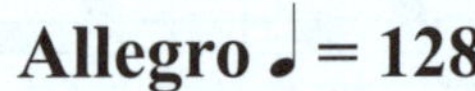

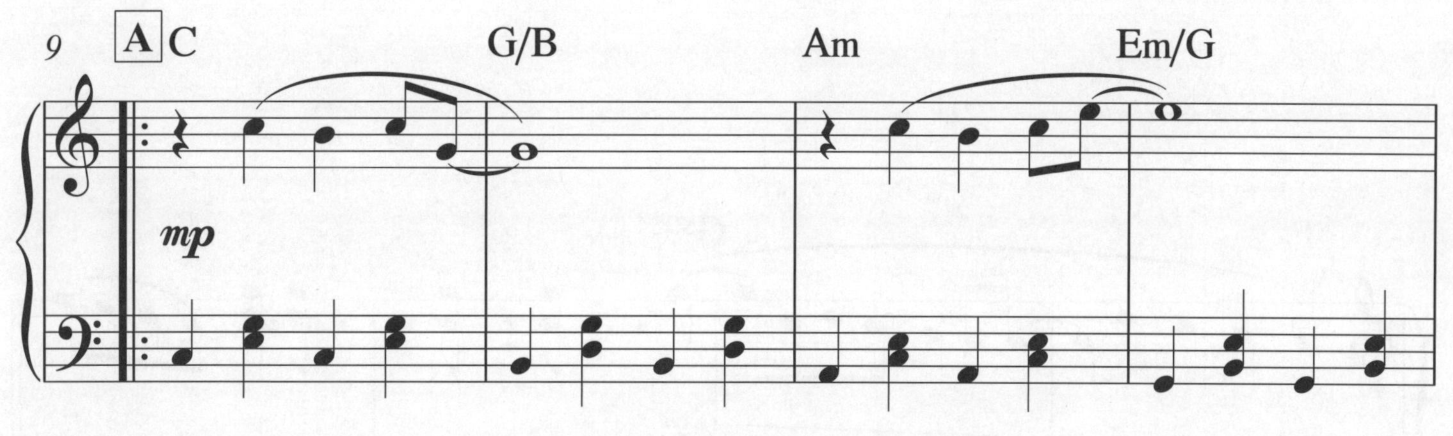

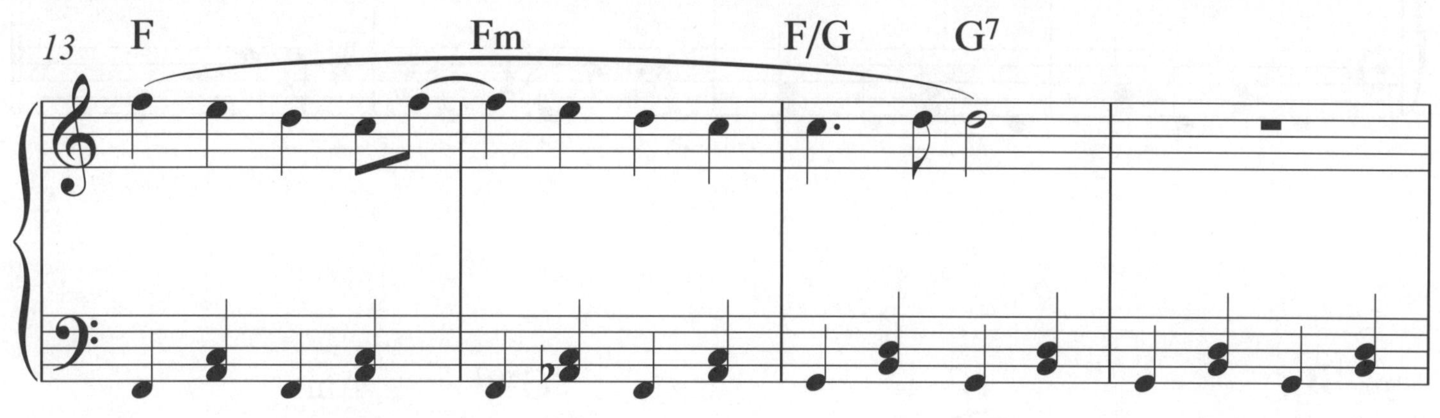

스튜디오 지브리 OST 베스트 | Easy Piano Ver.

25
F
Gsus4
f
>

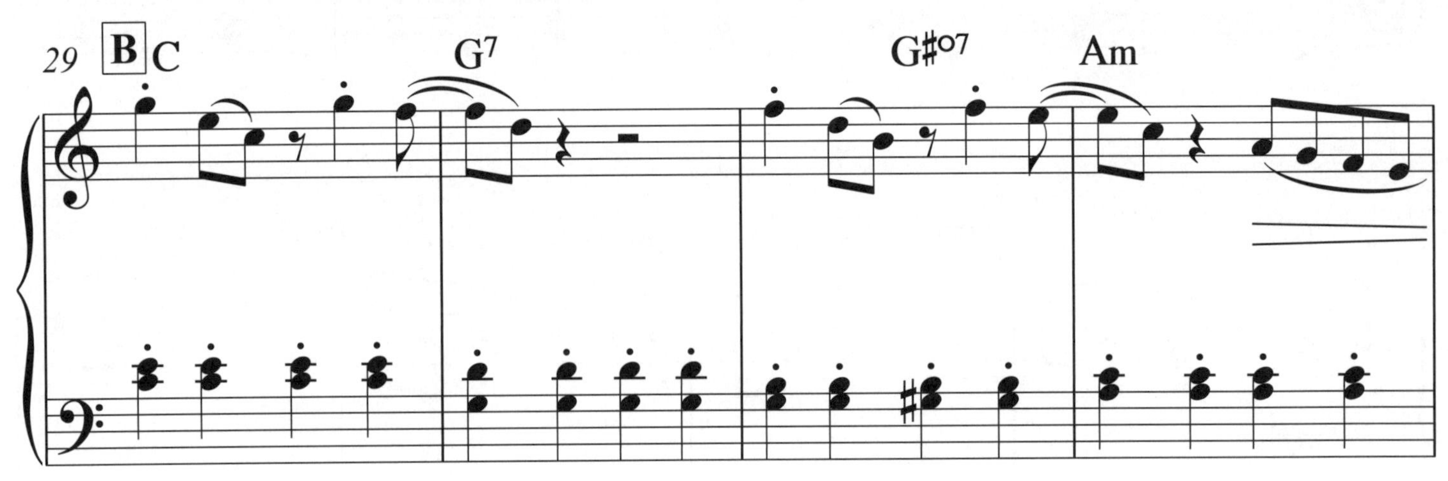
29
B
C
G7
G#o7
Am

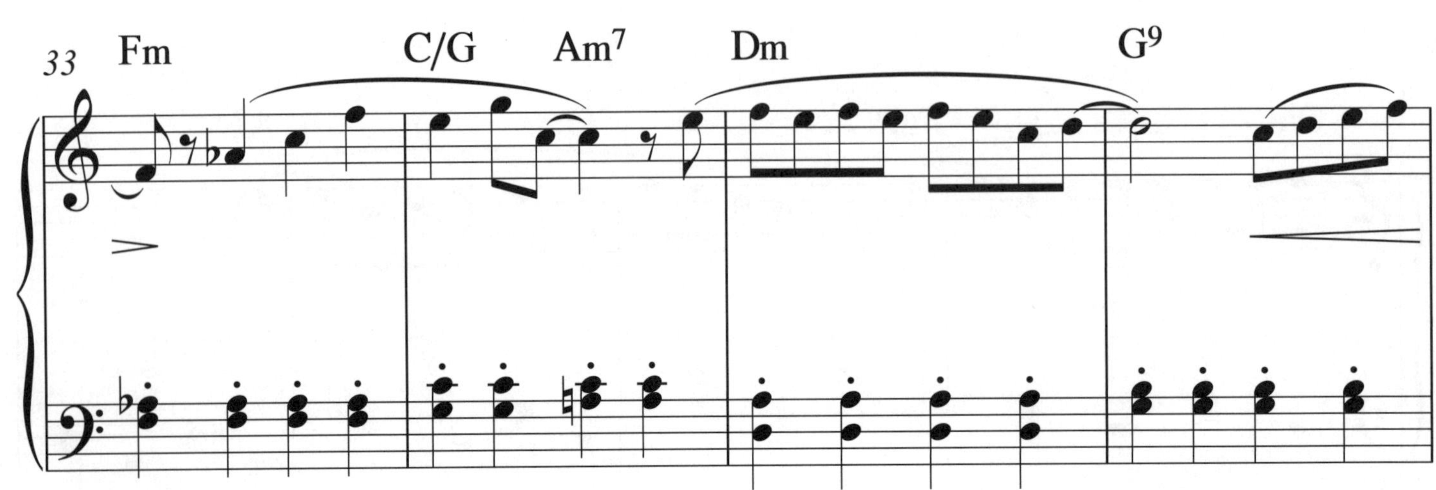
33
Fm
C/G
Am7
Dm
G9

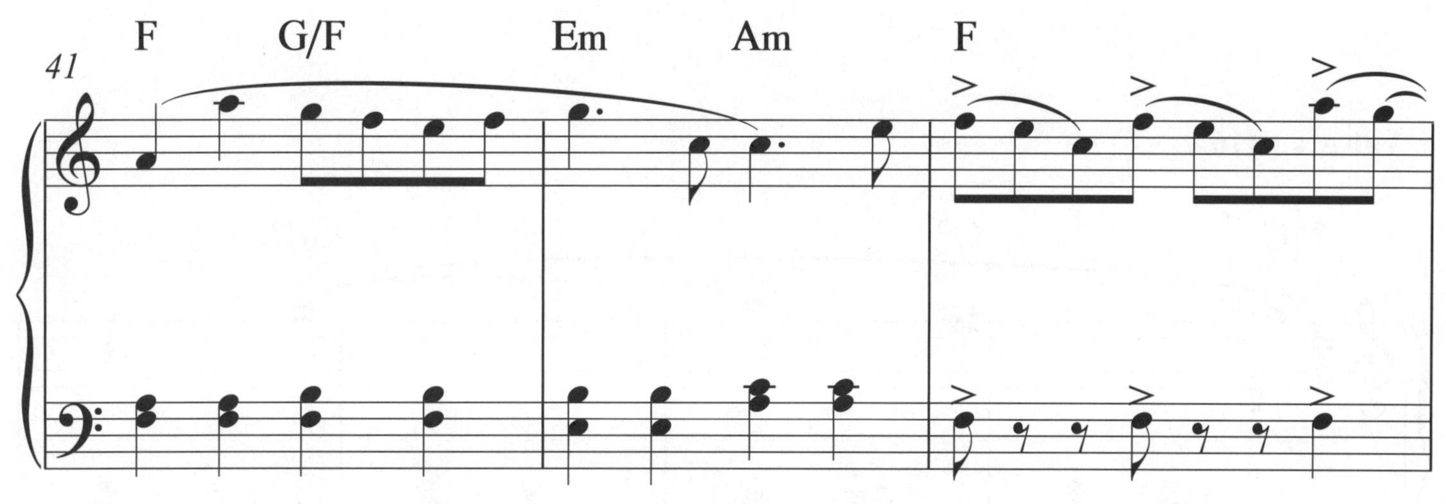

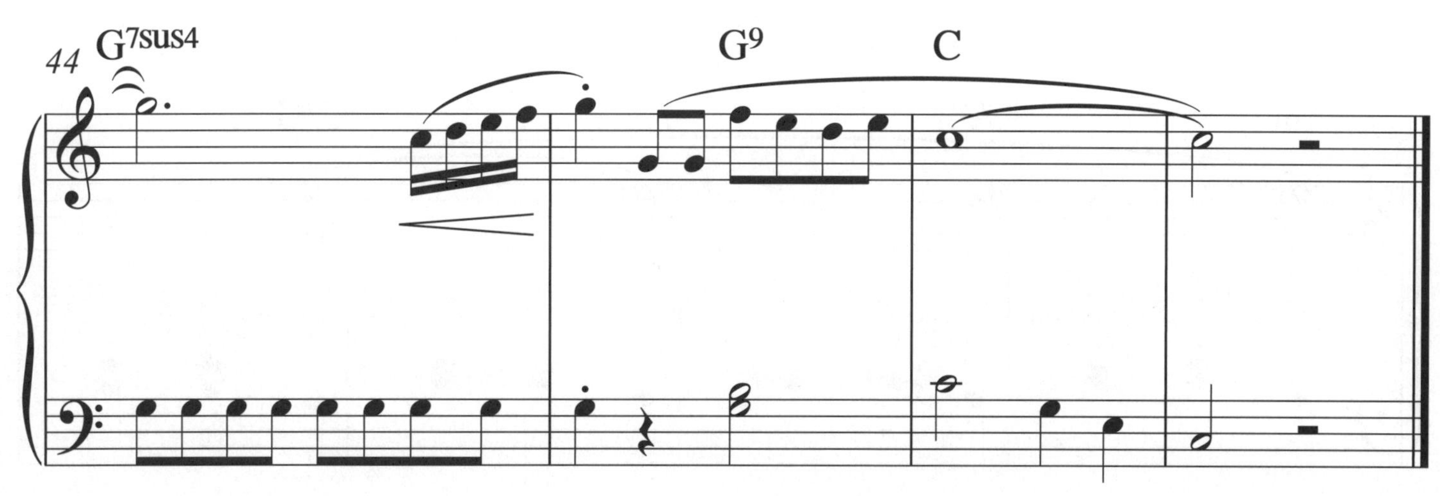

스튜디오 지브리 OST 베스트 | Easy Piano Ver.

맑은 날에

J. Hisaishi

Valse ♩=116

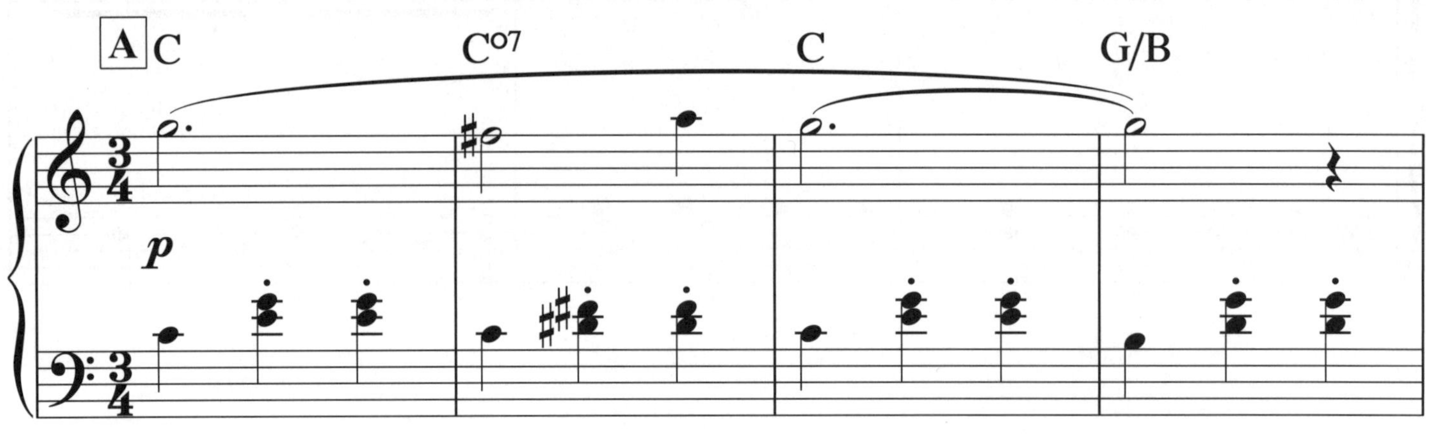

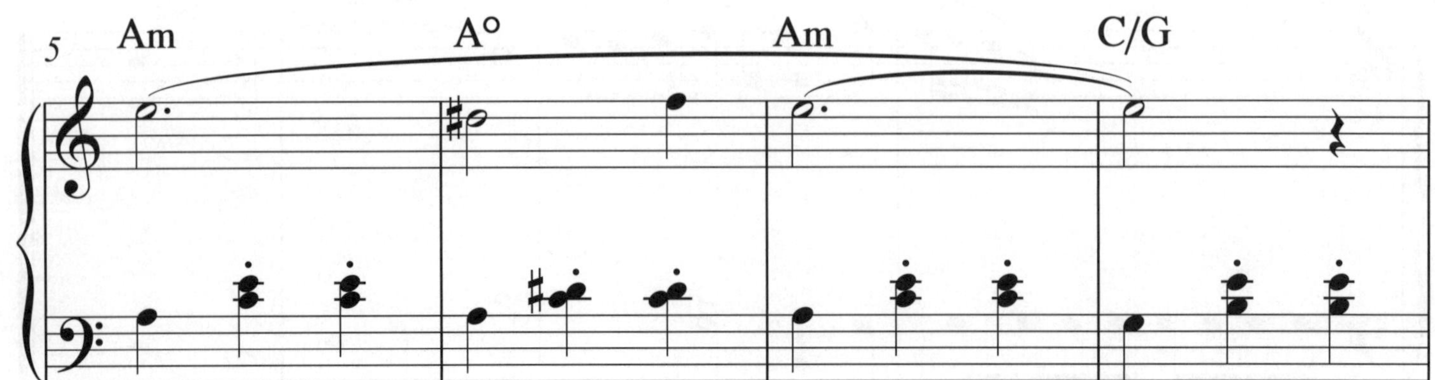

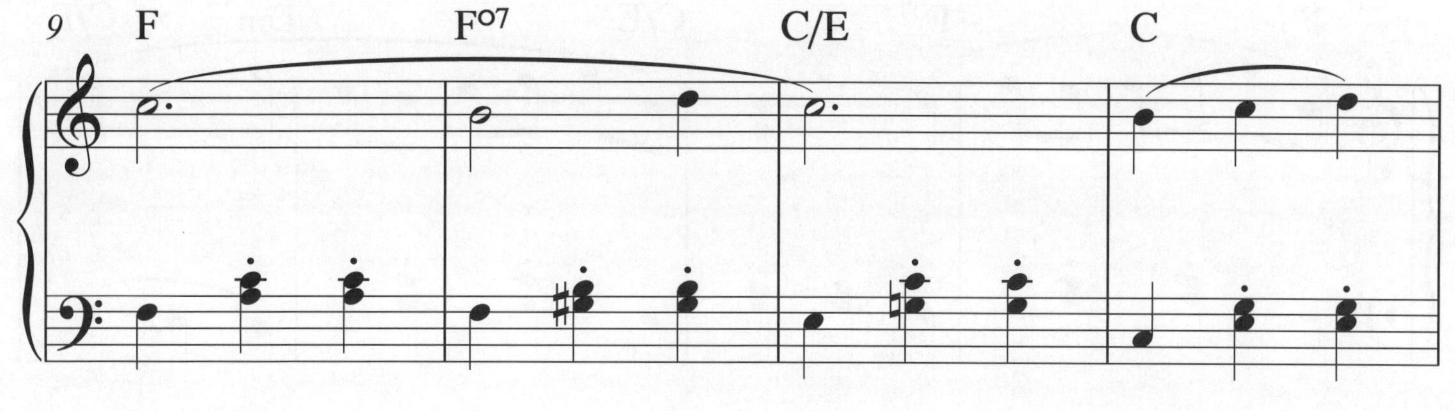

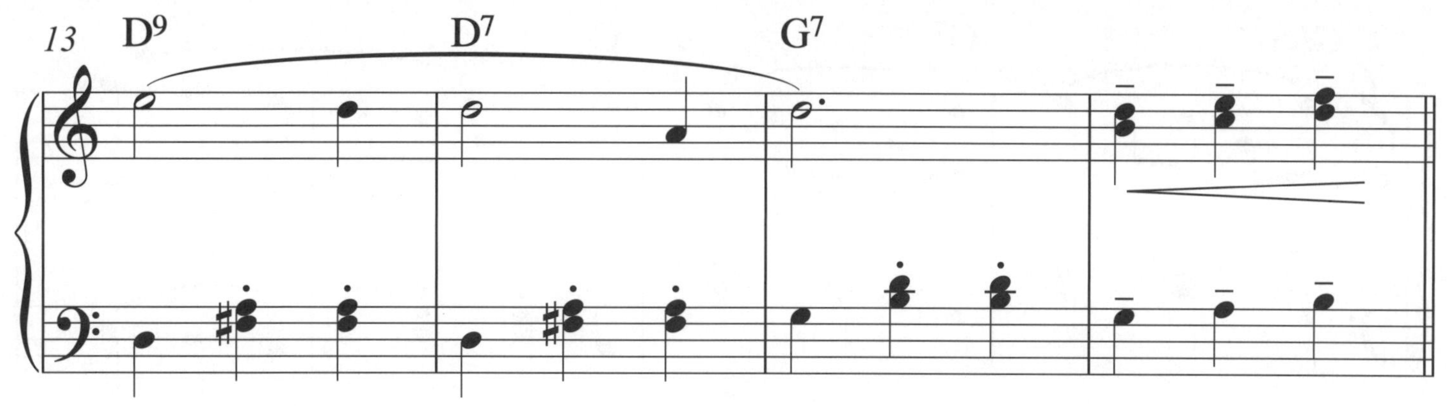

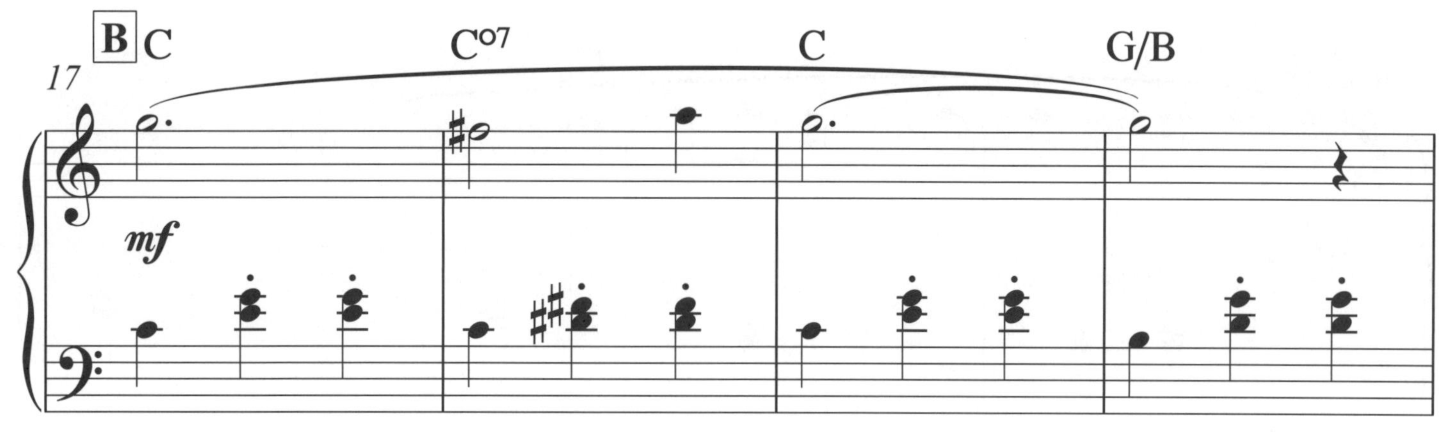

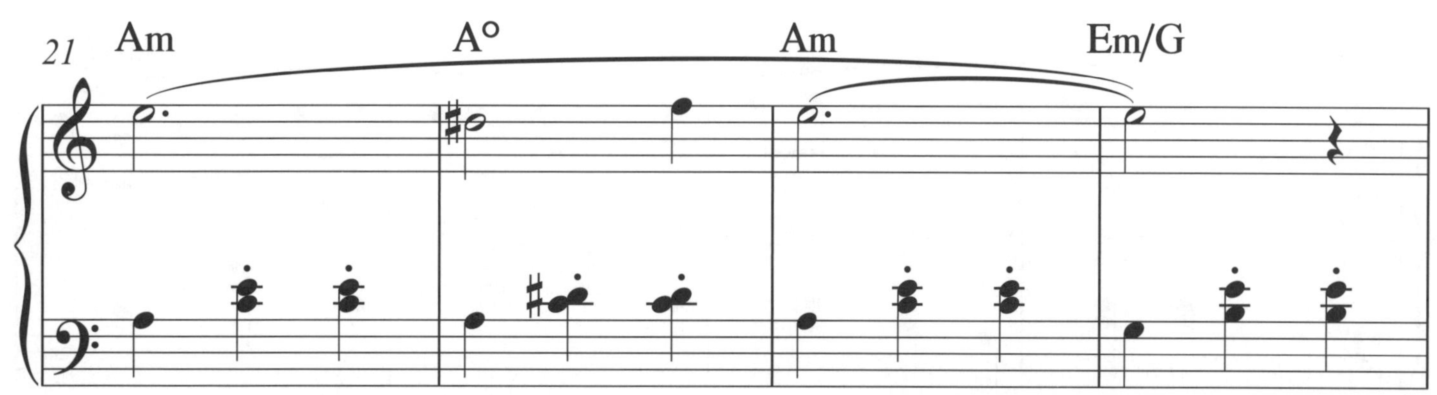

스튜디오 지브리 OST 베스트 | Easy Piano Ver.

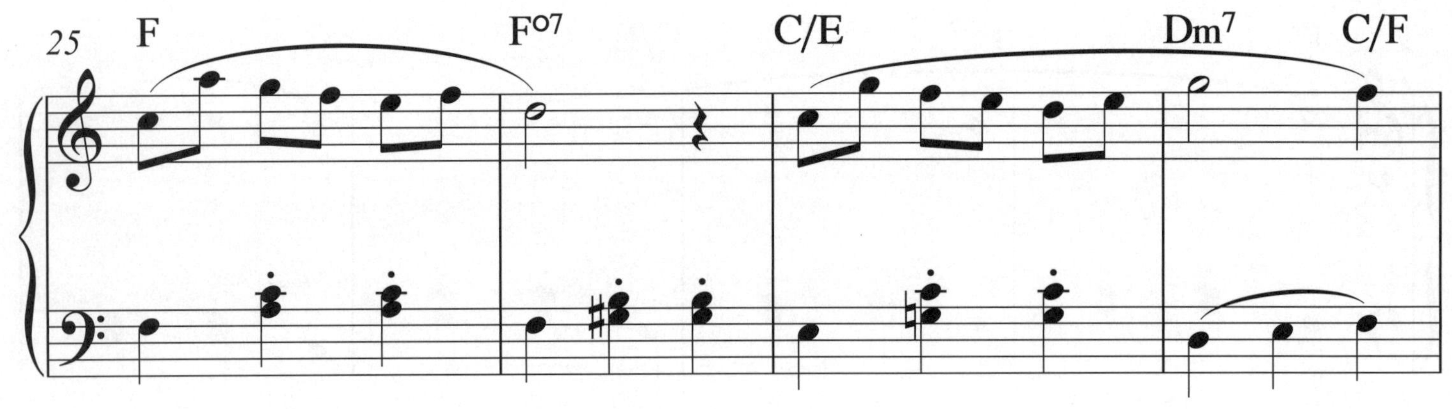

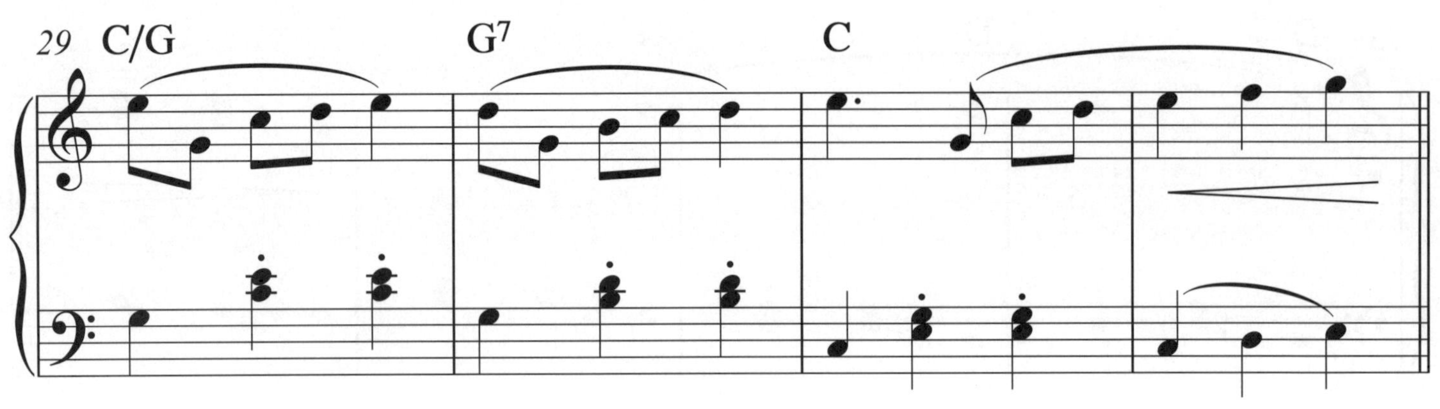

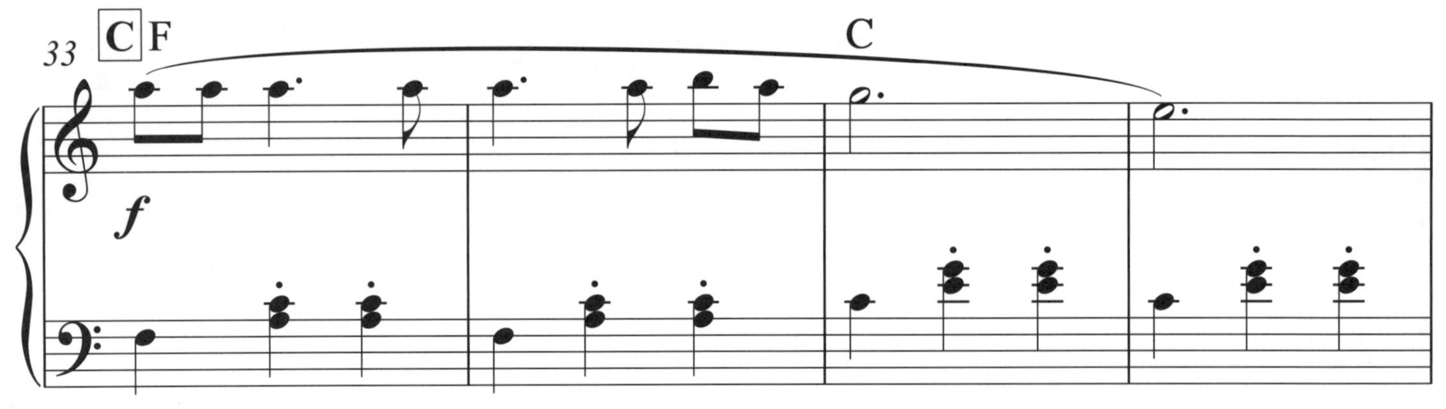

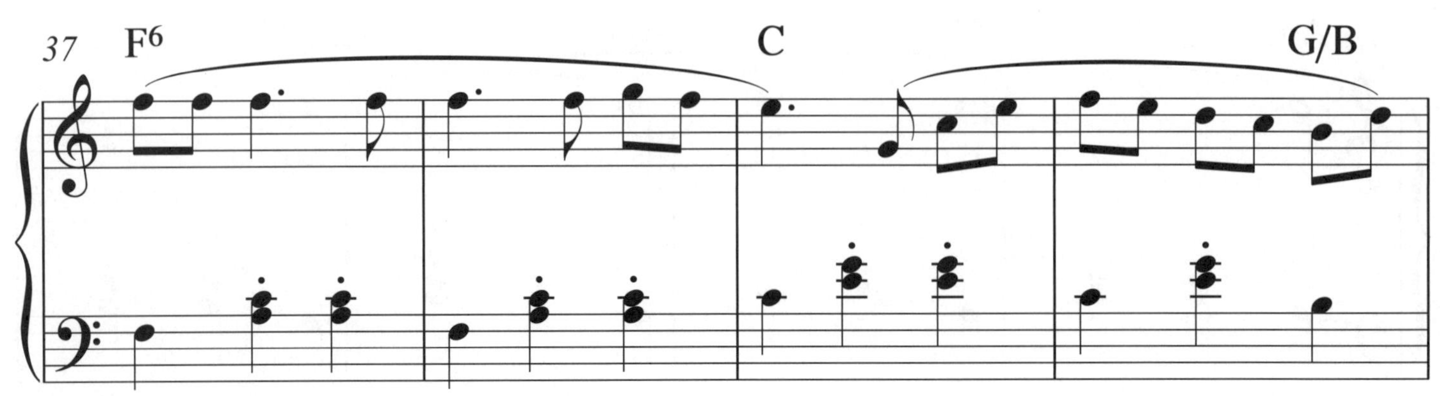

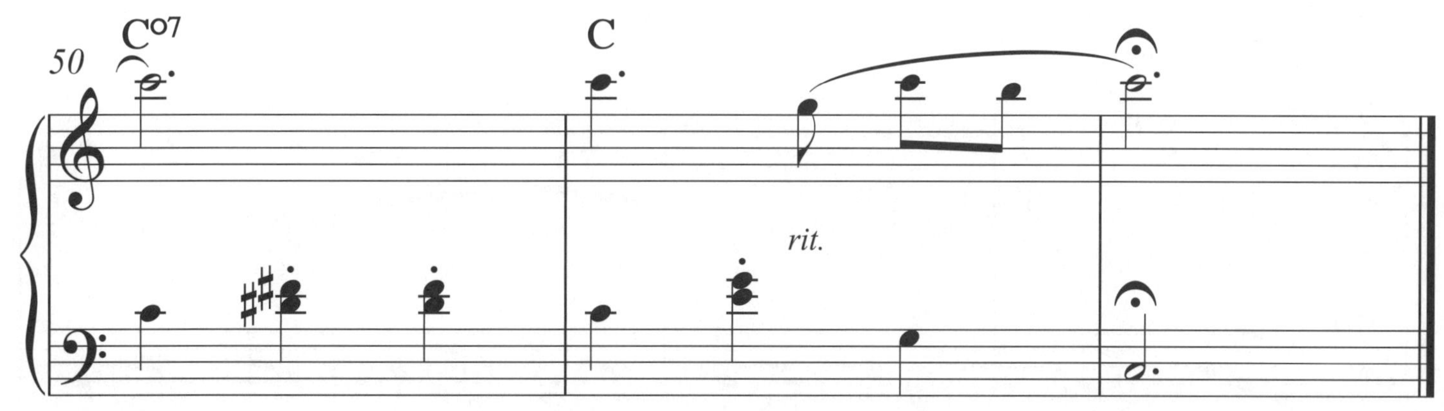

바다가 보이는 마을

J. Hisaishi

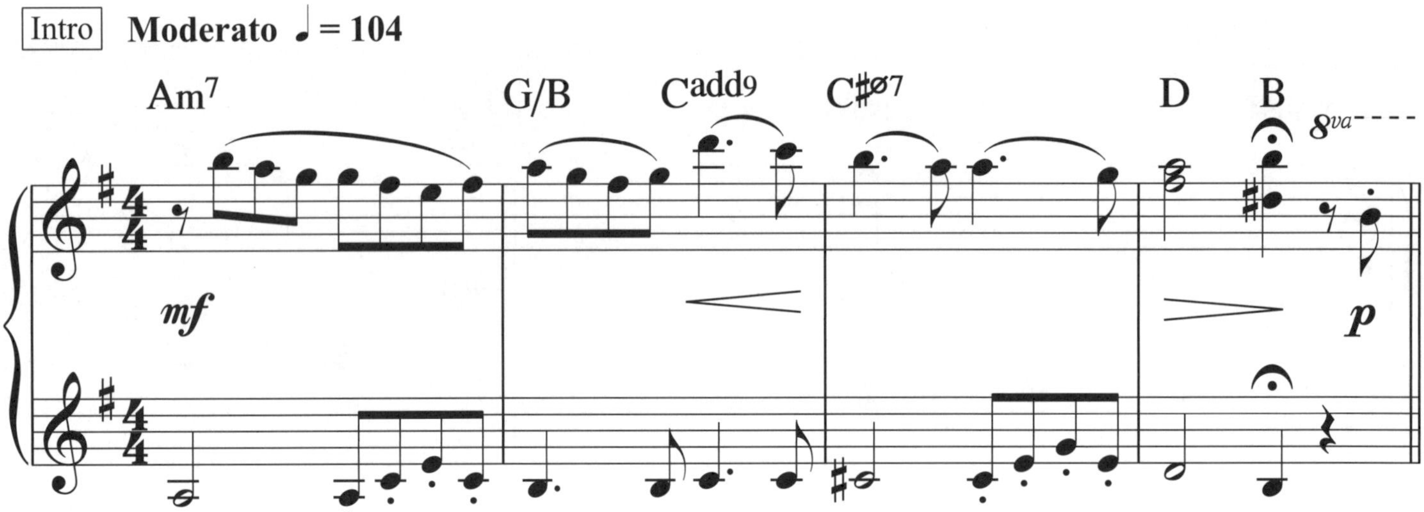

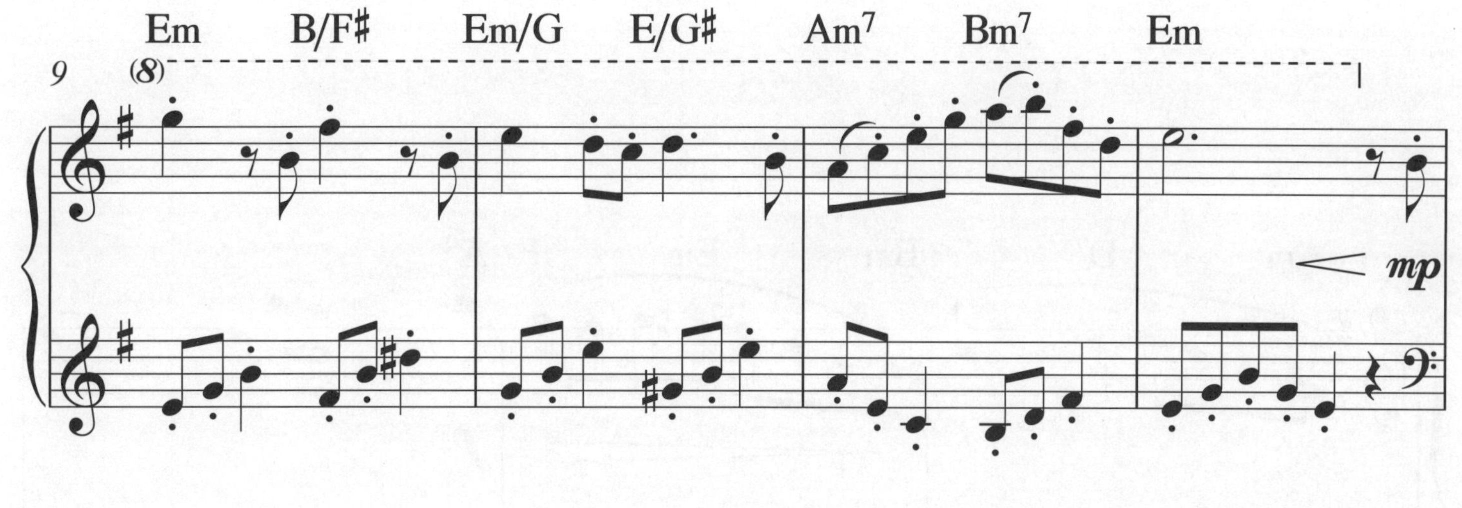

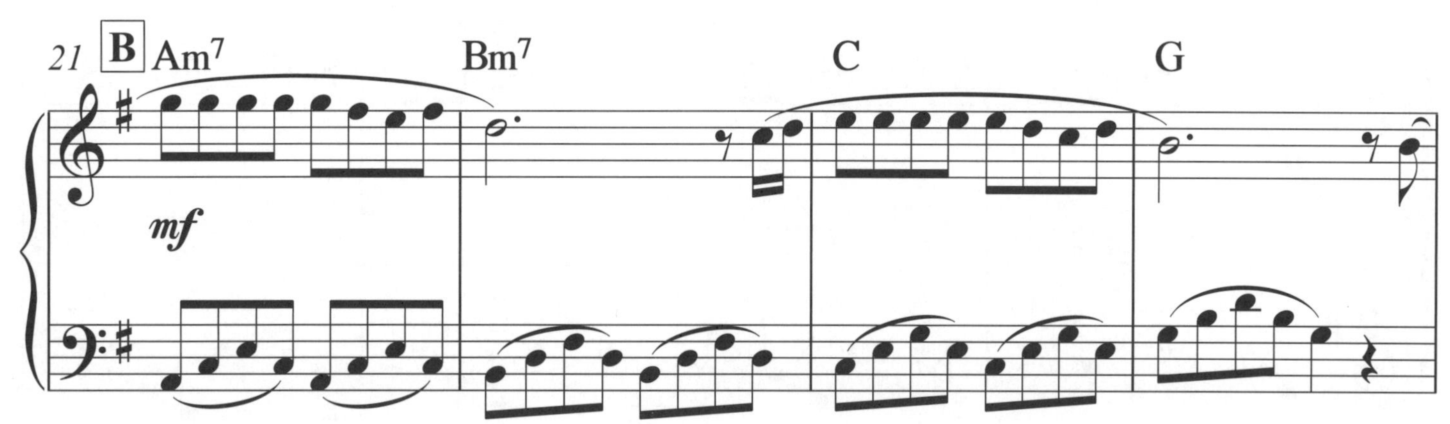

스튜디오 지브리 OST 베스트 | Easy Piano Ver.

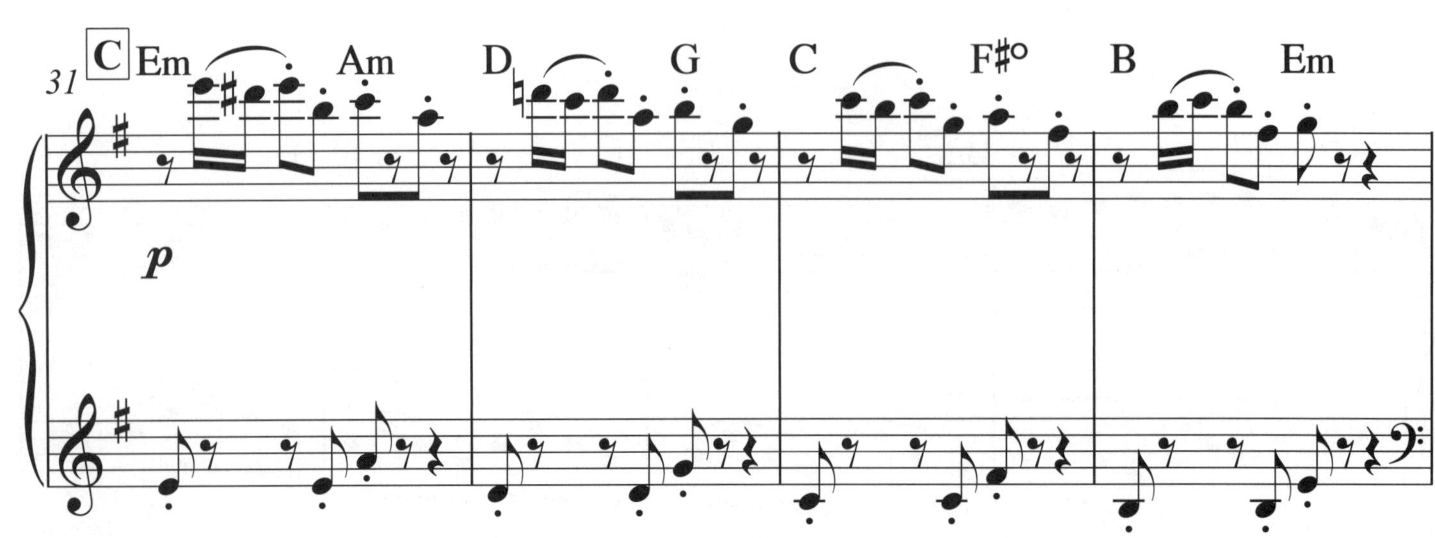

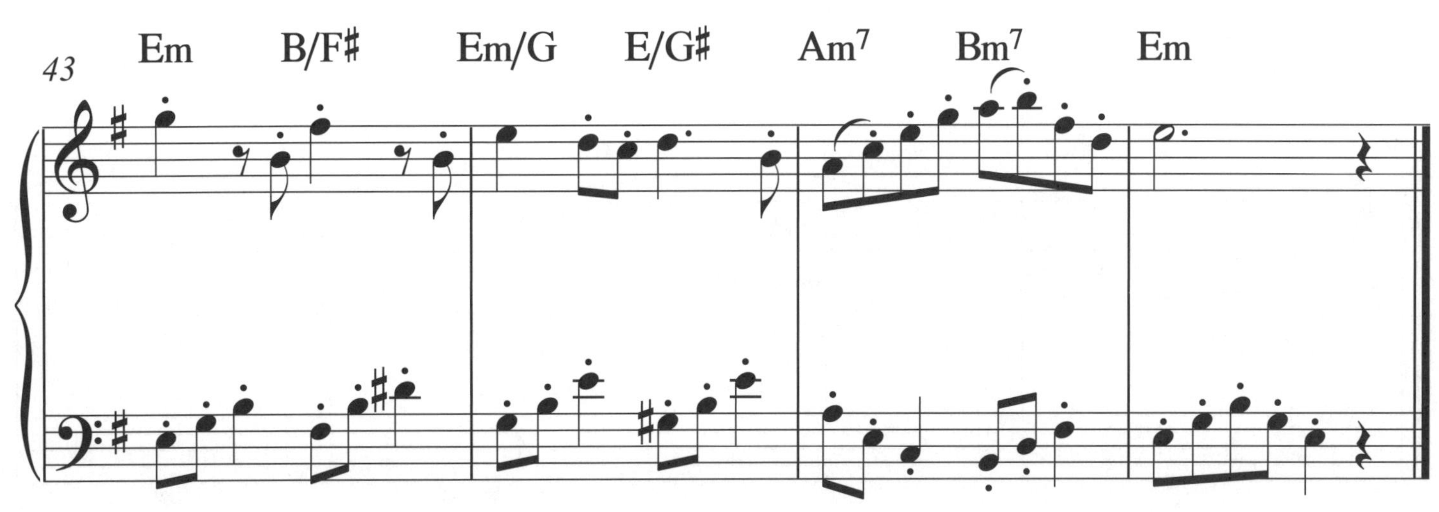

스튜디오 지브리 OST 베스트 | Easy Piano Ver.

루즈의 전언

Y. Arai

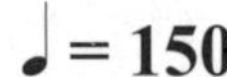

$\quad$ = 150

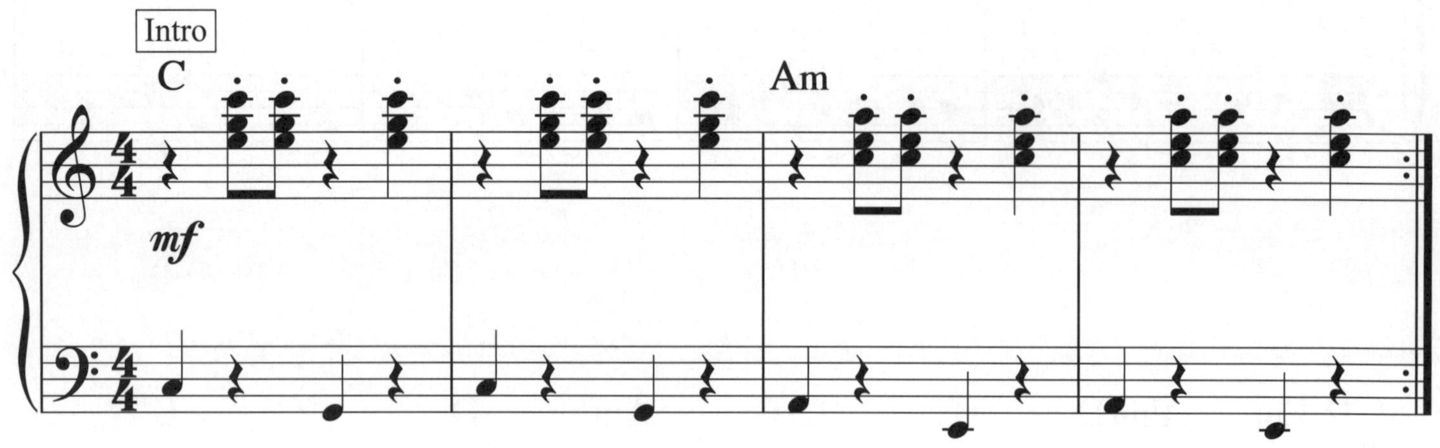

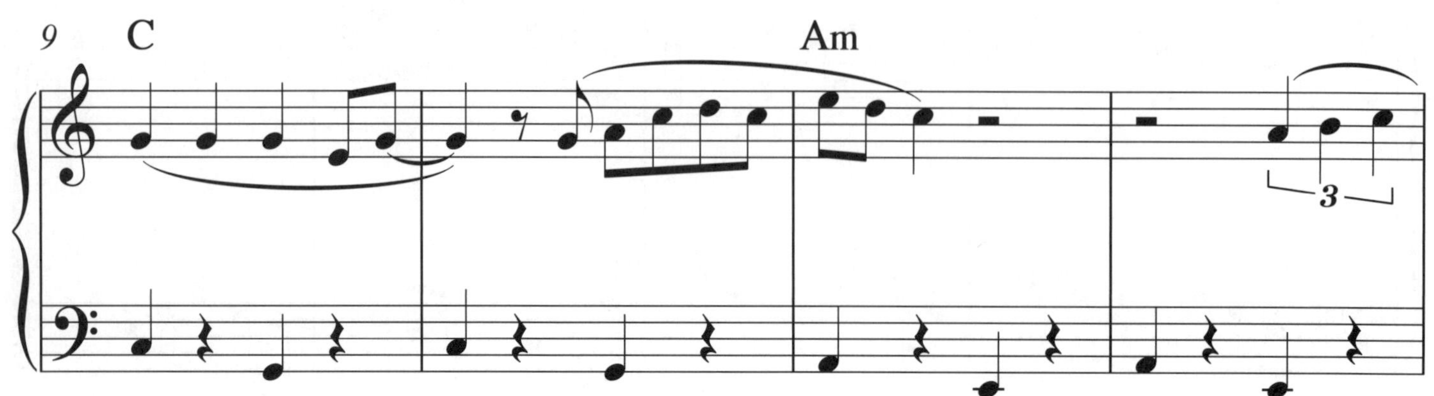

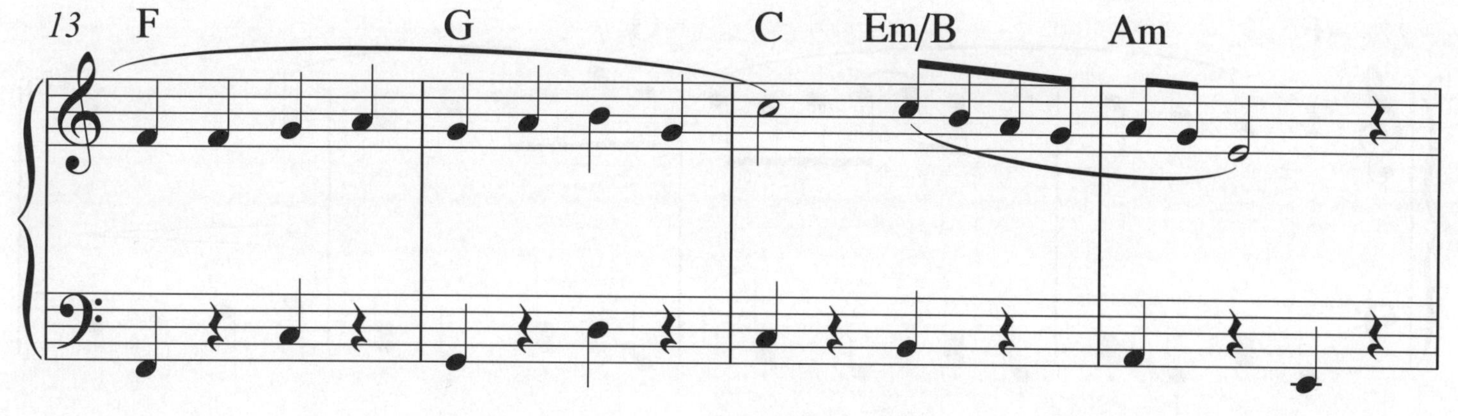

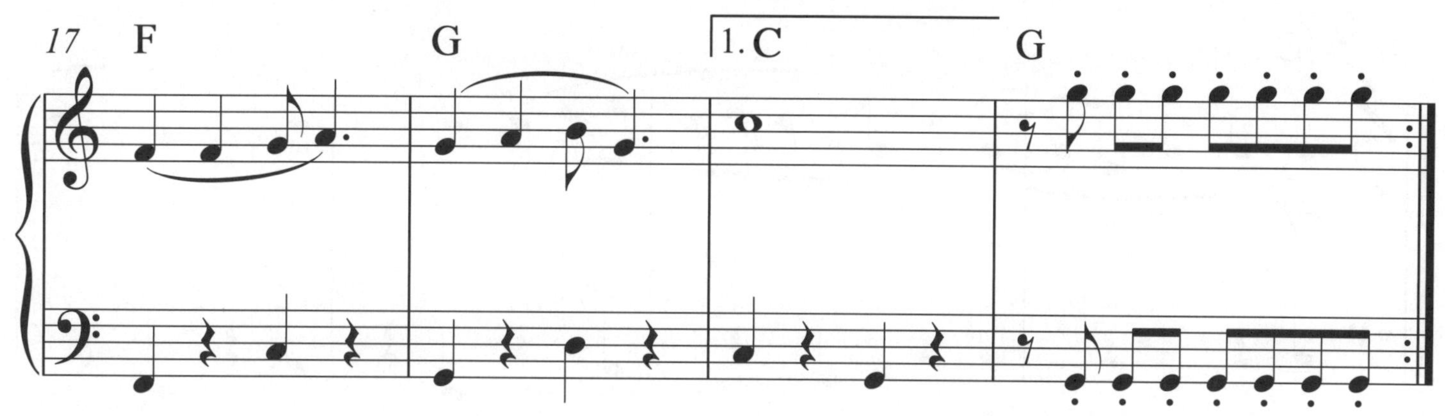

스튜디오 지브리 OST 베스트 | Easy Piano Ver.

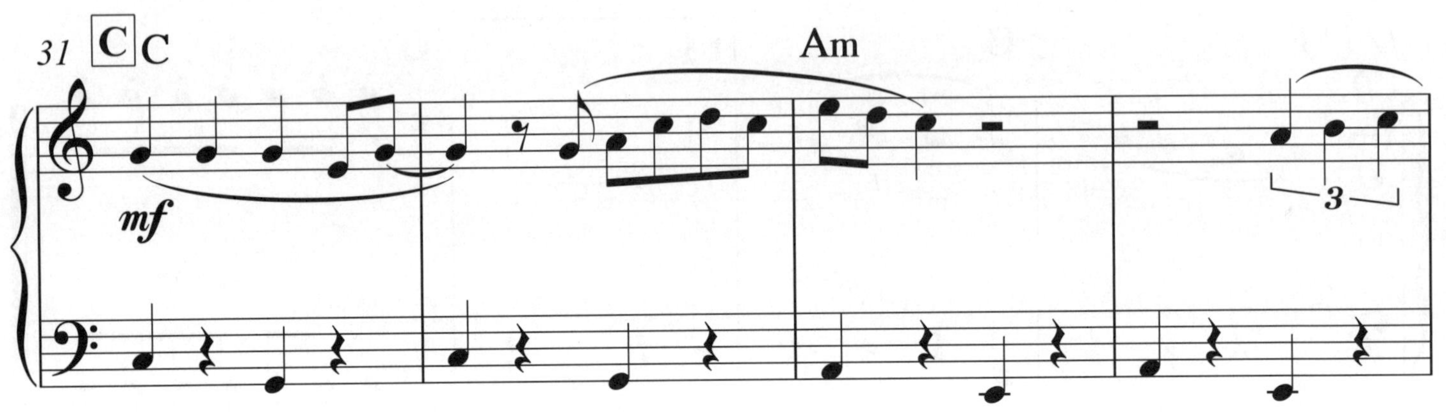
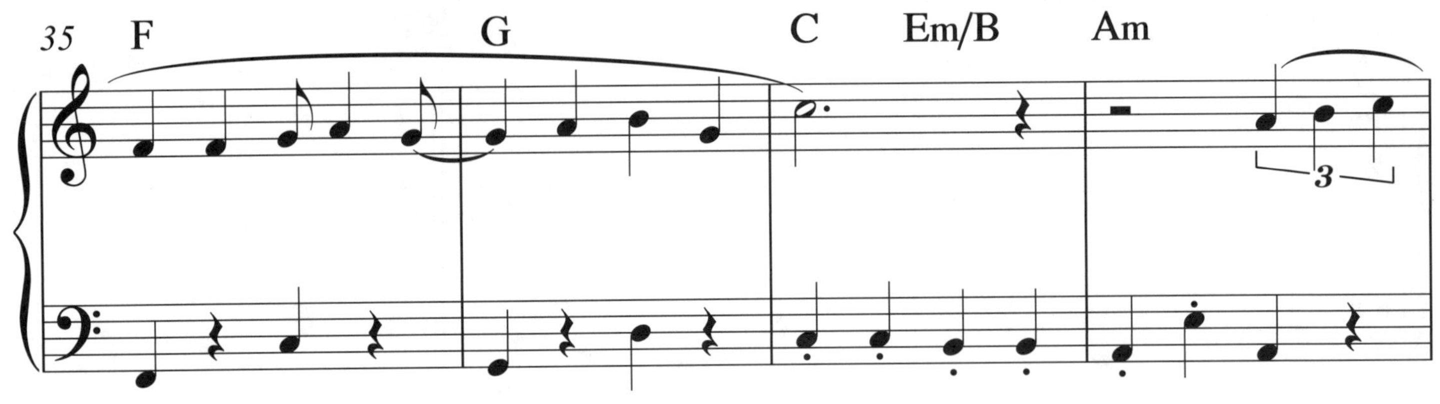
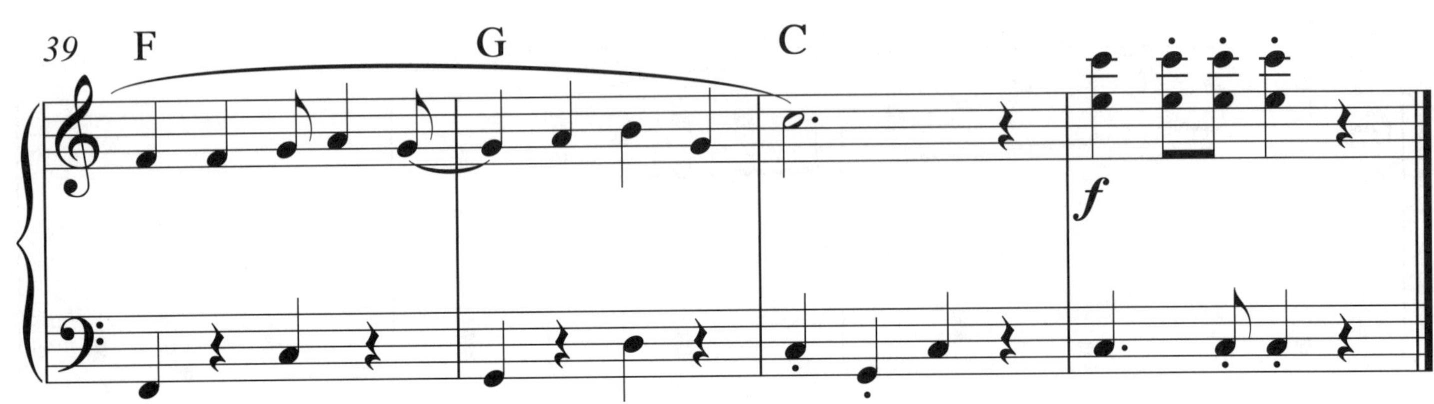

일 시작

J. Hisaishi

Moderato ♩ = 90

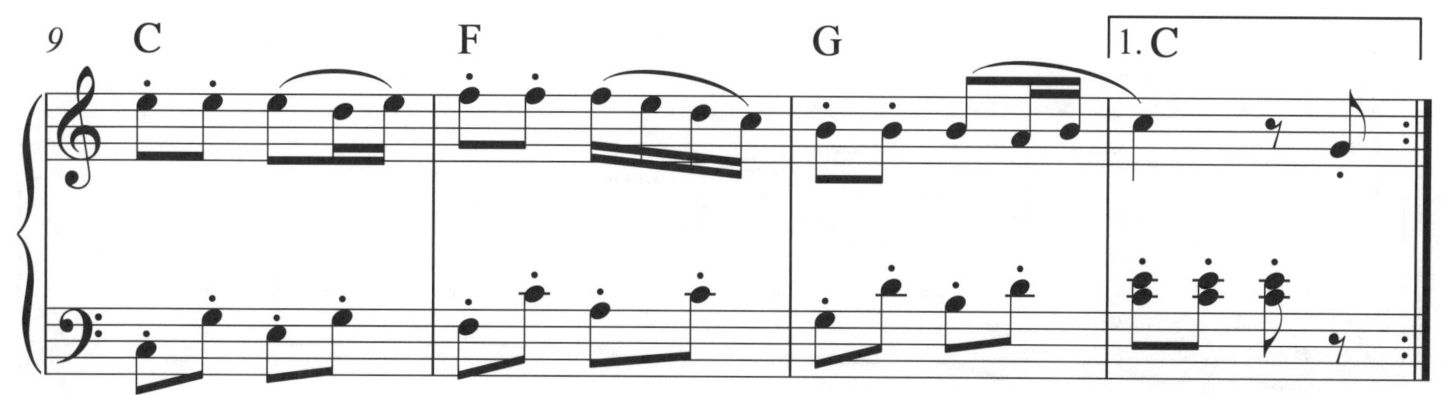

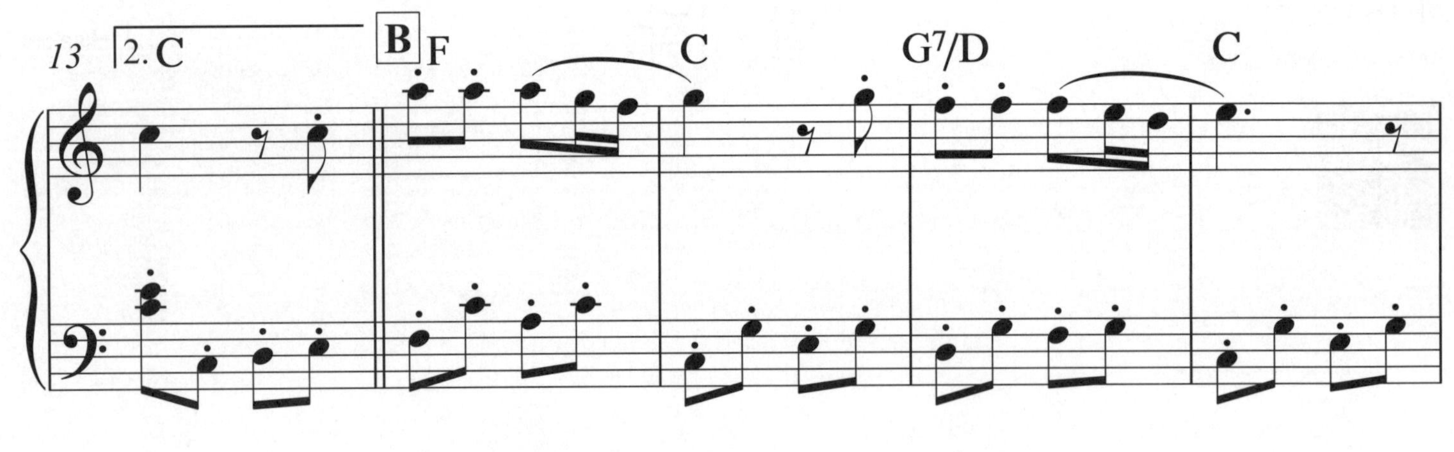

13
2. C
B
F
C
G7/D
C

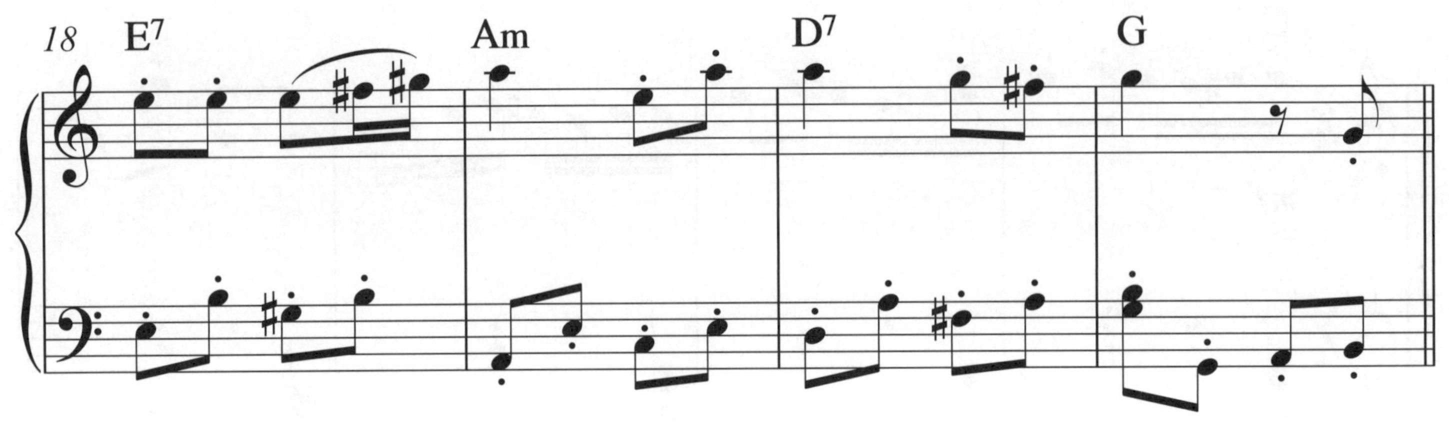

18
E7
Am
D7
G

22
C
C
G7/D
C

26
C
F
G
C

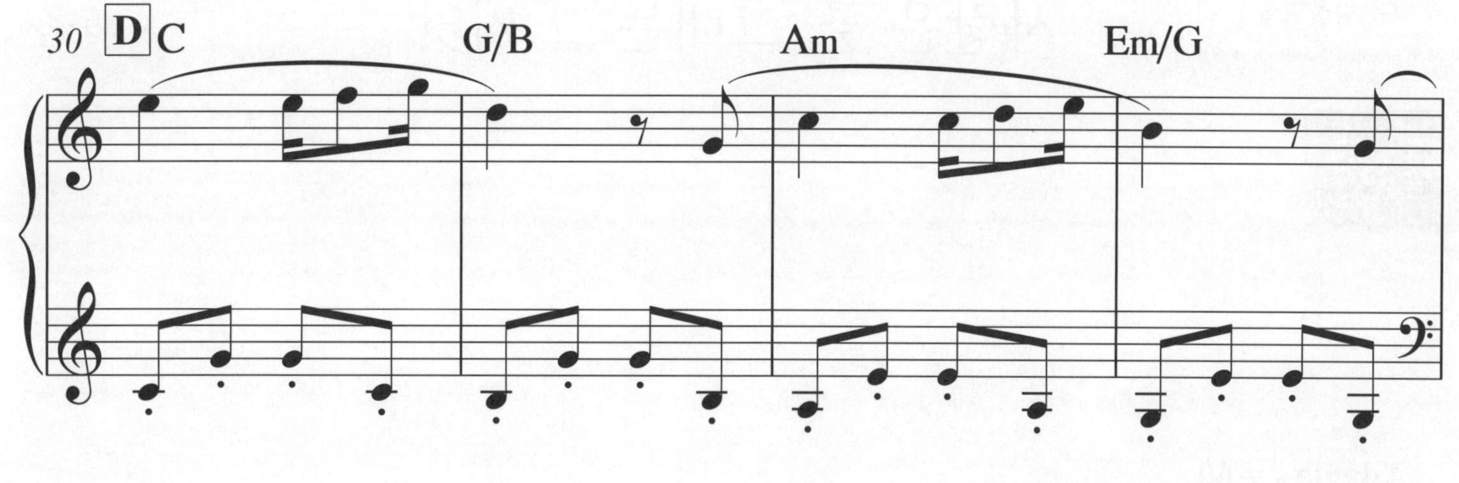

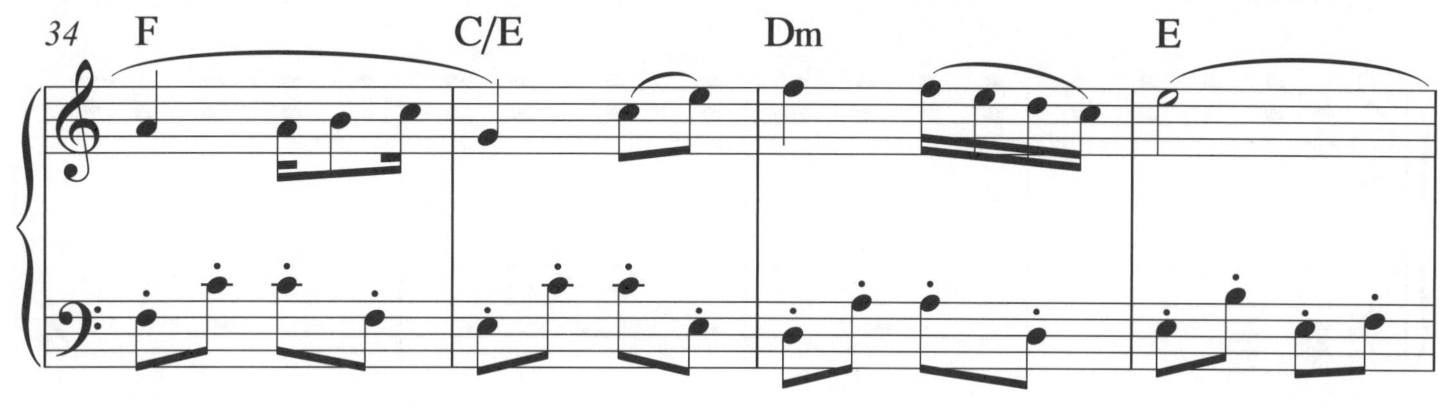

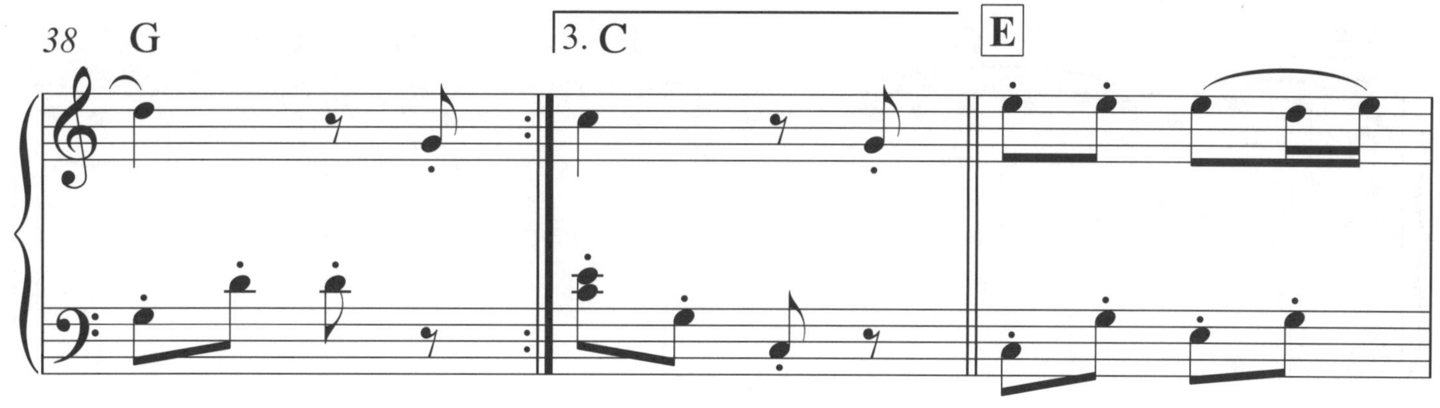

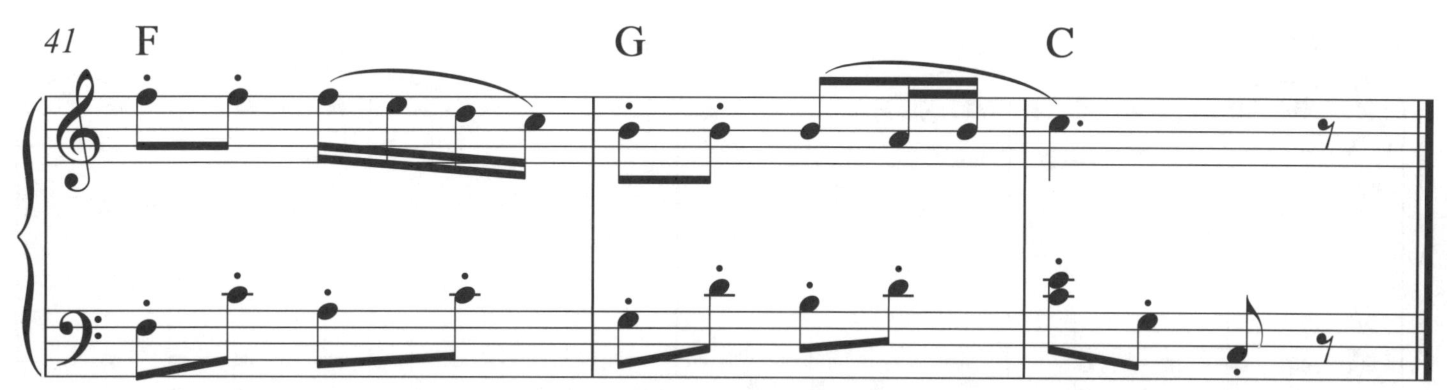

스튜디오 지브리 OST 베스트 | Easy Piano Ver.

사랑은 꽃, 그대는 그 씨앗

A. Mcbroom

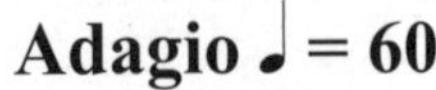

Adagio ♩ = 60

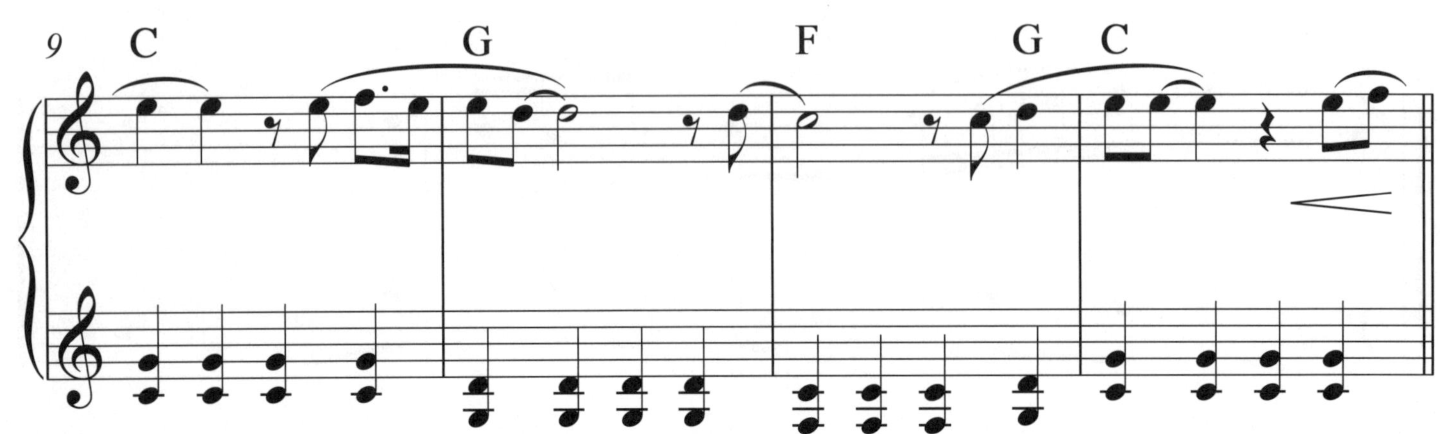

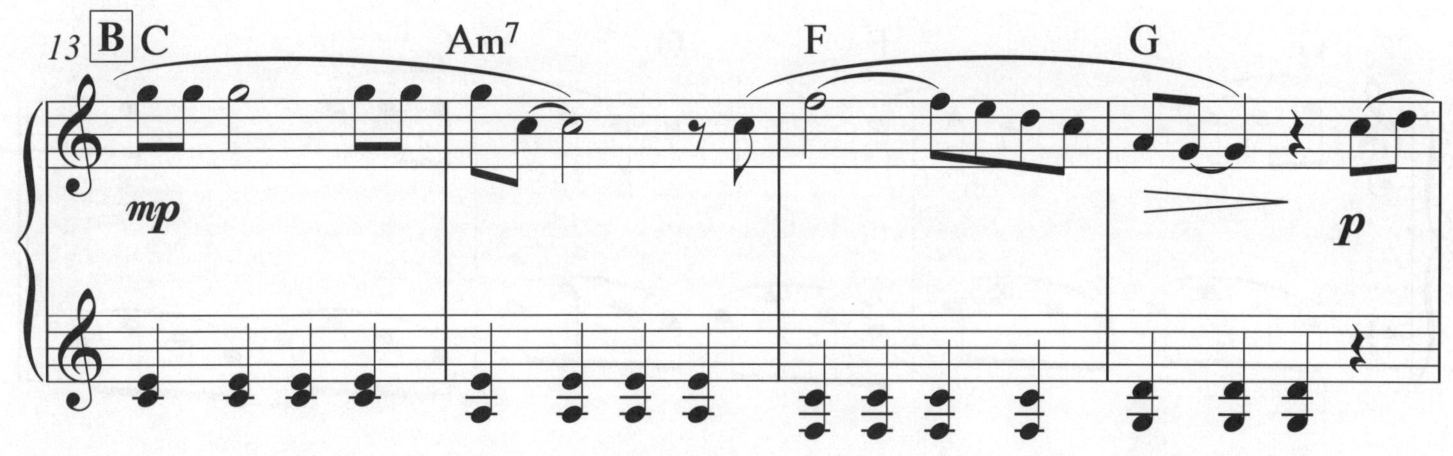

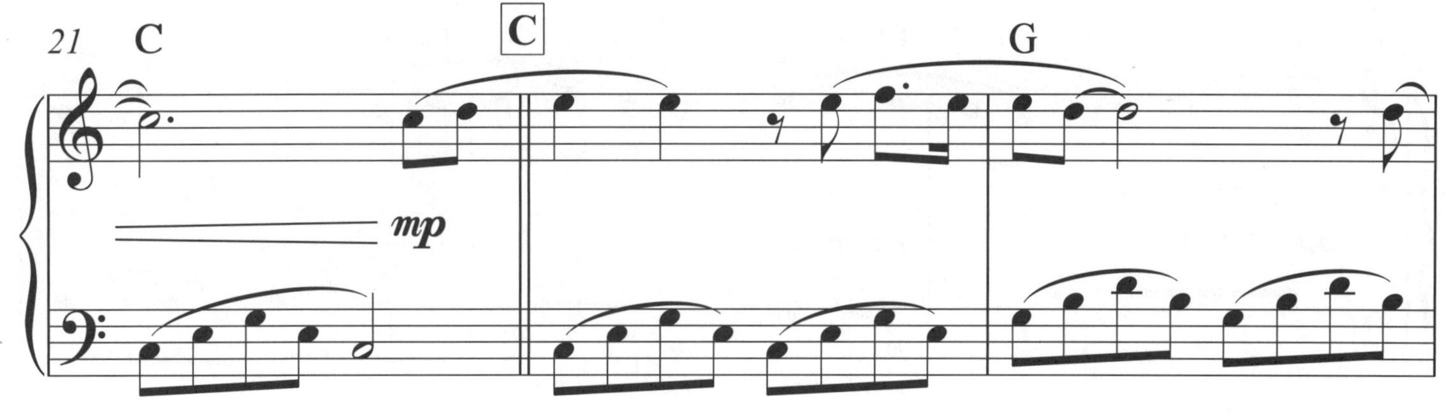
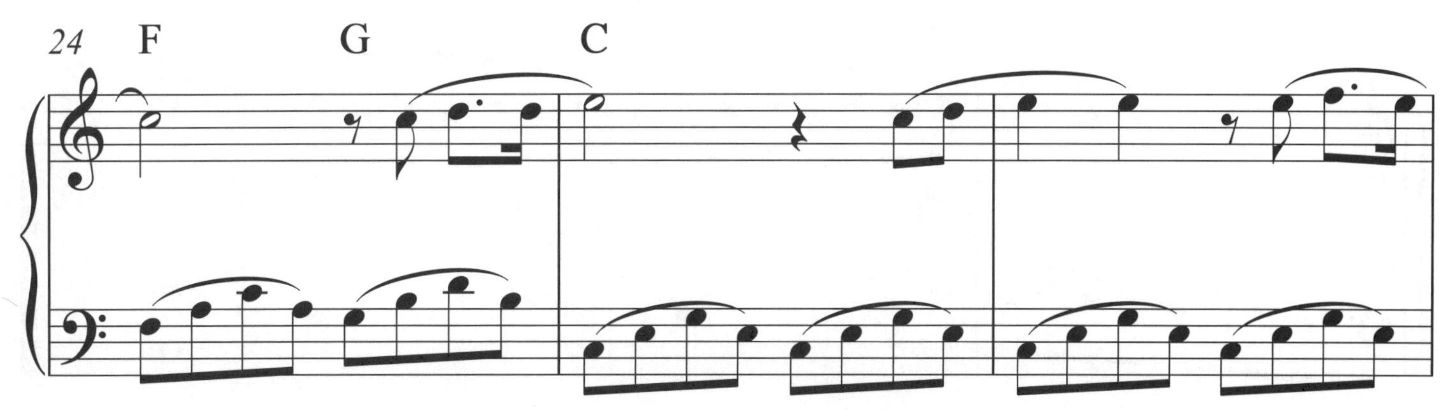

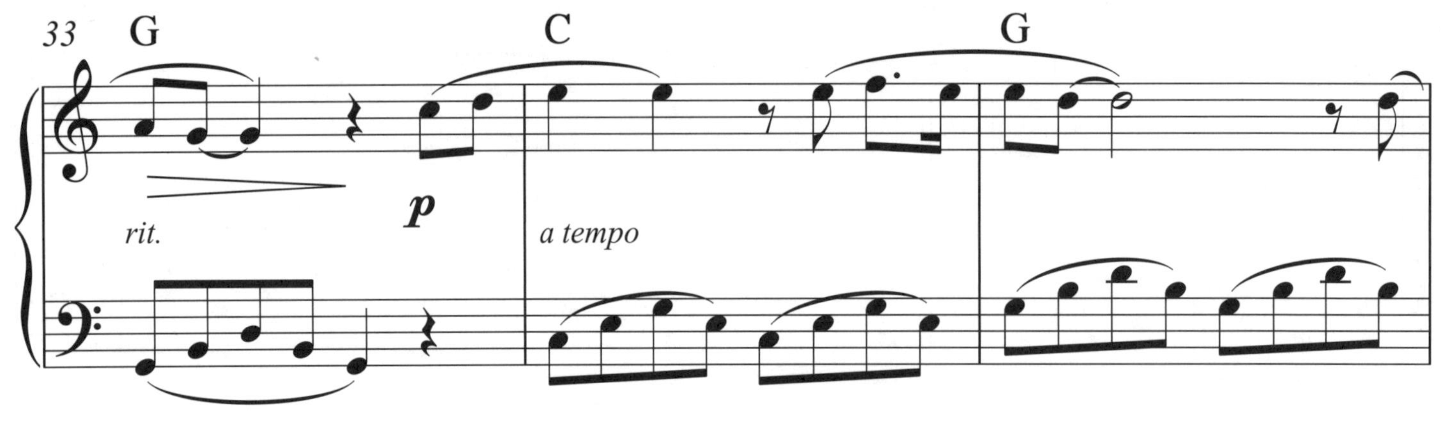

추억은 방울방울

64

체리가 익어갈 무렵

A. Renard

Tempo rubato ♩ = 130

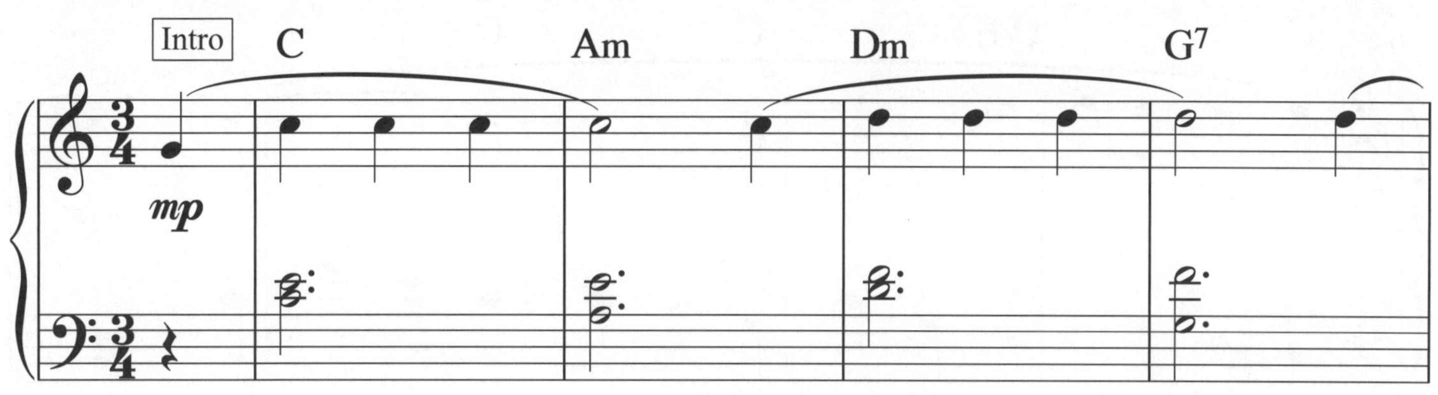

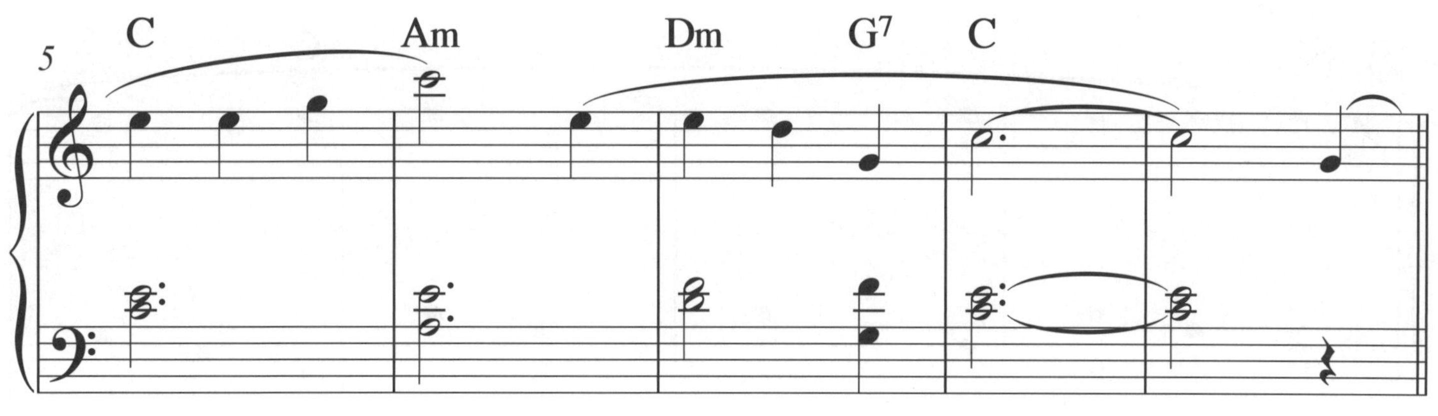

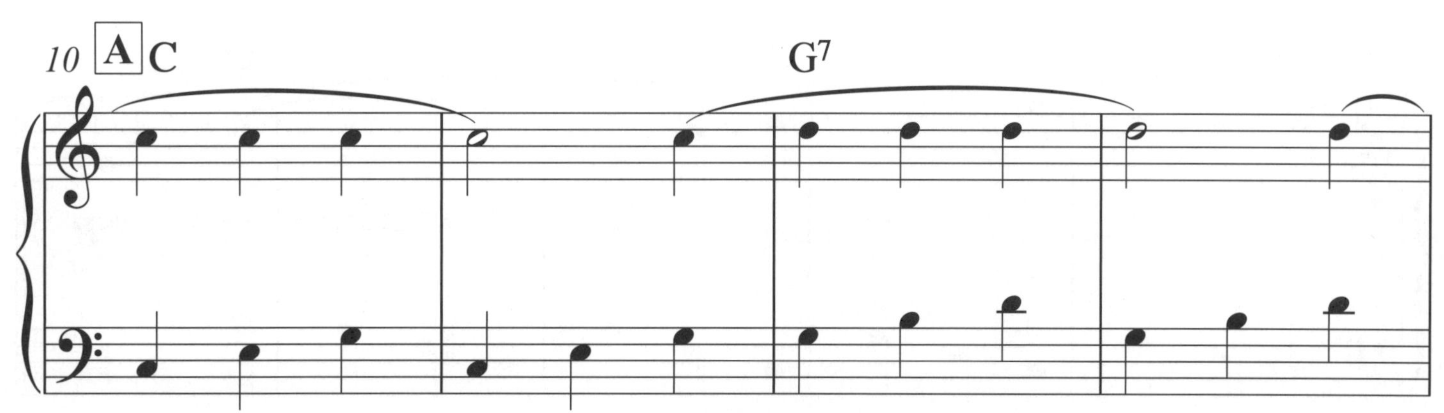

65

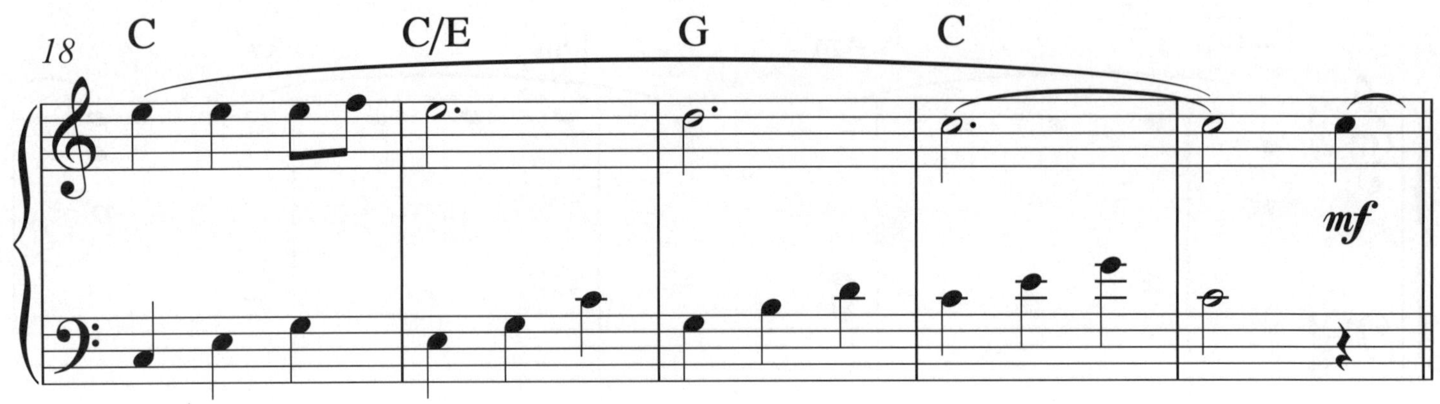
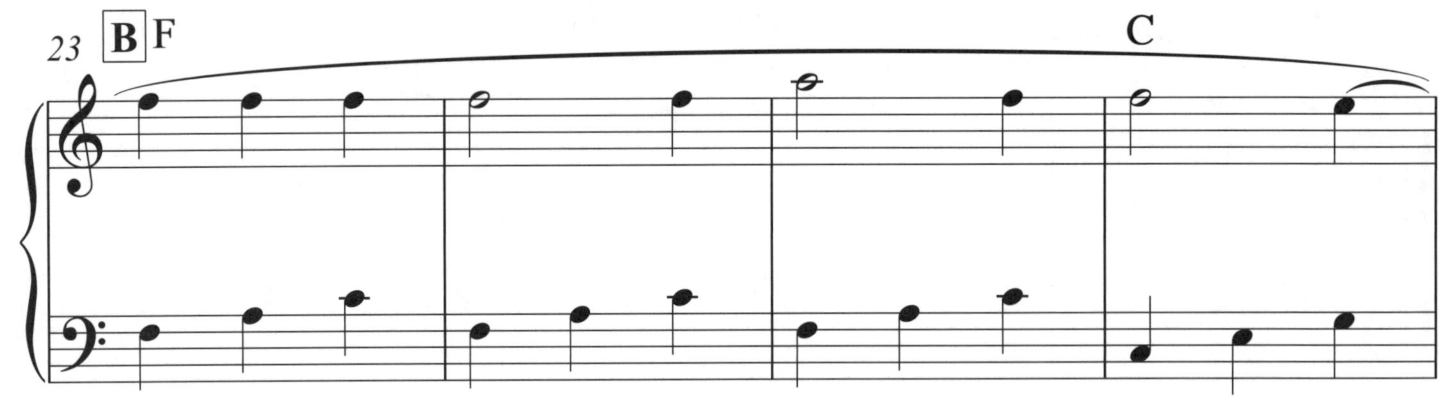
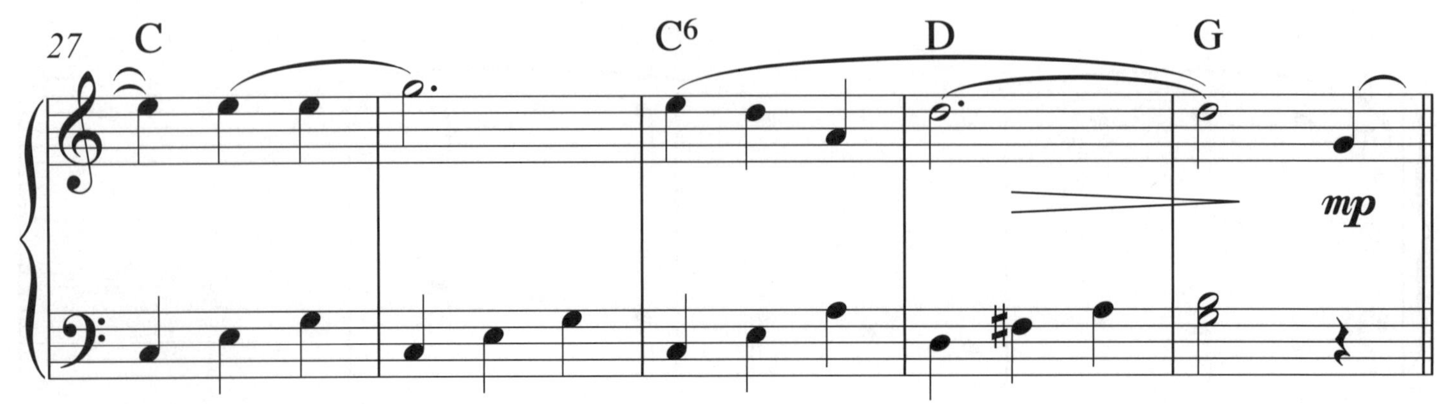

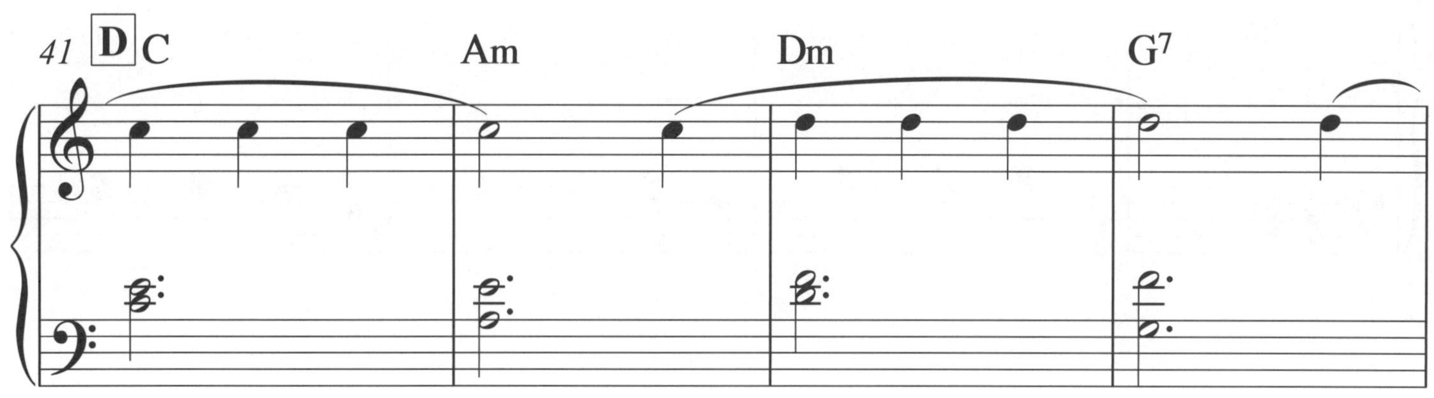

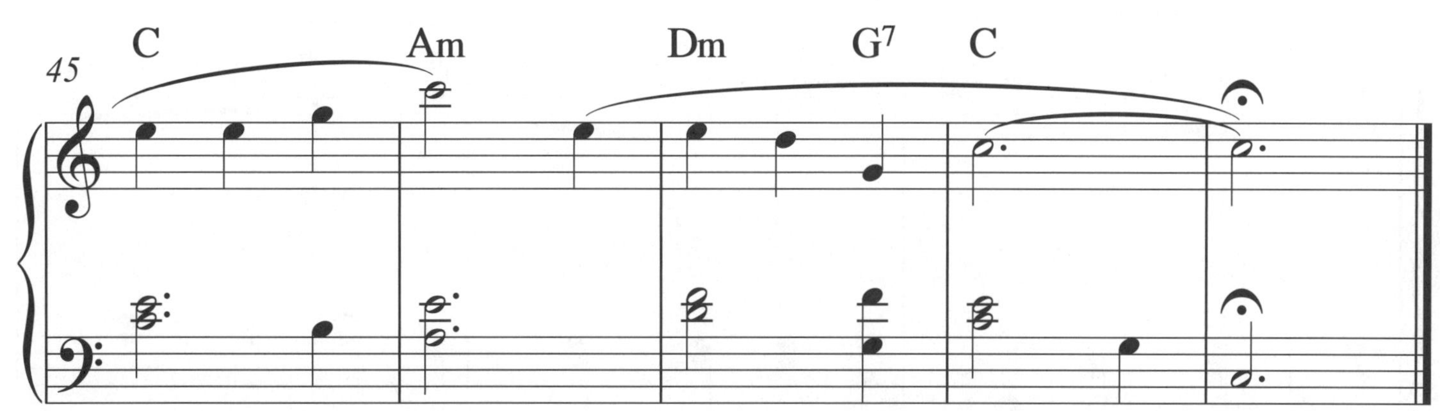

스튜디오 지브리 OST 베스트 | Easy Piano Ver.

돌아갈 수 없는 날들

J. Hisaishi

Andantino ♩ = 82

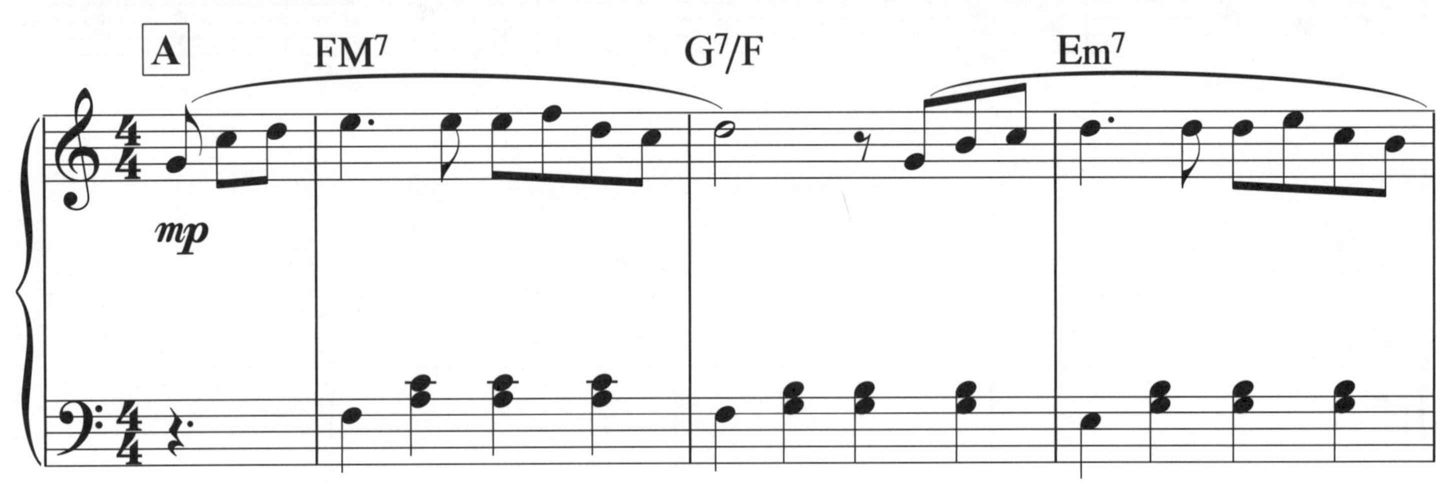

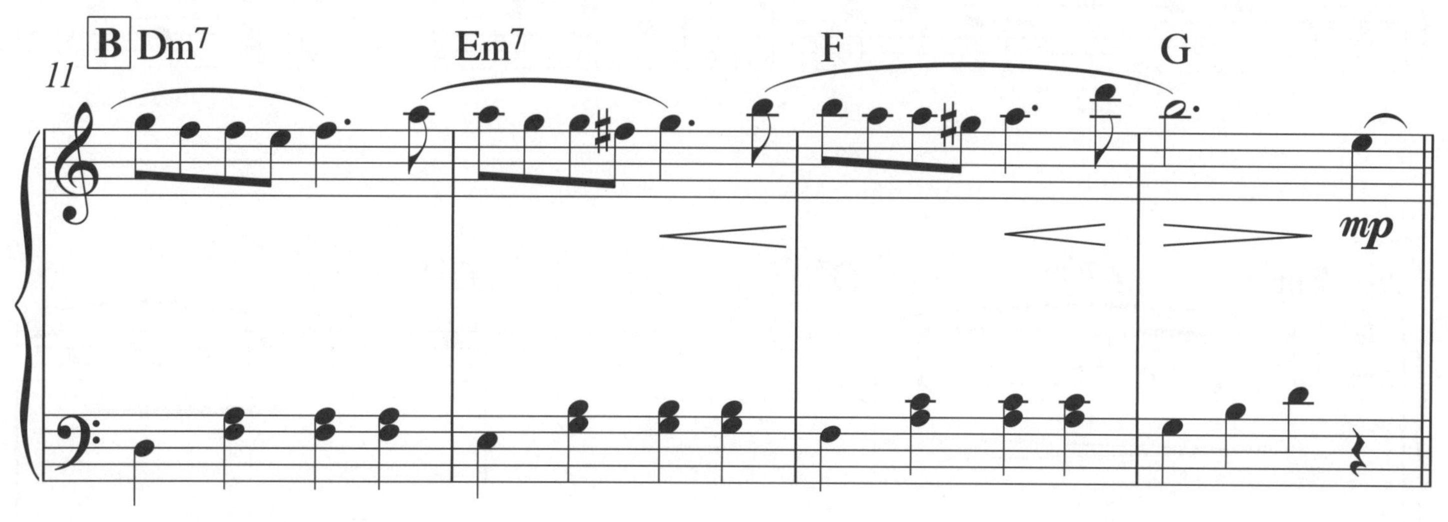

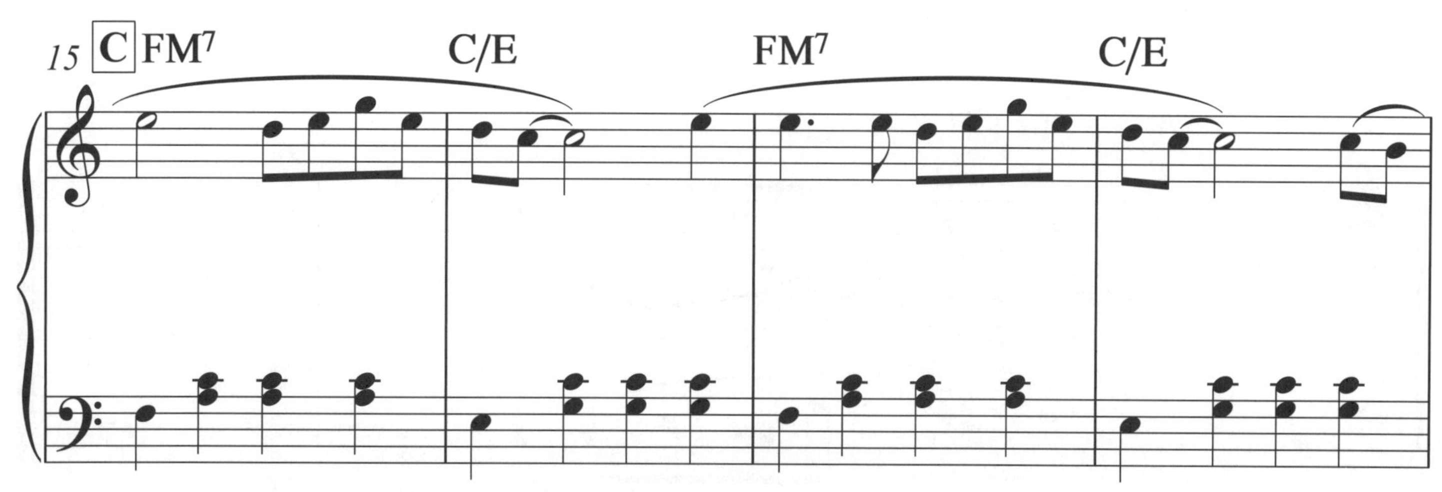

스튜디오 지브리 OST 베스트 | Easy Piano Ver.

19
Dm
Em   Dm   Db   C
F#7
mf

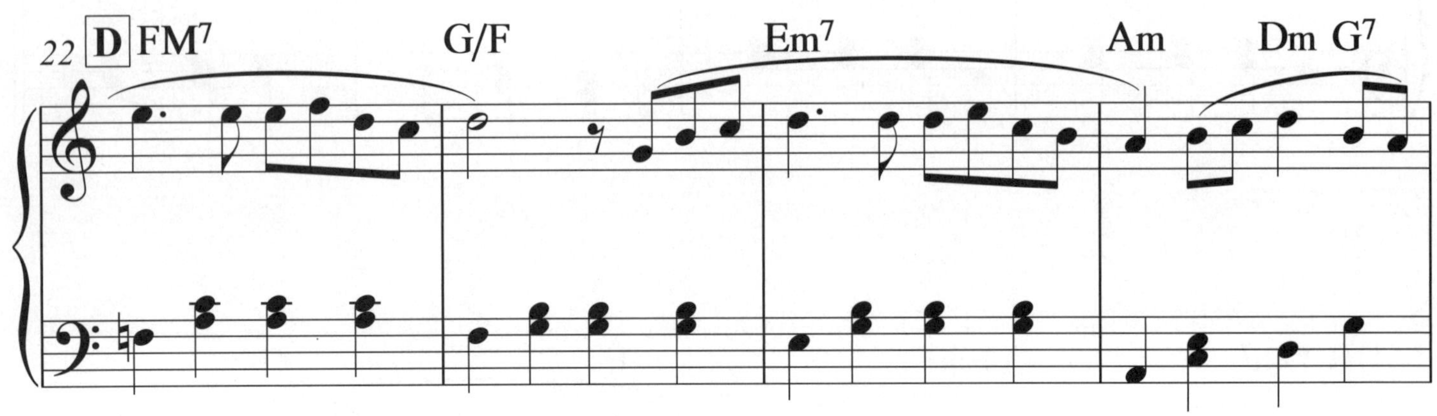
22 D FM7
G/F
Em7
Am
Dm G7

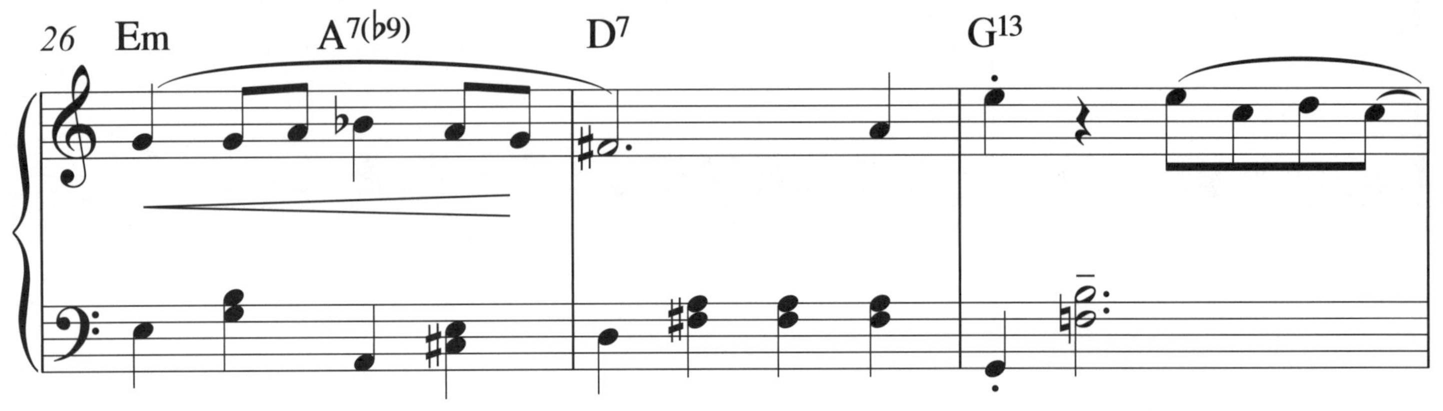
26 Em
A7(b9)
D7
G13

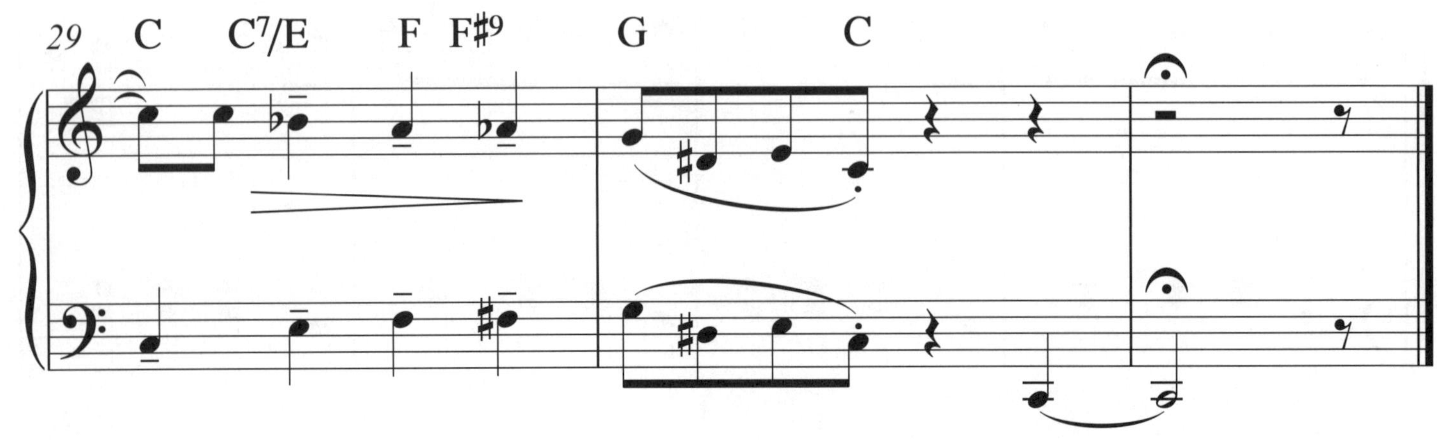
29 C   C7/E
F F#9
G
C

때로는 옛 이야기를

J. Hisaishi

Andante ♩ = 74

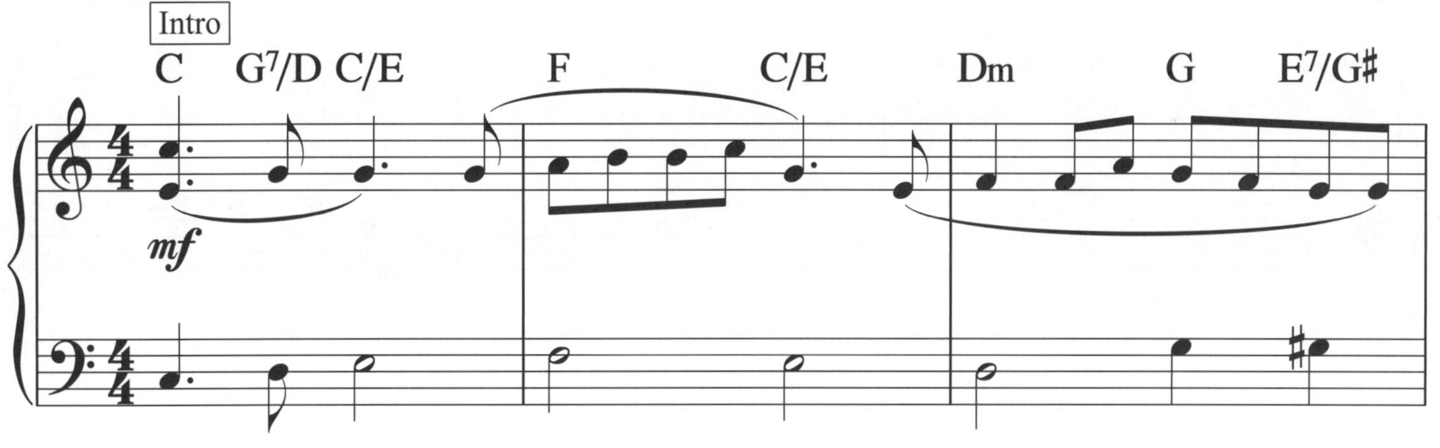

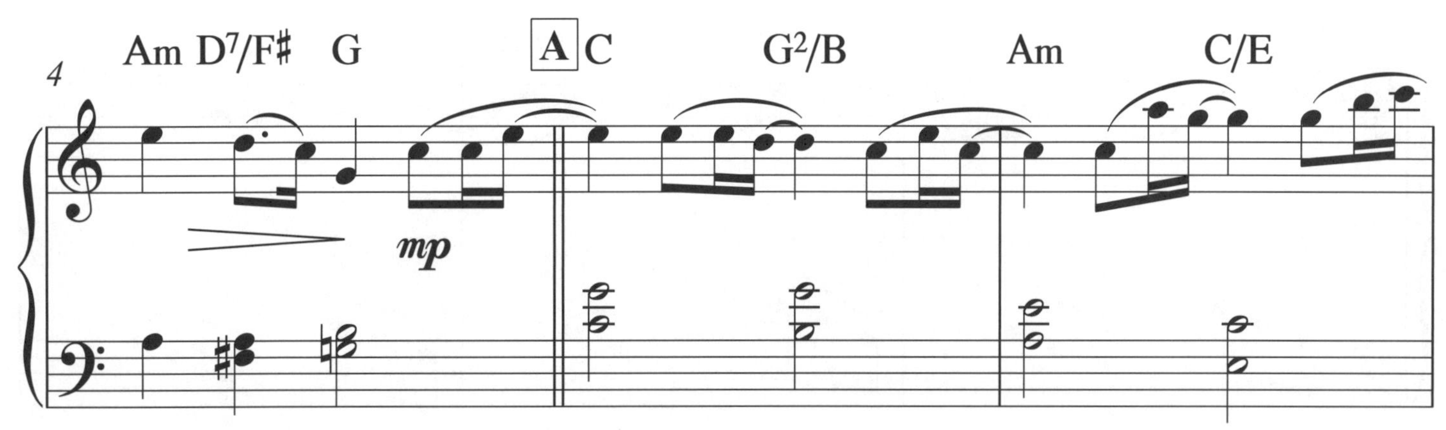

7
F
C/E
Dm
G
C
G/B

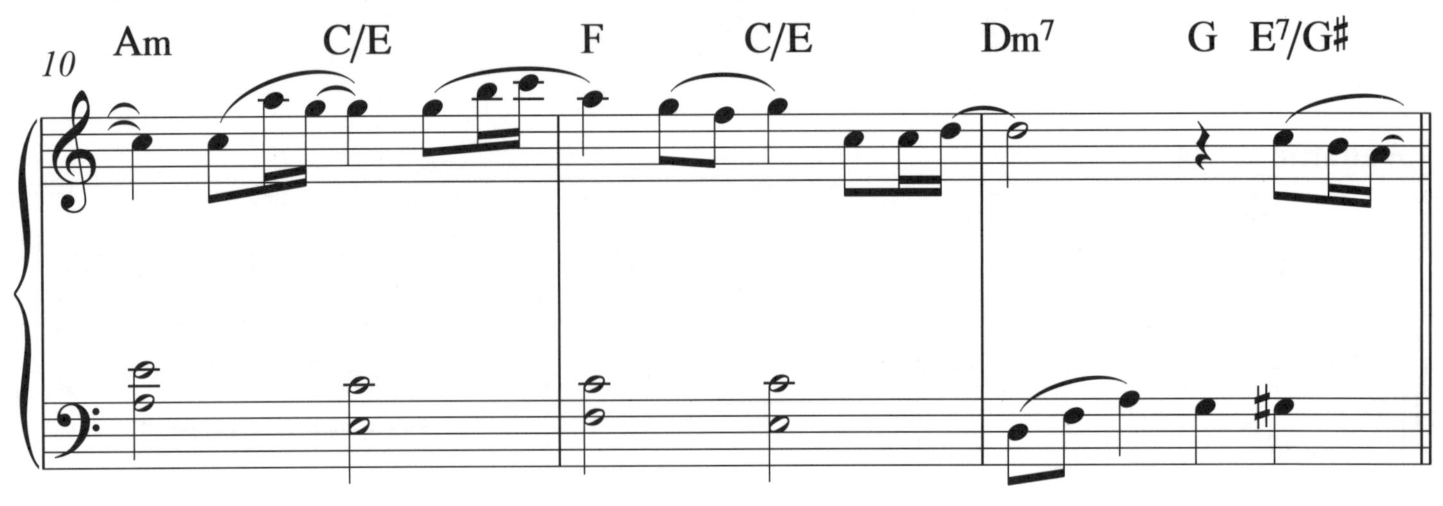

10
Am
C/E
F
C/E
Dm7
G E7/G#

13 B Am
Em
Am
Em
F
D

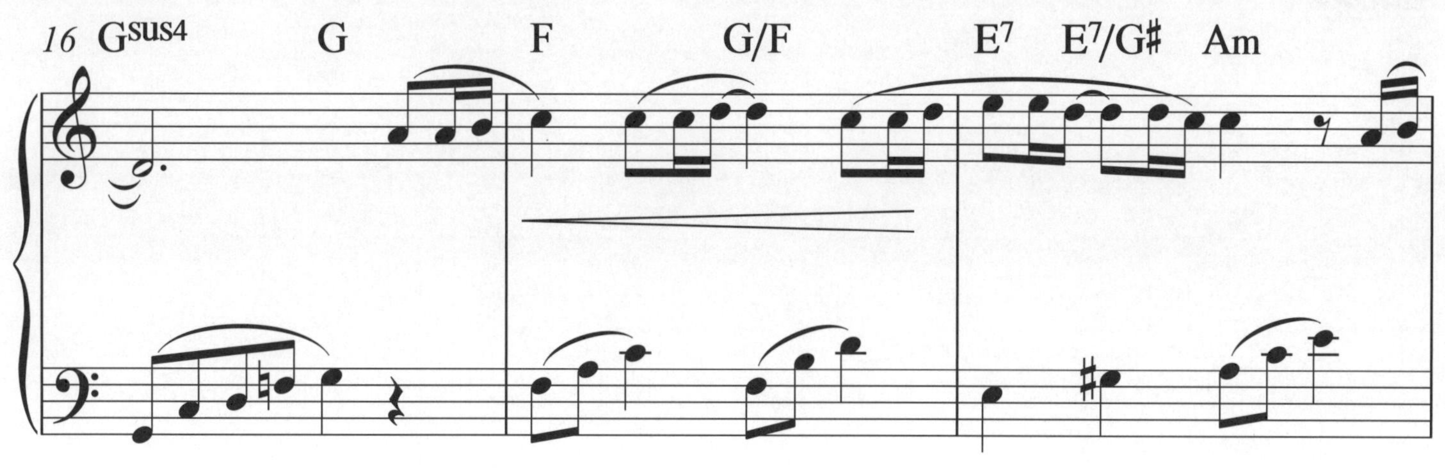

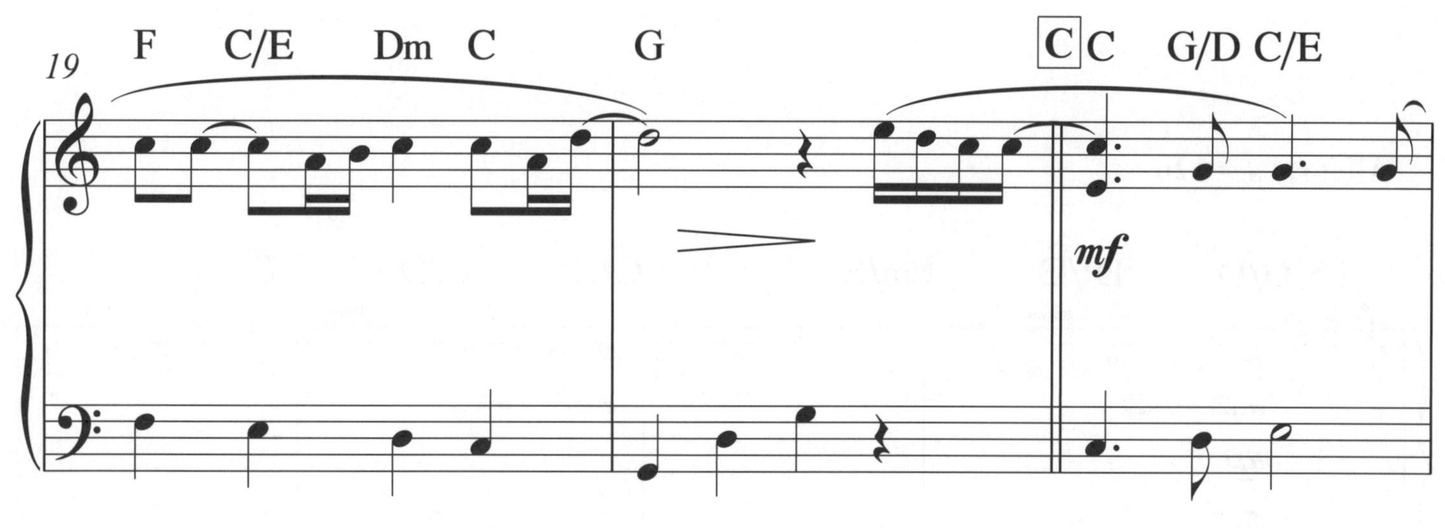

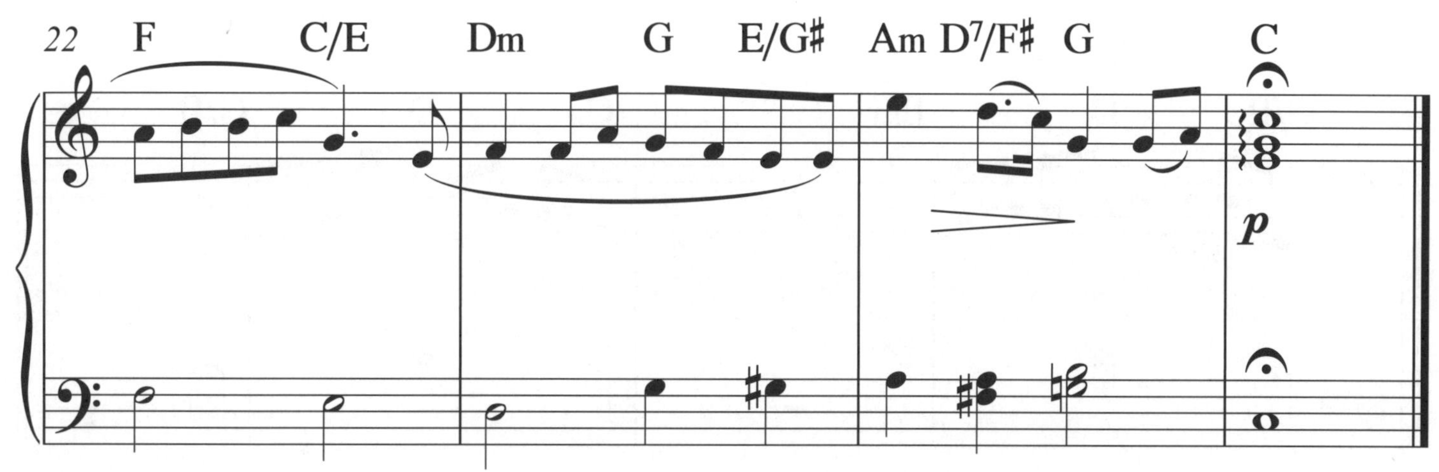

스튜디오 지브리 OST 베스트 | Easy Piano Ver.

언제나 누군가가

Kouryuu

Allegro ♩ = 126

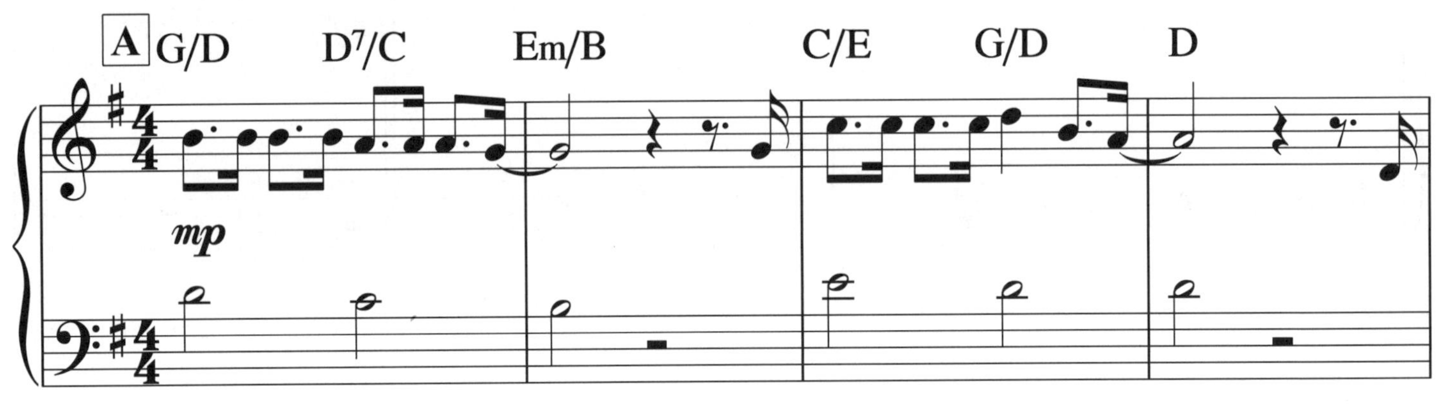

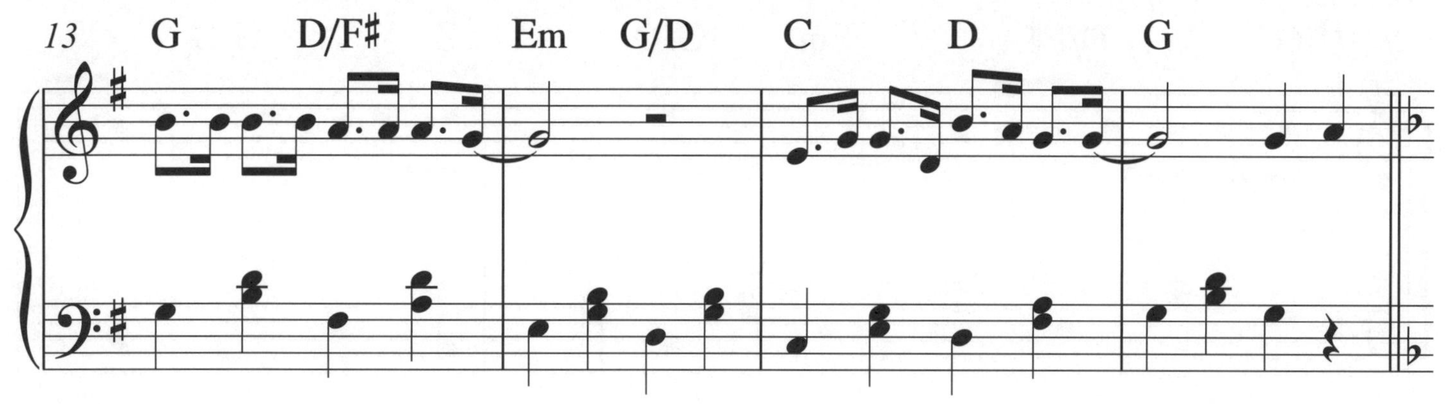

스튜디오 지브리 OST 베스트 | Easy Piano Ver.

23
C
Dsus4
D

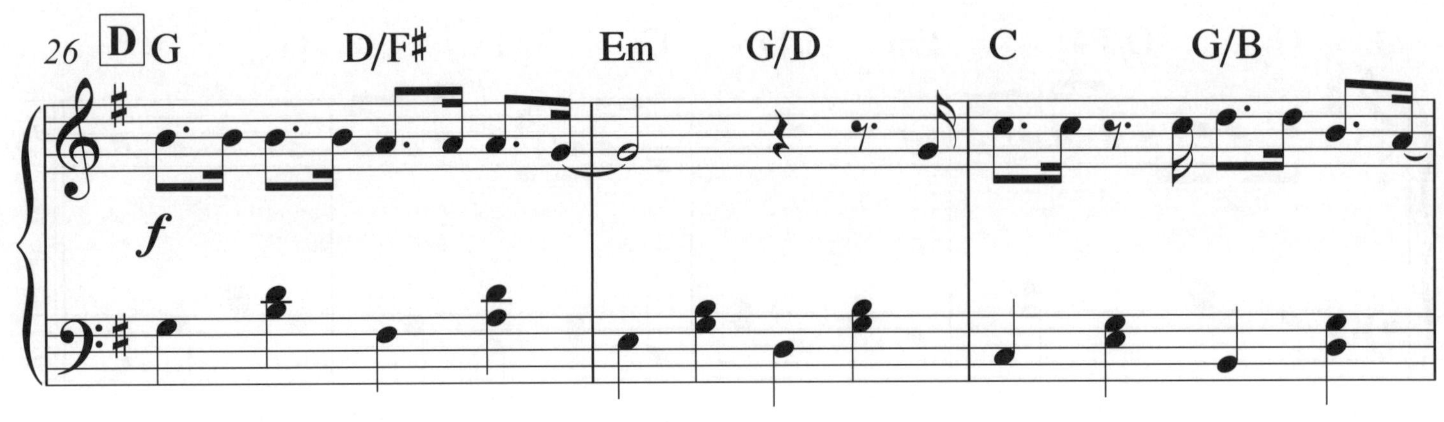

26
D
G
D/F#
Em
G/D
C
G/B
f

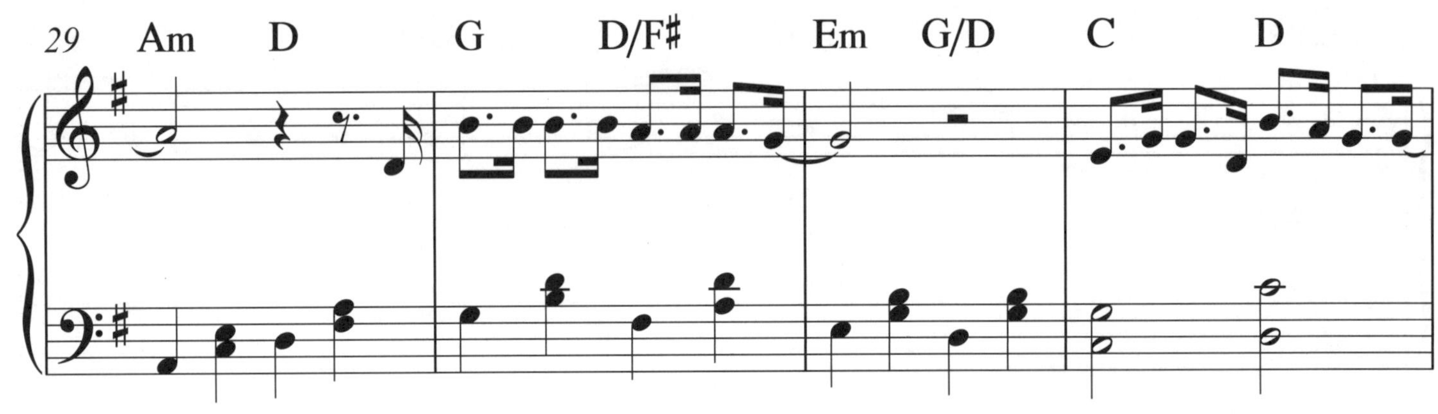

29
Am
D
G
D/F#
Em
G/D
C
D

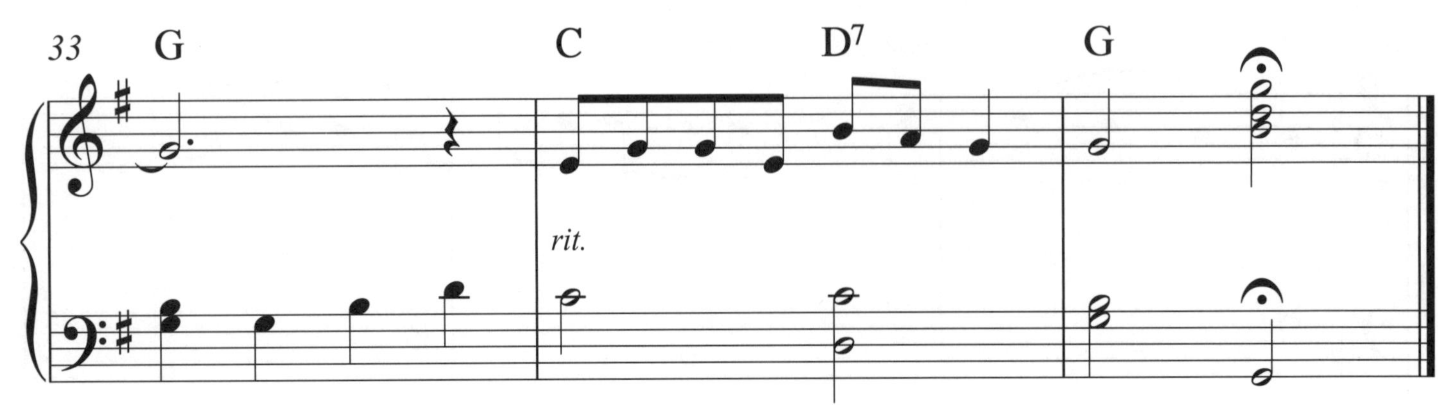

33
G
C
D7
G
rit.

컨트리 로드

Y. Nomi

Adagio ♩ = 64

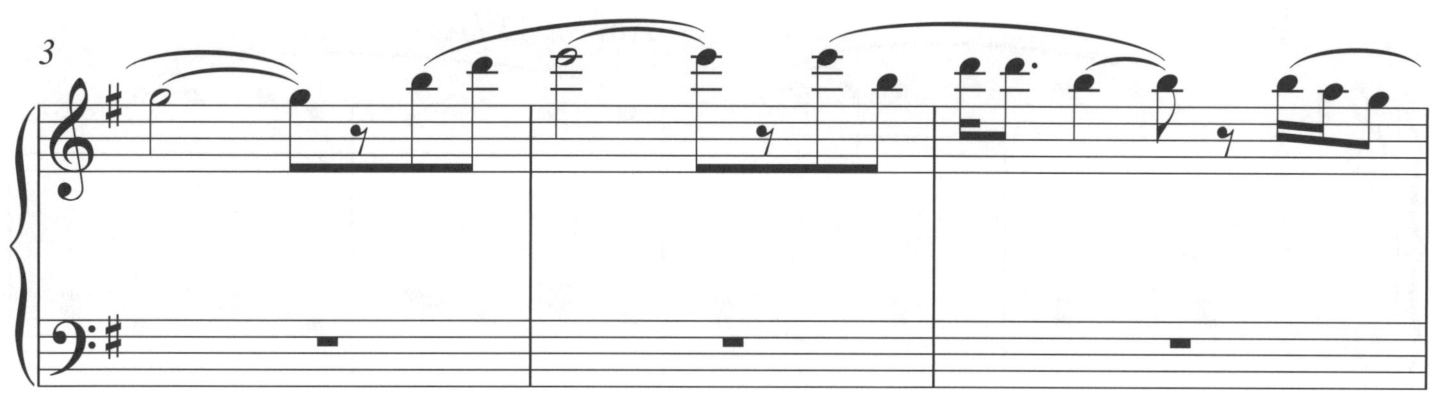

스튜디오 지브리 OST 베스트 | Easy Piano Ver.

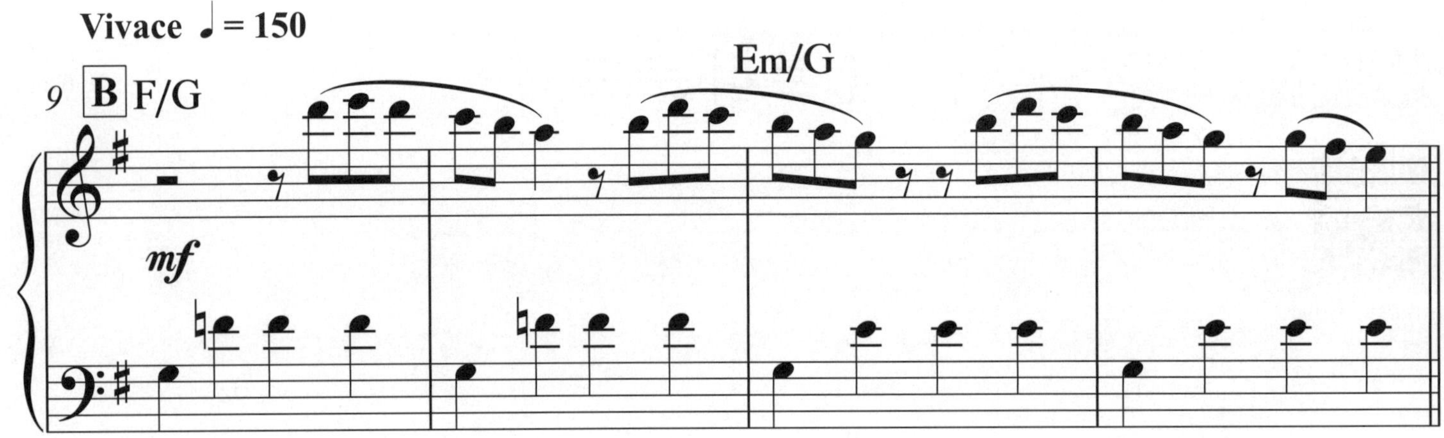

Vivace ♩ = 150
9 B F/G
Em/G
mf

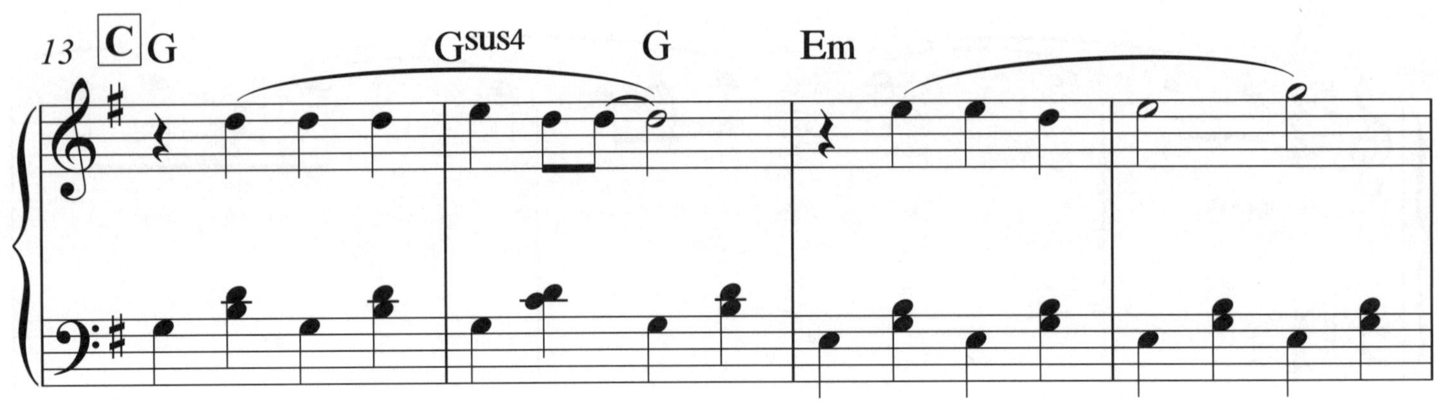

13 C G
Gsus4
G
Em

17 F
Am
D7/A
G

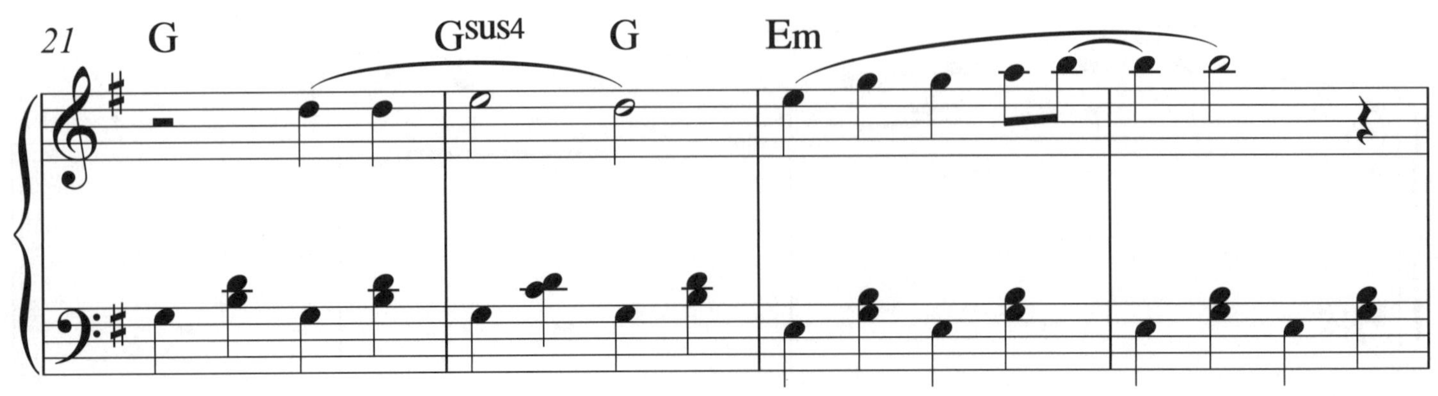

21 G
Gsus4
G
Em

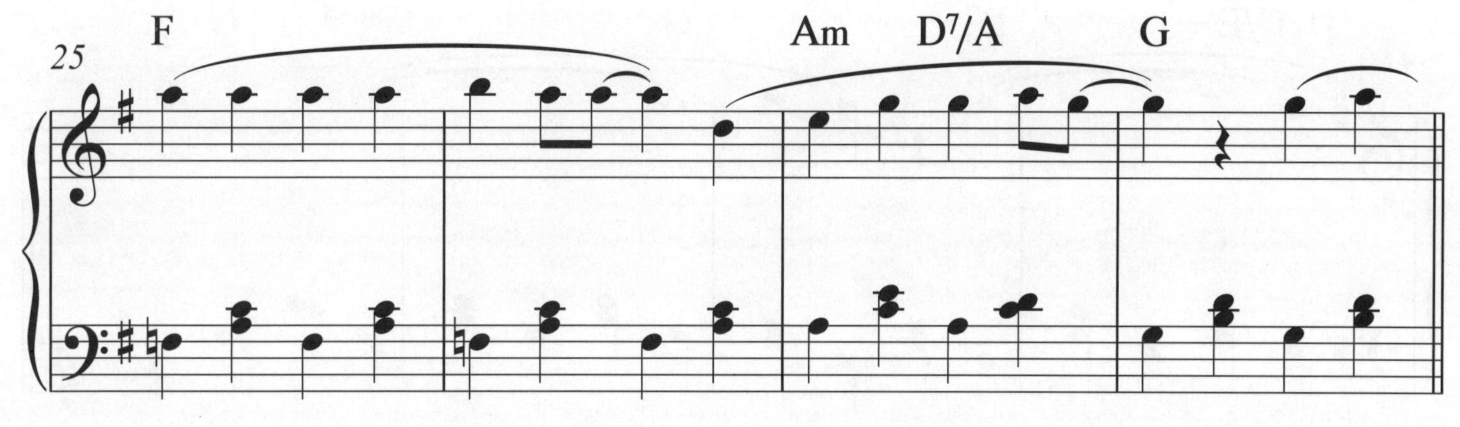

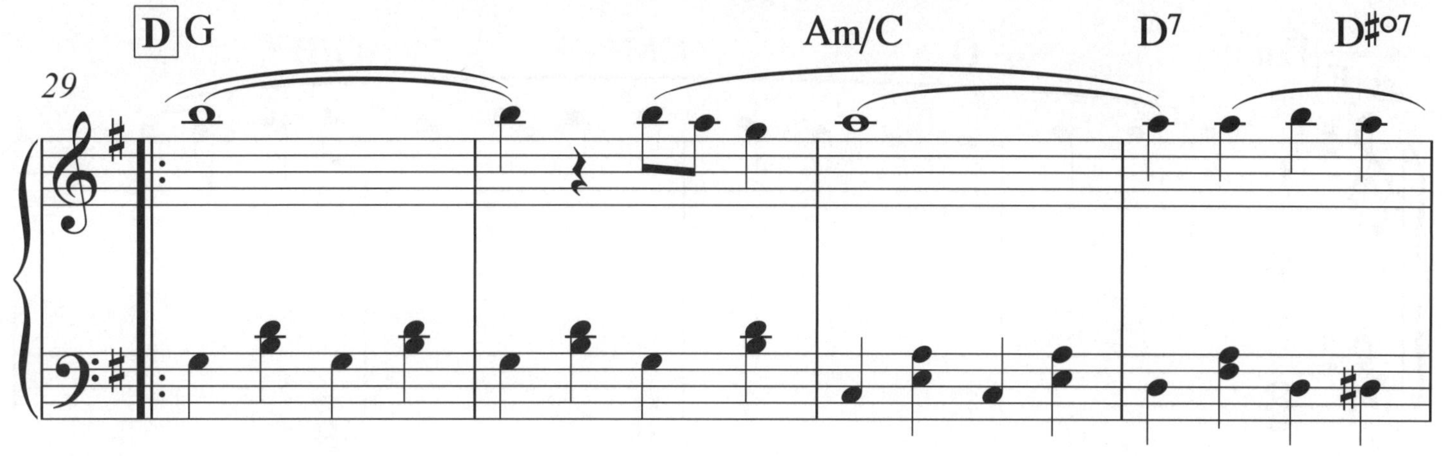

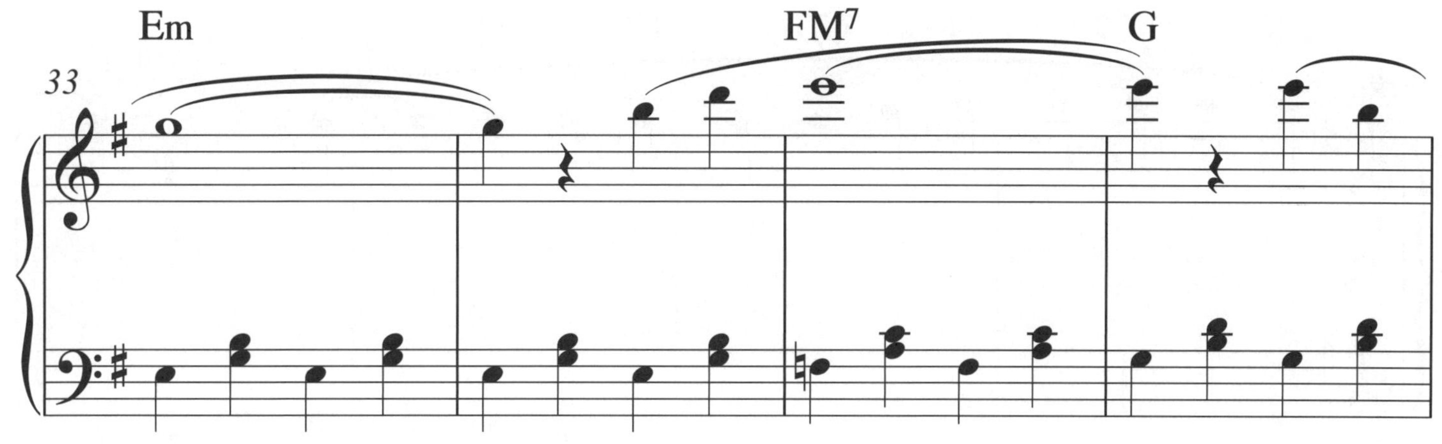

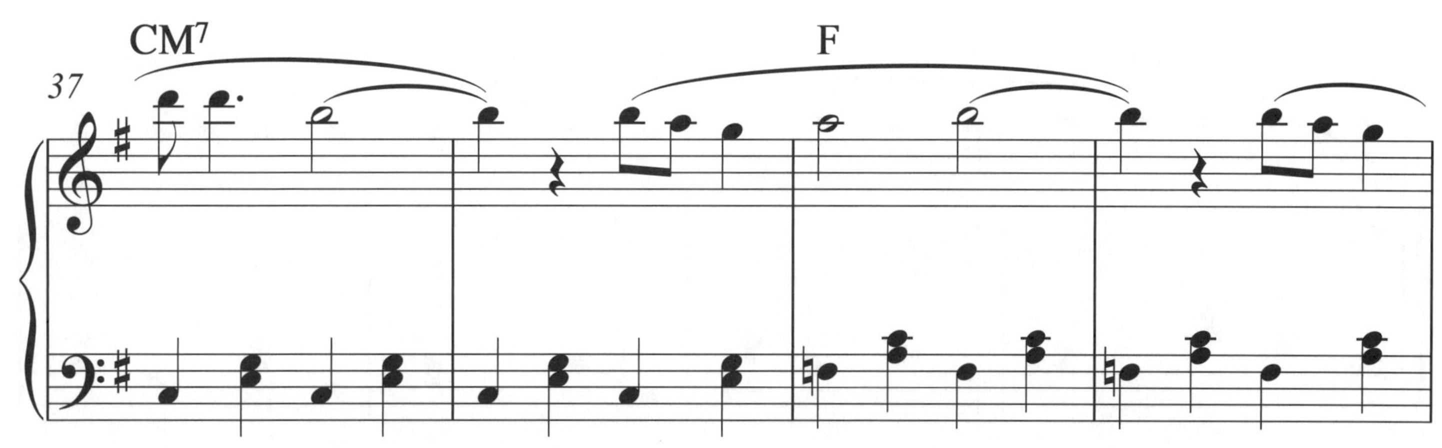

스튜디오 지브리 OST 베스트 | Easy Piano Ver.

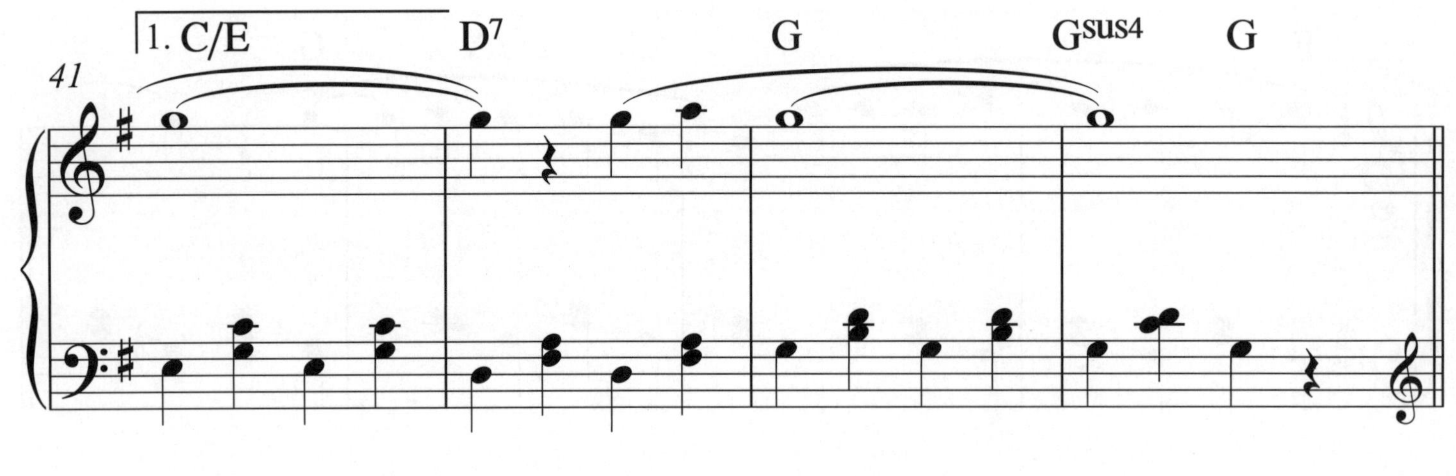
41
1. C/E
D7
G
Gsus4
G

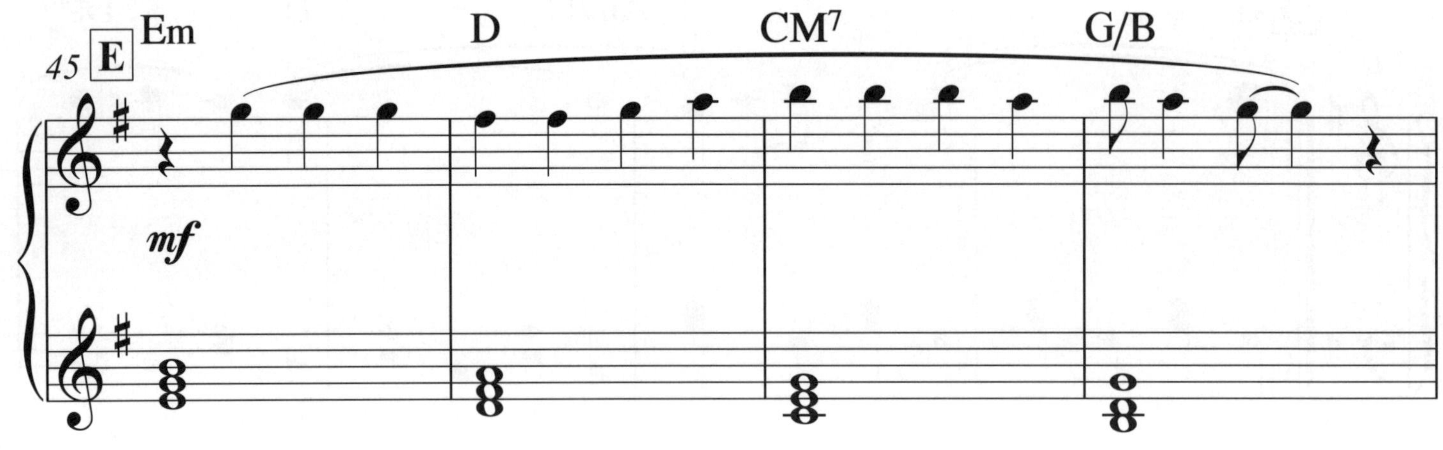
45
E
Em
D
CM7
G/B
mf

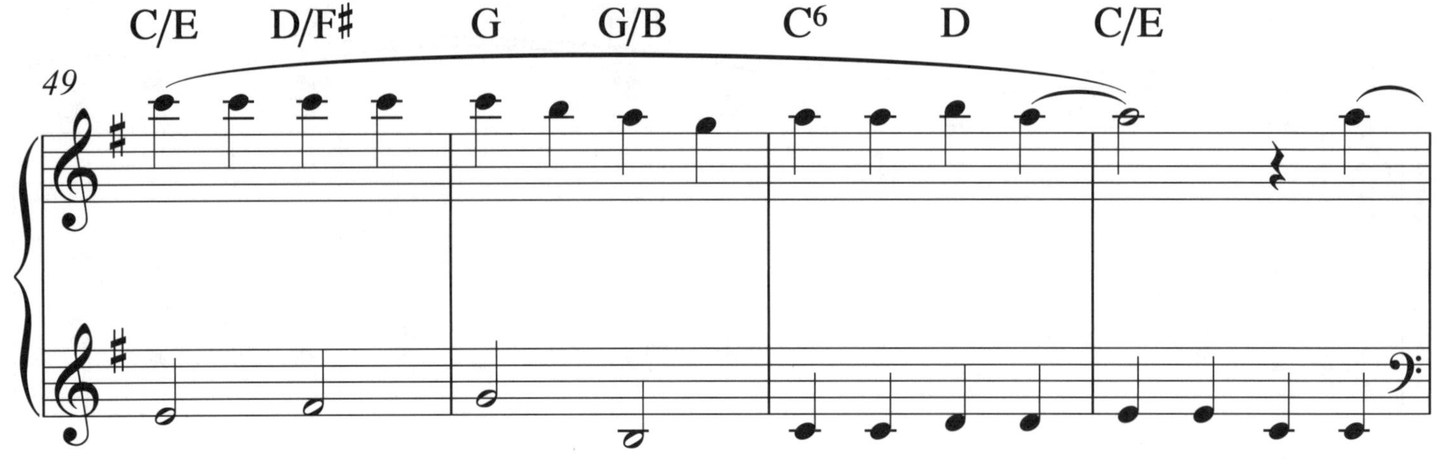
49
C/E
D/F#
G
G/B
C6
D
C/E

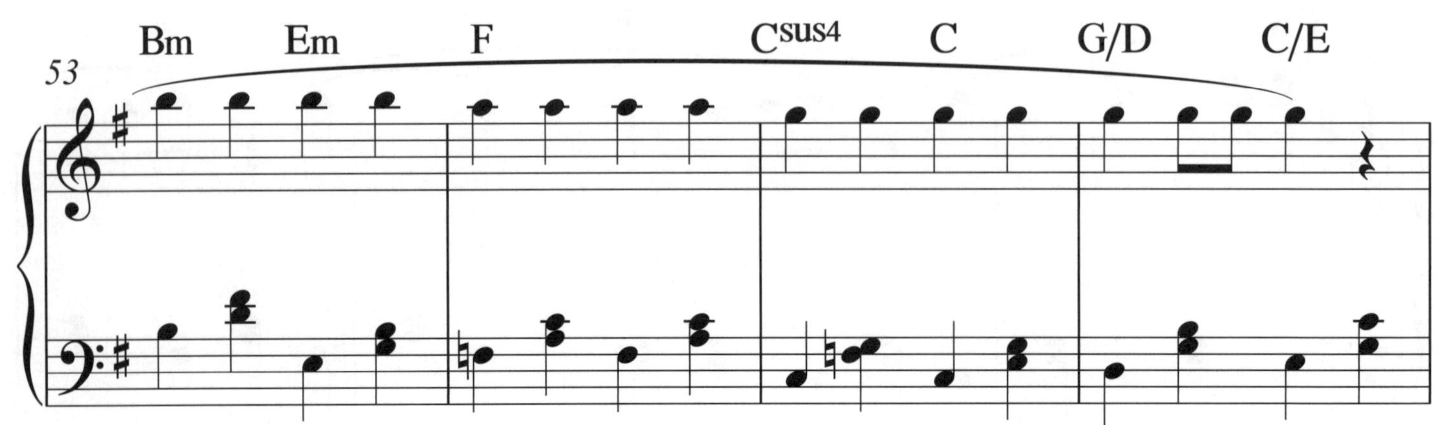
53
Bm
Em
F
Csus4
C
G/D
C/E

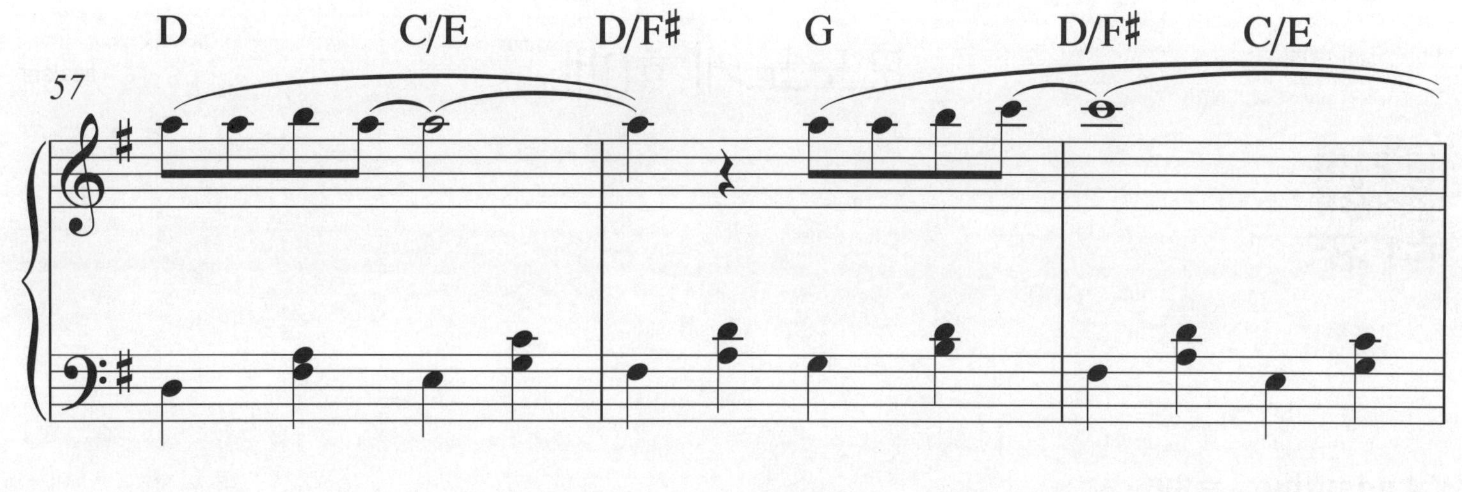

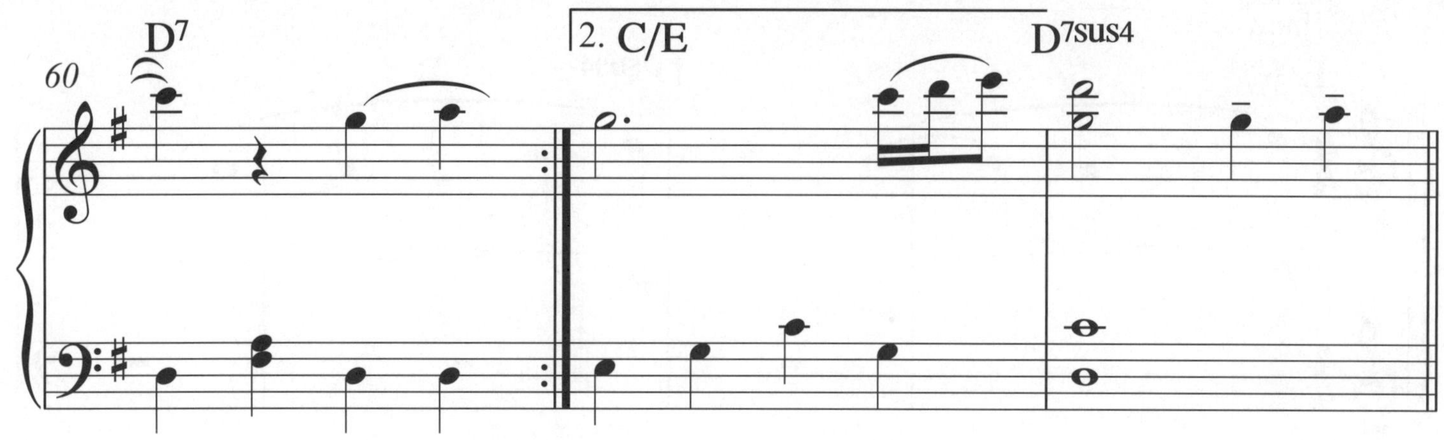

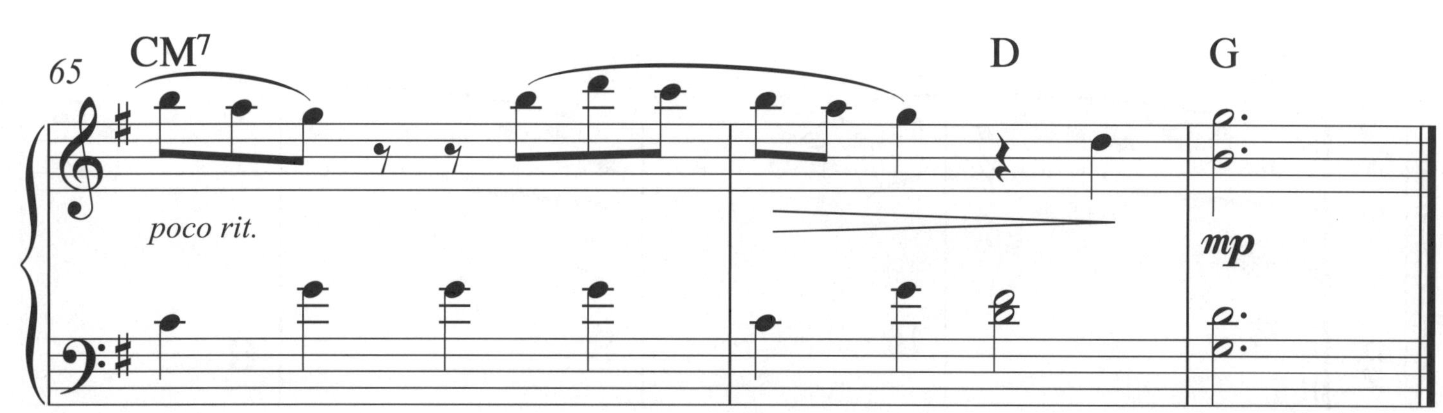

스튜디오 지브리 OST 베스트 | Easy Piano Ver.

모노노케 히메

J. Hisaishi

Andantino ♩ = 80

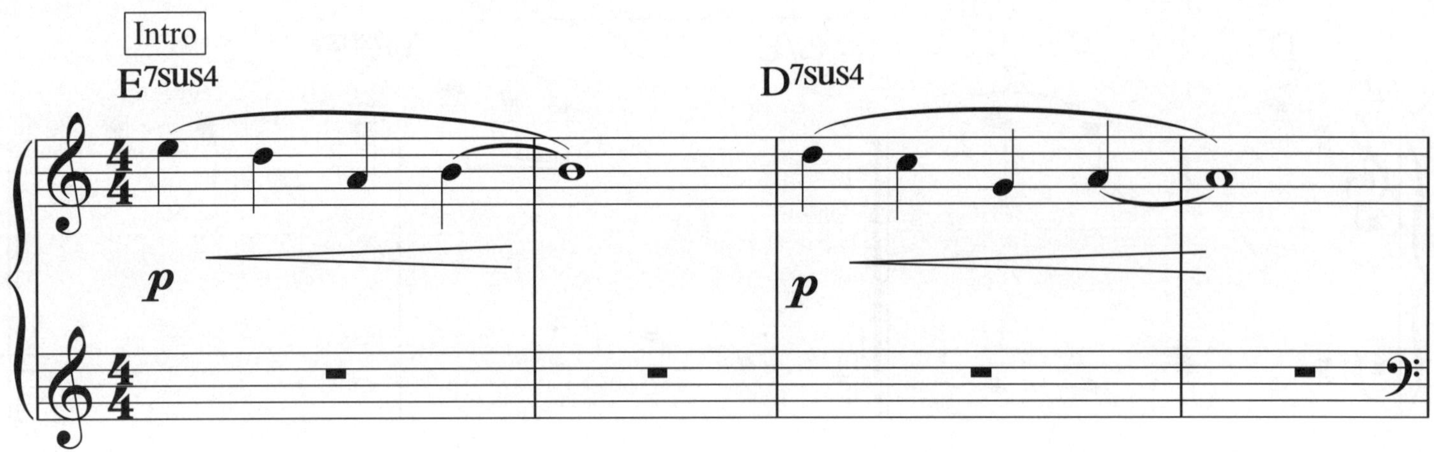

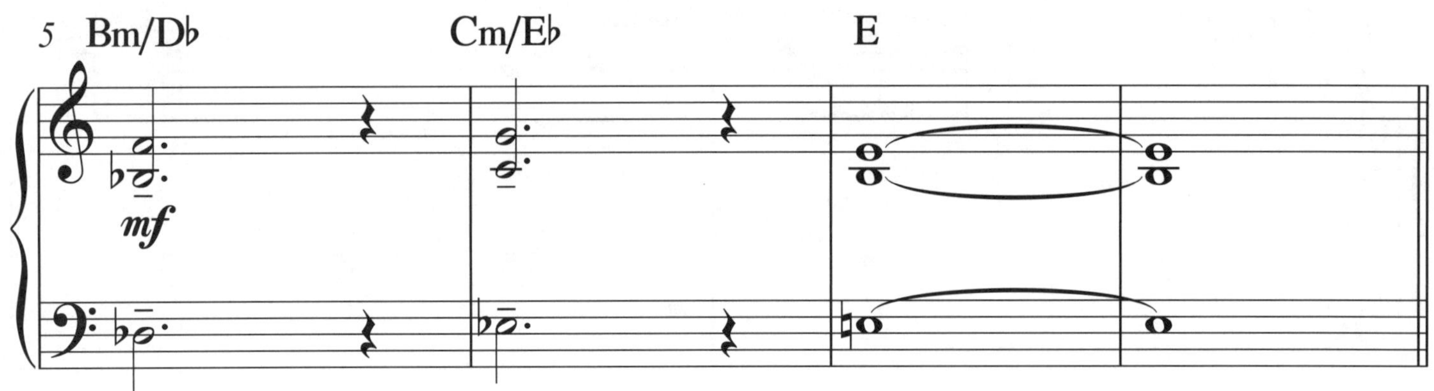

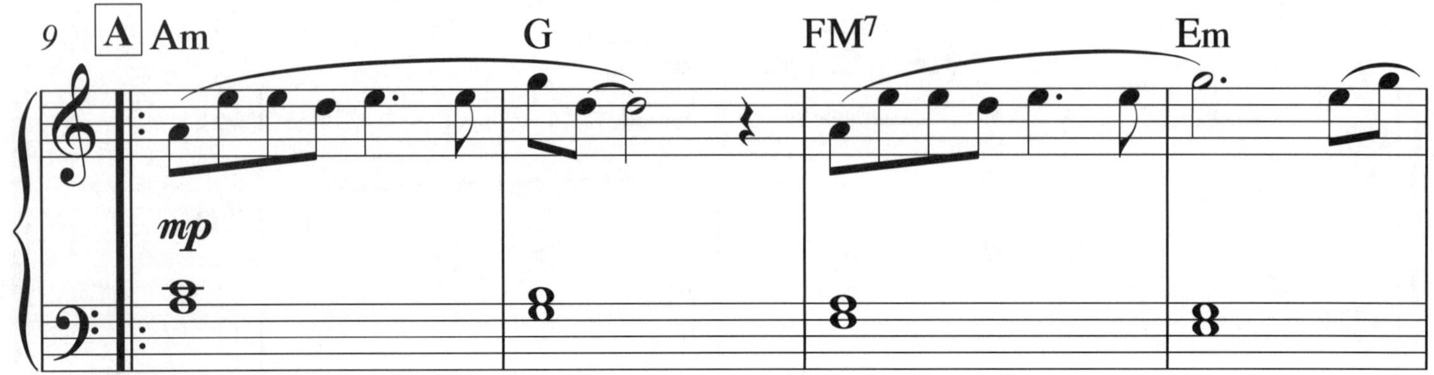

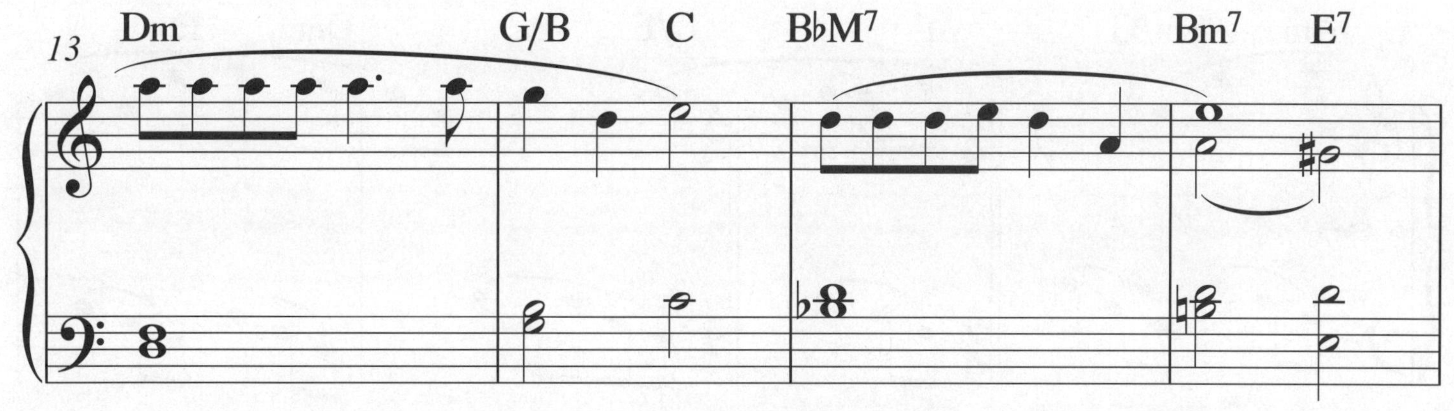

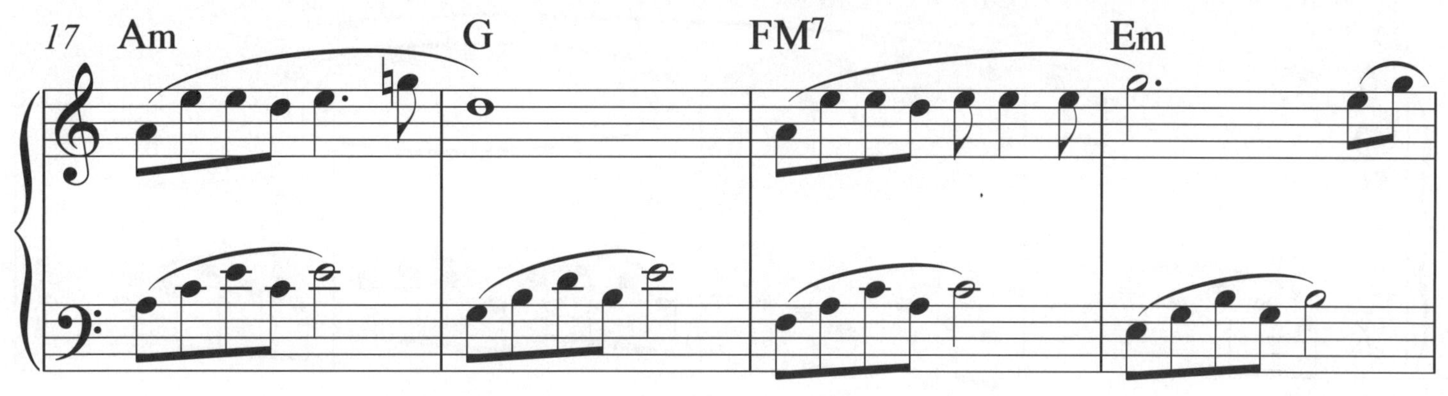

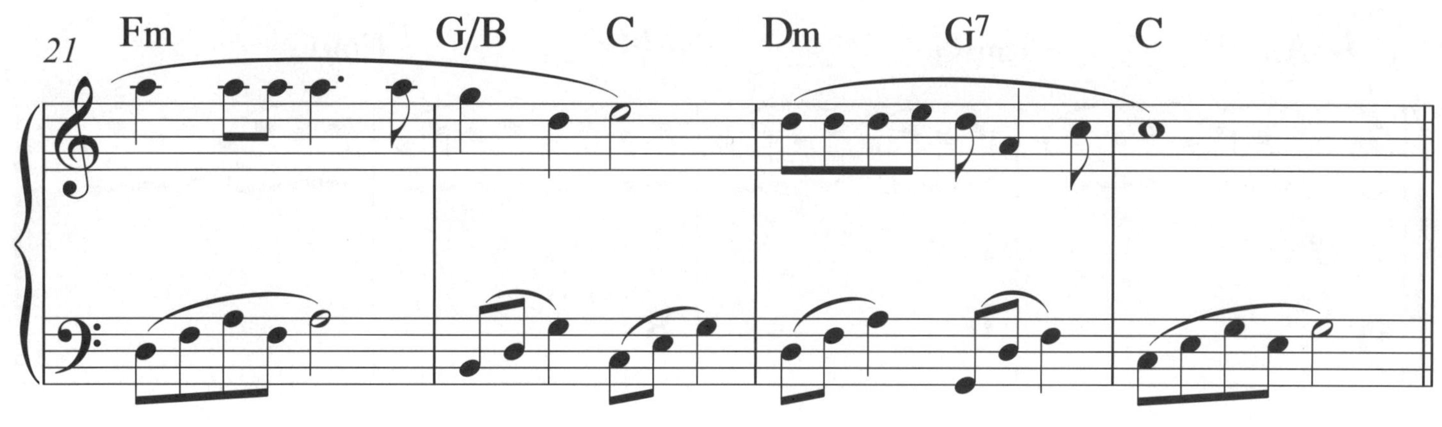

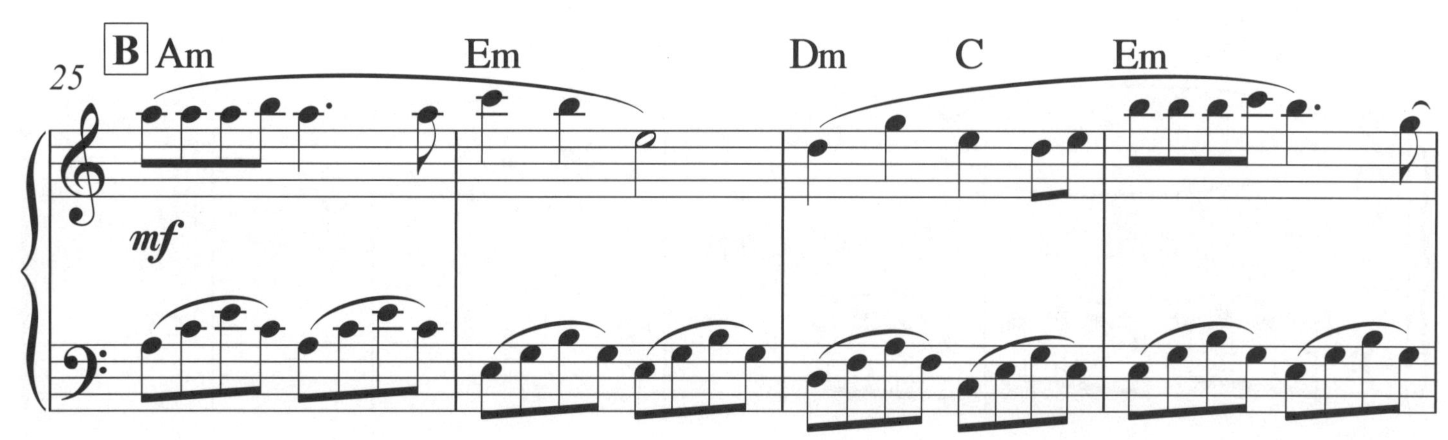

스튜디오 지브리 OST 베스트 | Easy Piano Ver.

29
Am   Em/G   F   C/E   Dm   Em

33
FM7   Dm   Em   1.Asus4   A

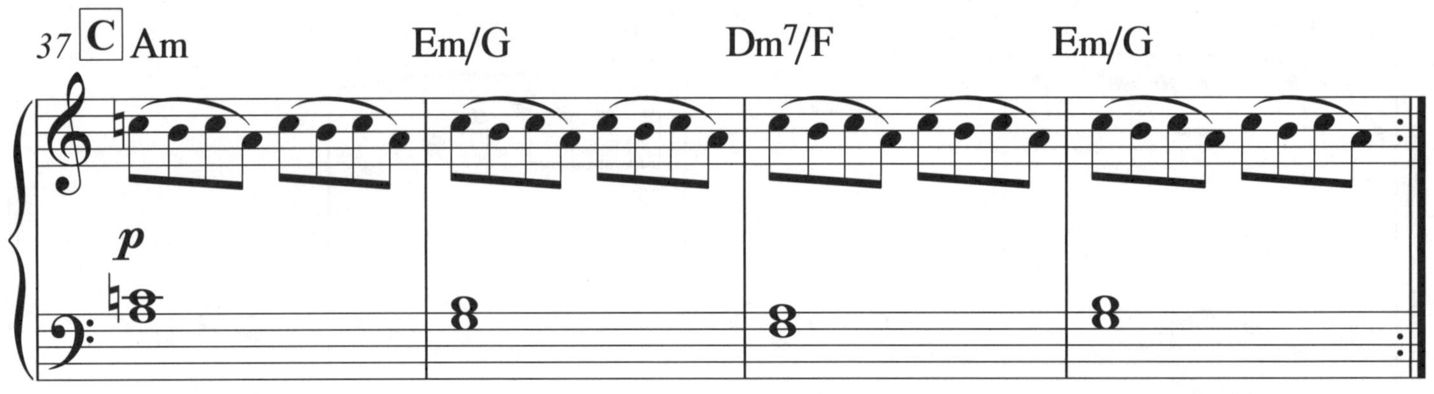

37
C   Am   Em/G   Dm7/F   Em/G
p

41
2.Asus4   A   FM7   Em/G   Asus4   A
mp

아시타카와 산

J. Hisaishi

Andante ♩ = 76

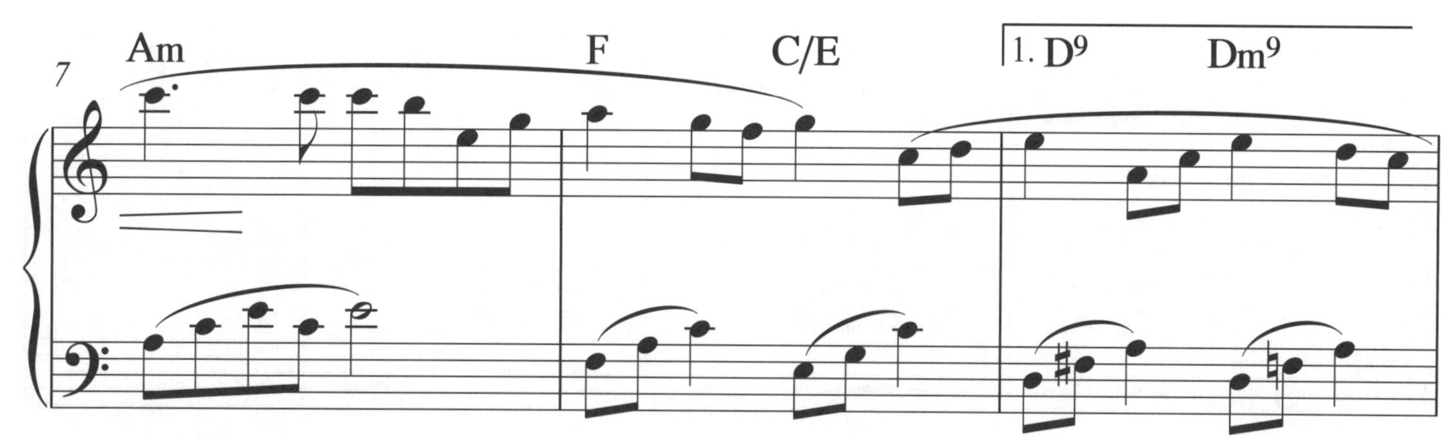

스튜디오 지브리 OST 베스트 | Easy Piano Ver.

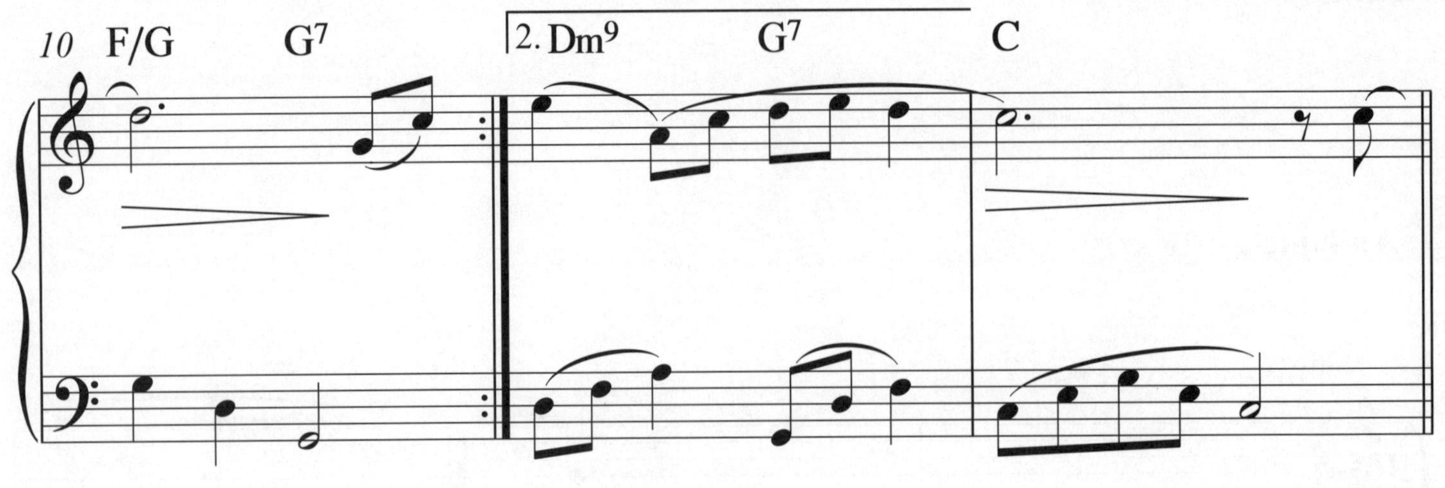

10 F/G   G7
2. Dm9   G7   C

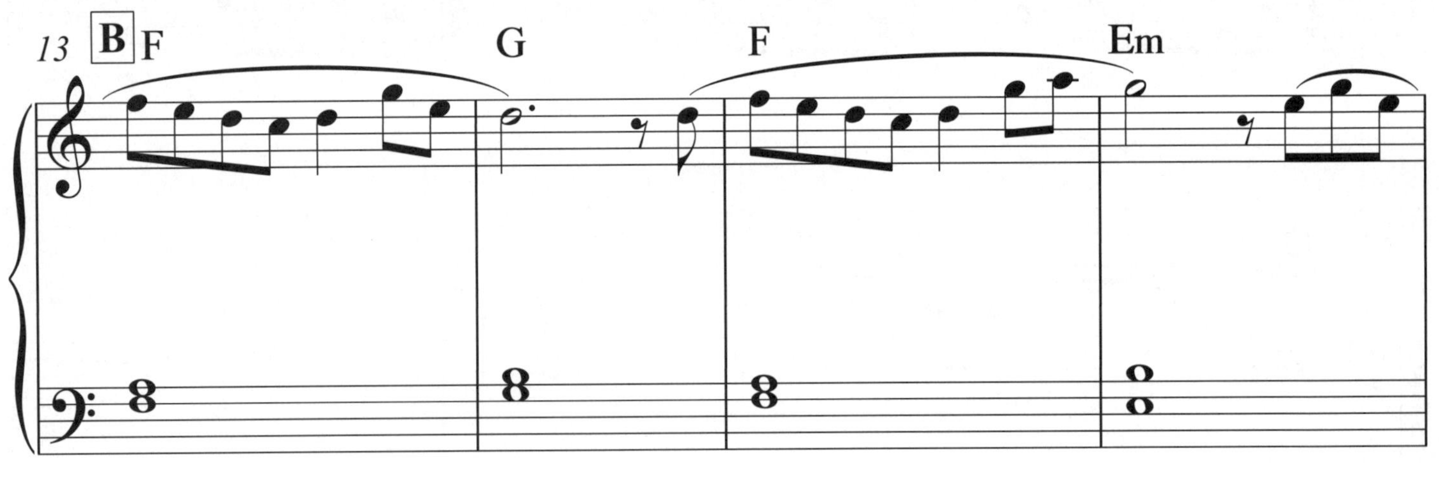

13 B F   G   F   Em

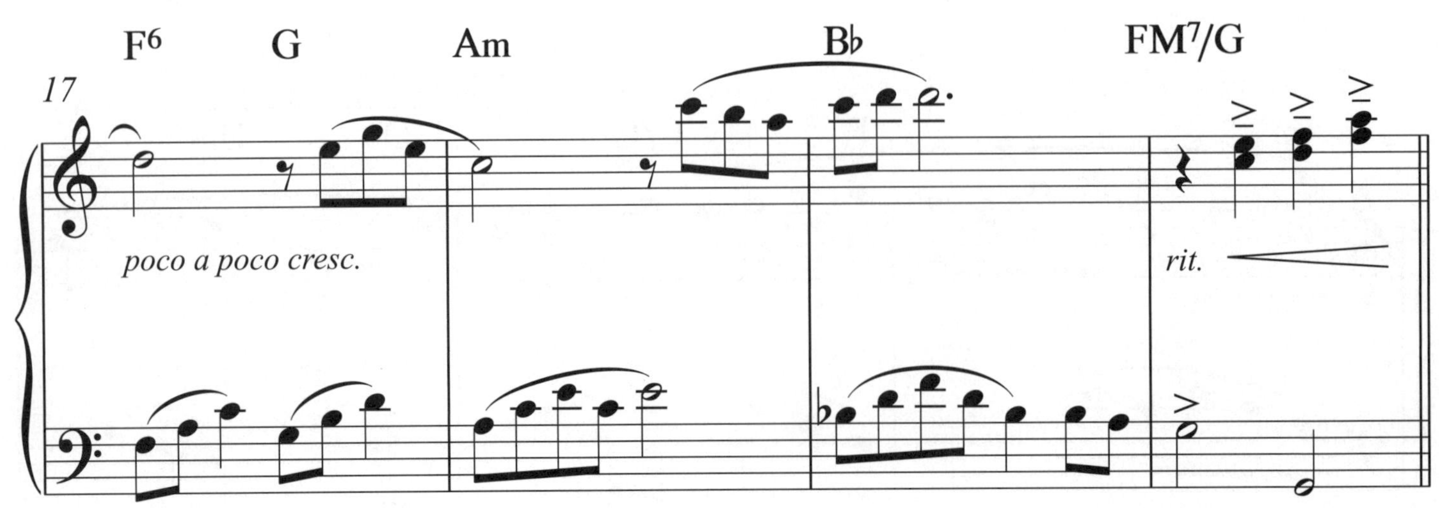

17 F6   G   Am   B♭   FM7/G
poco a poco cresc.
rit.

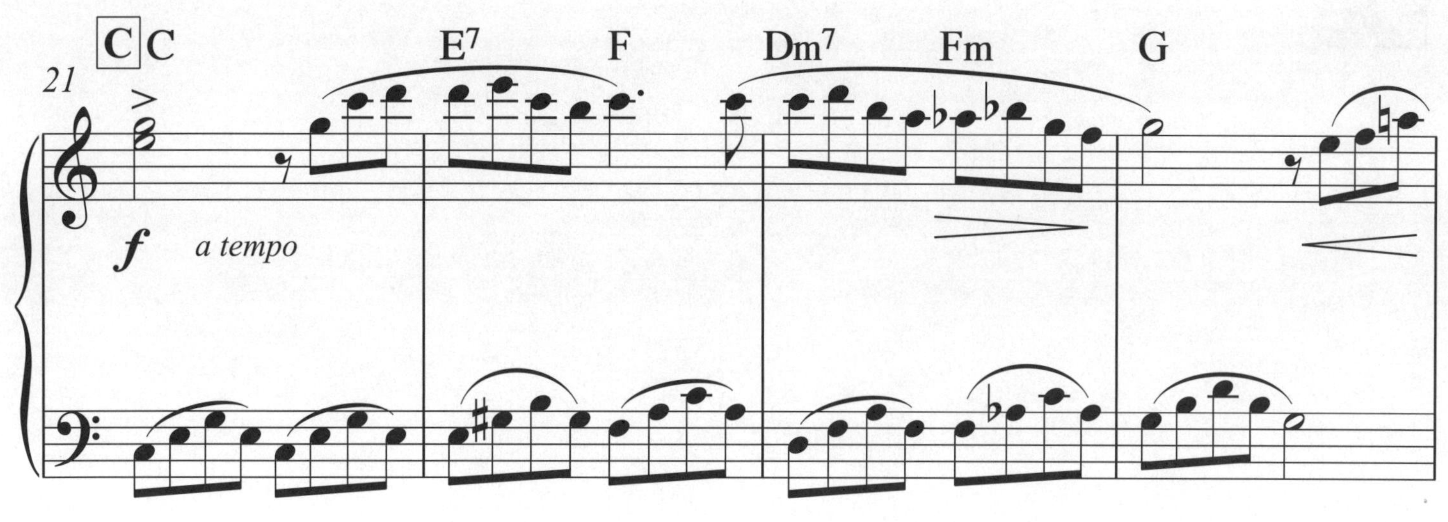

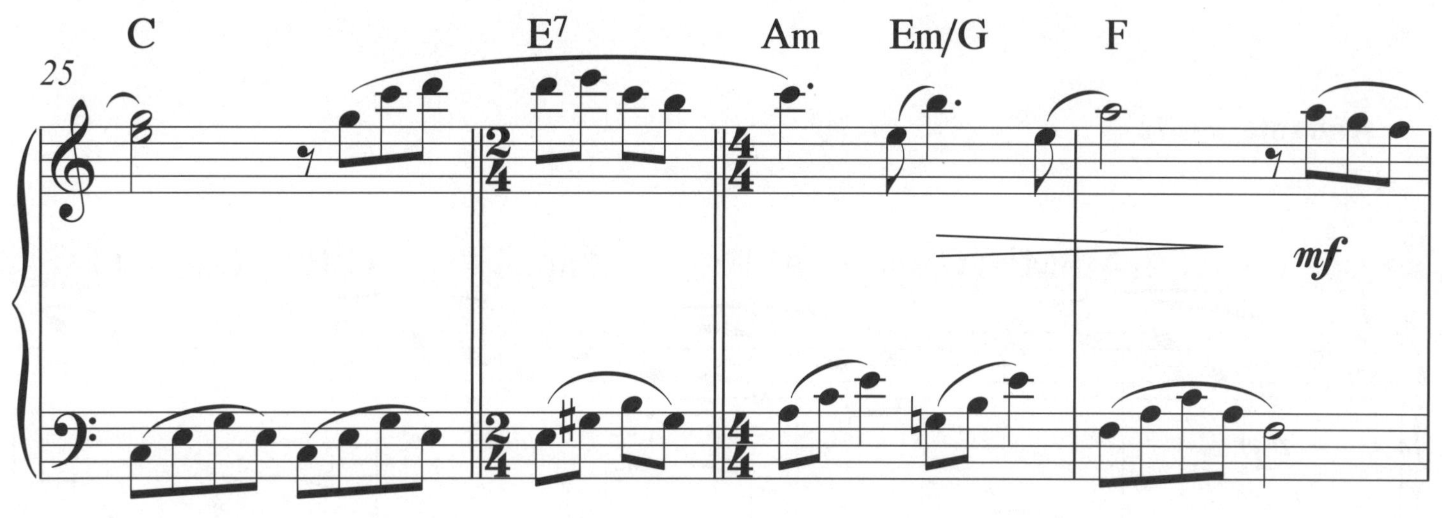

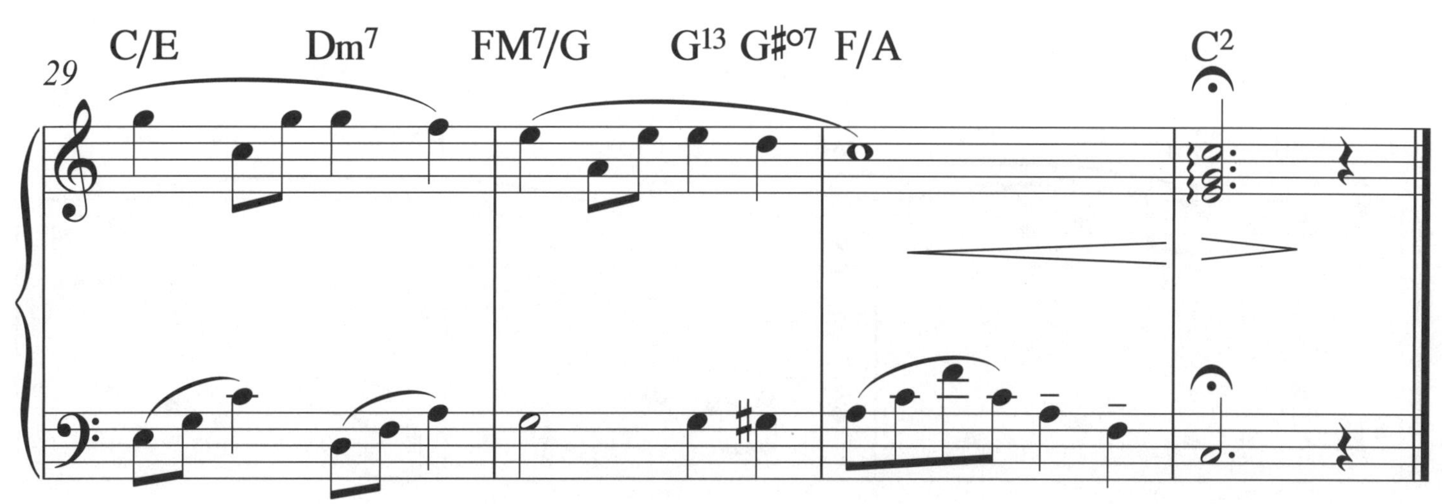

스튜디오 지브리 OST 베스트 | Easy Piano Ver.

아시타카의 전설

J. Hisaishi

Andante ♩ = 72

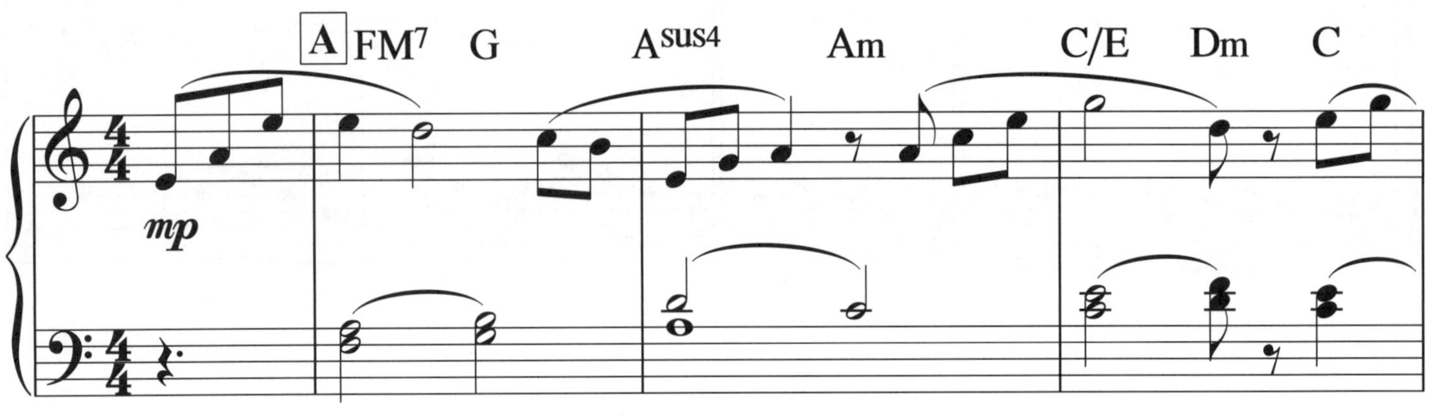

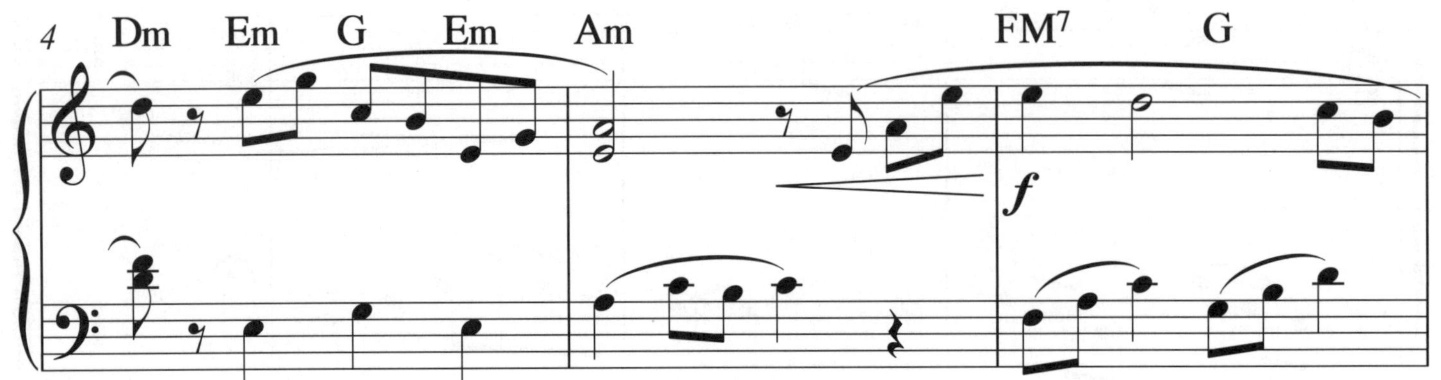

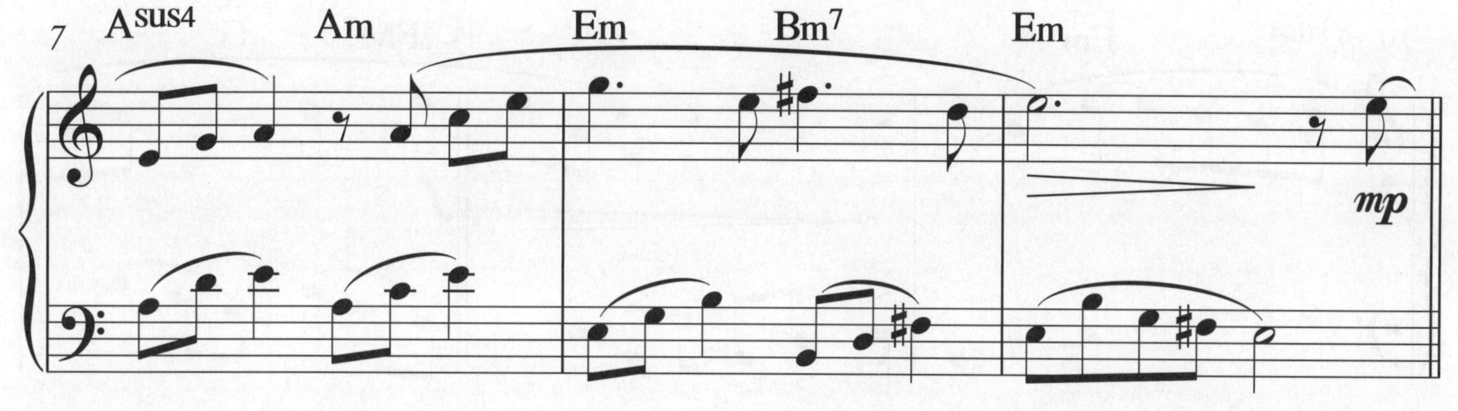

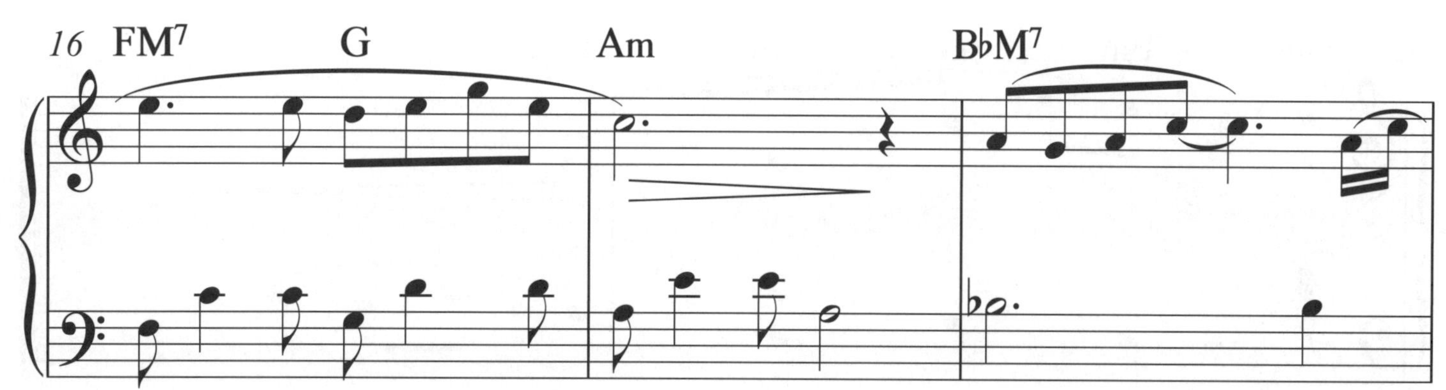

스튜디오 지브리 OST 베스트 | Easy Piano Ver.

19
A sus4
Em
C FM7
G
f

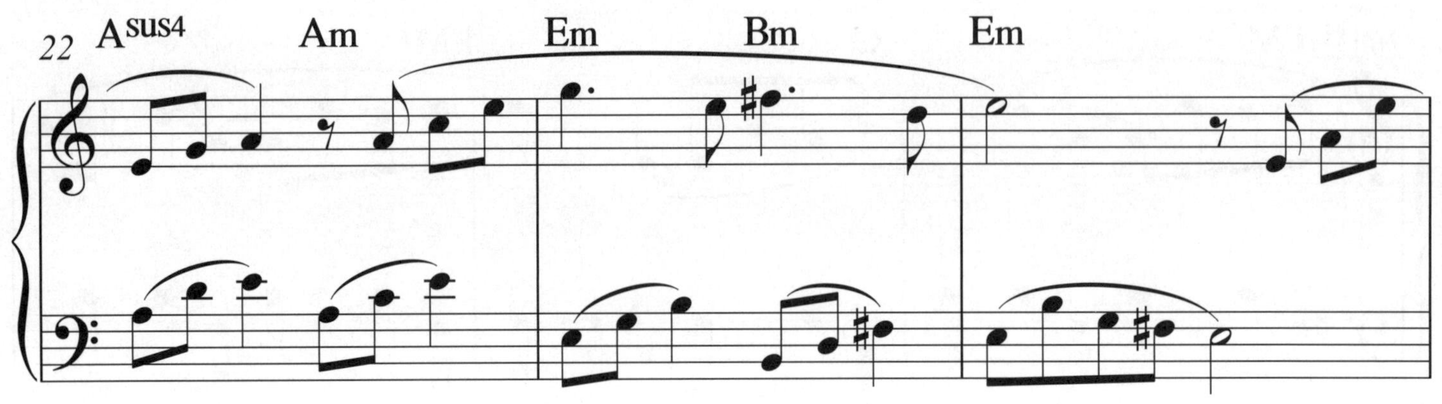

22
A sus4
Am
Em
Bm
Em

25
FM7
G
A sus4
Am
C
Dm
C

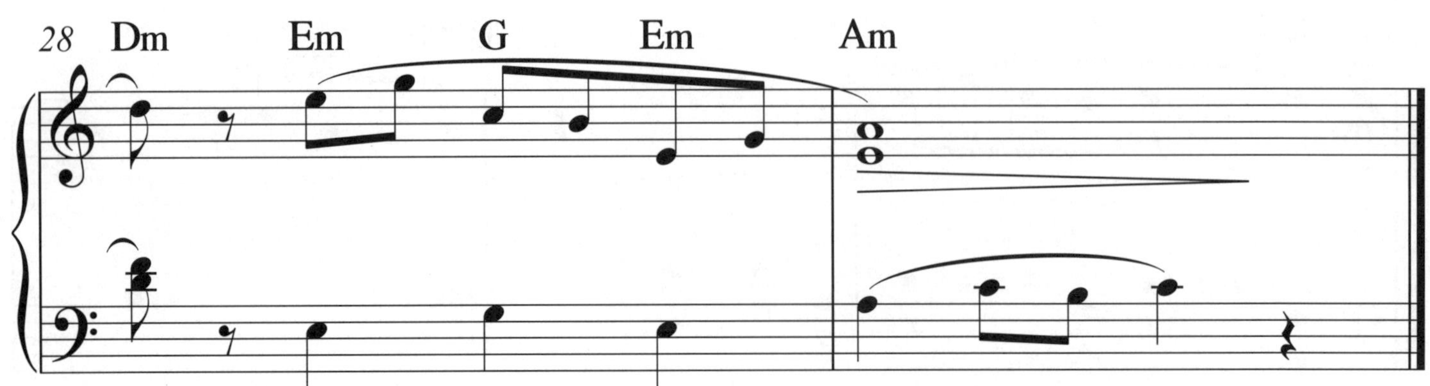

28
Dm
Em
G
Em
Am

어느 여름날

J. Hisaishi

Andantino ♩ = 80

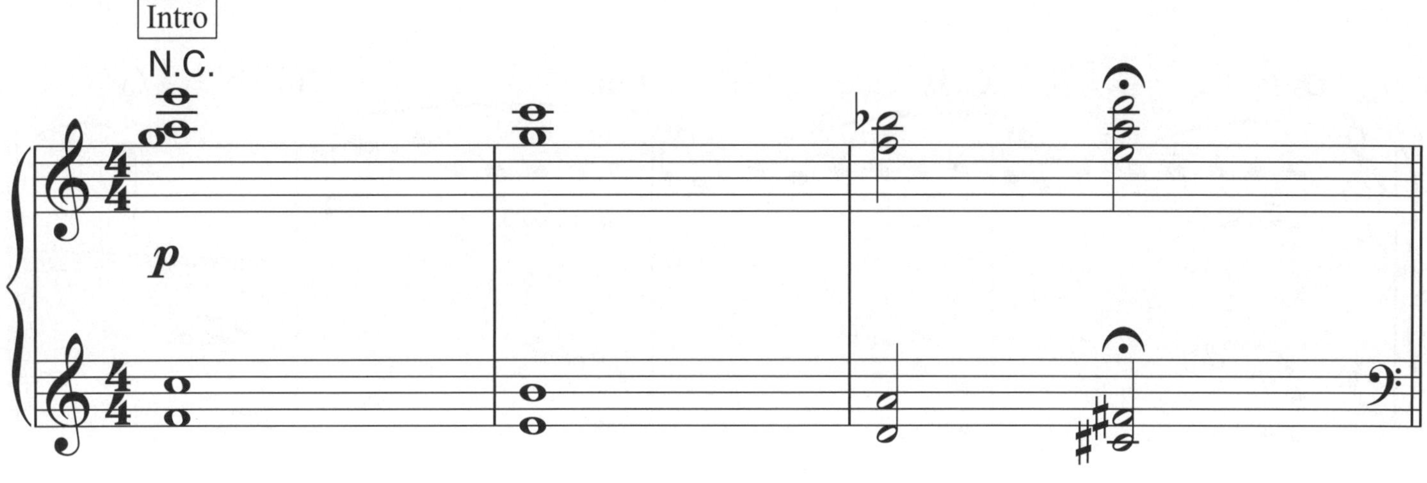

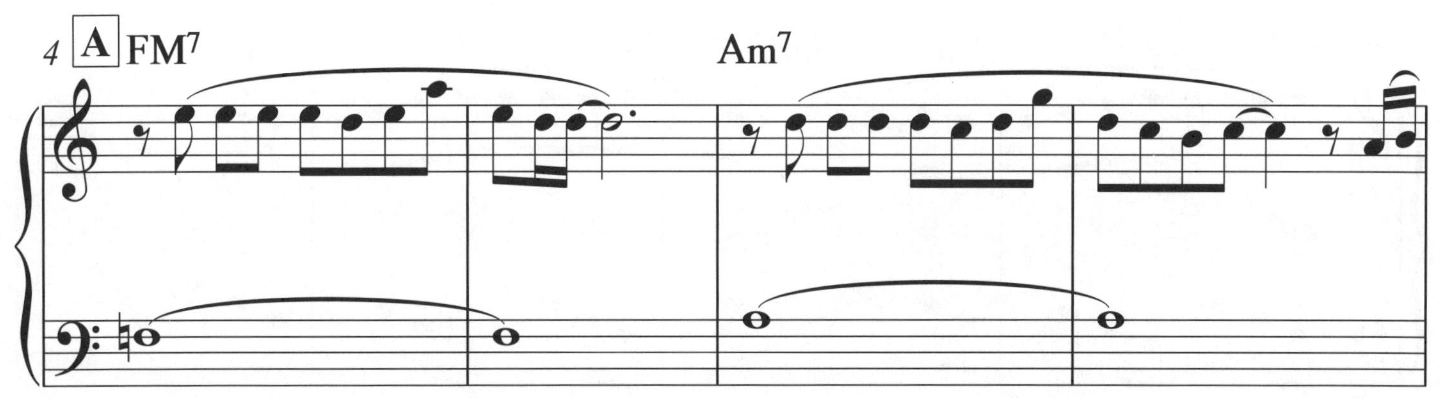

8
G7sus4
FM7
E7sus4
Dm
Esus4

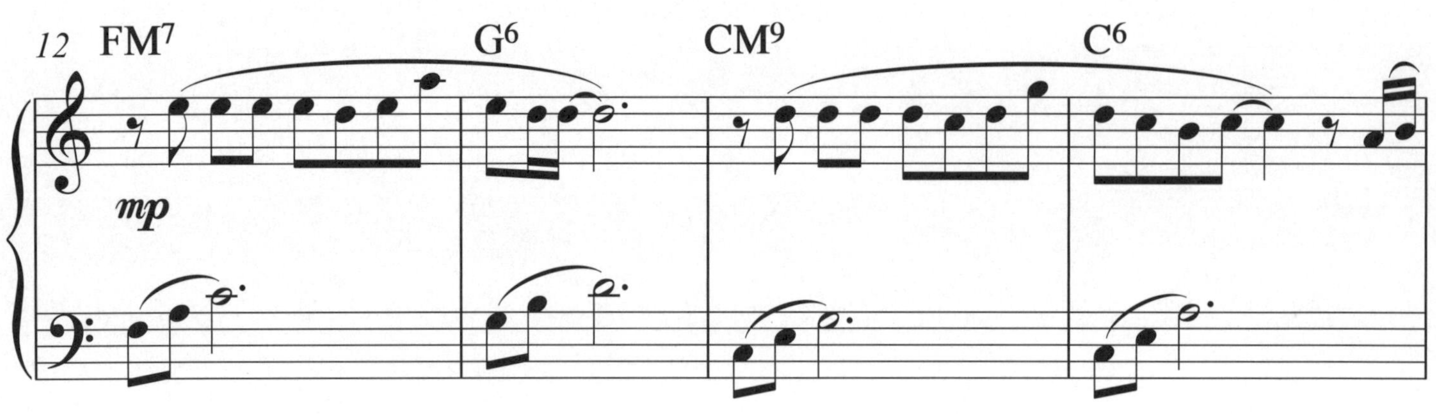

12
FM7
G6
CM9
C6
mp

16
Dm7
C/E
Fm7
Gsus4
G7

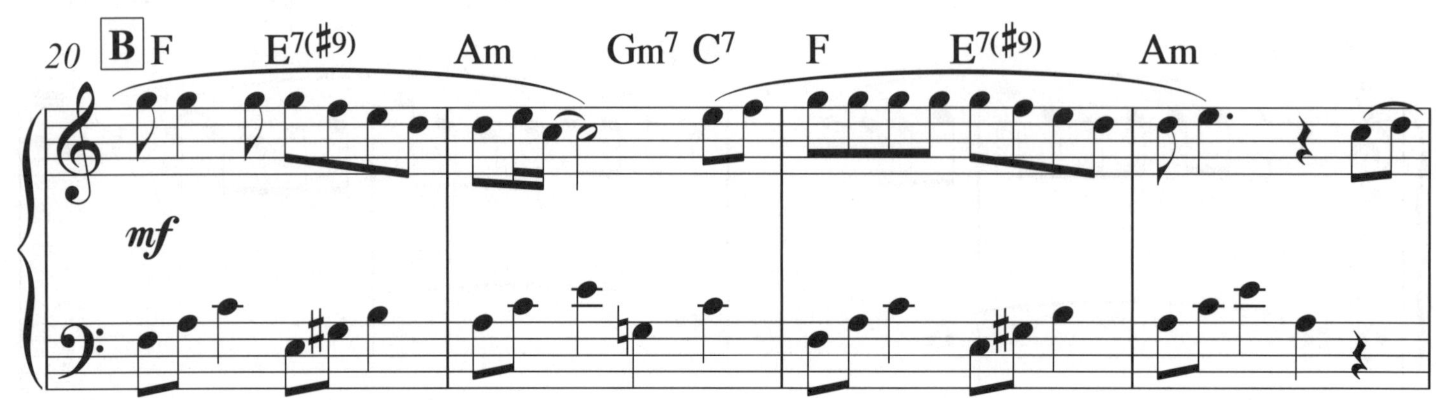

20
B
F
E7(#9)
Am
Gm7 C7
F
E7(#9)
Am
mf

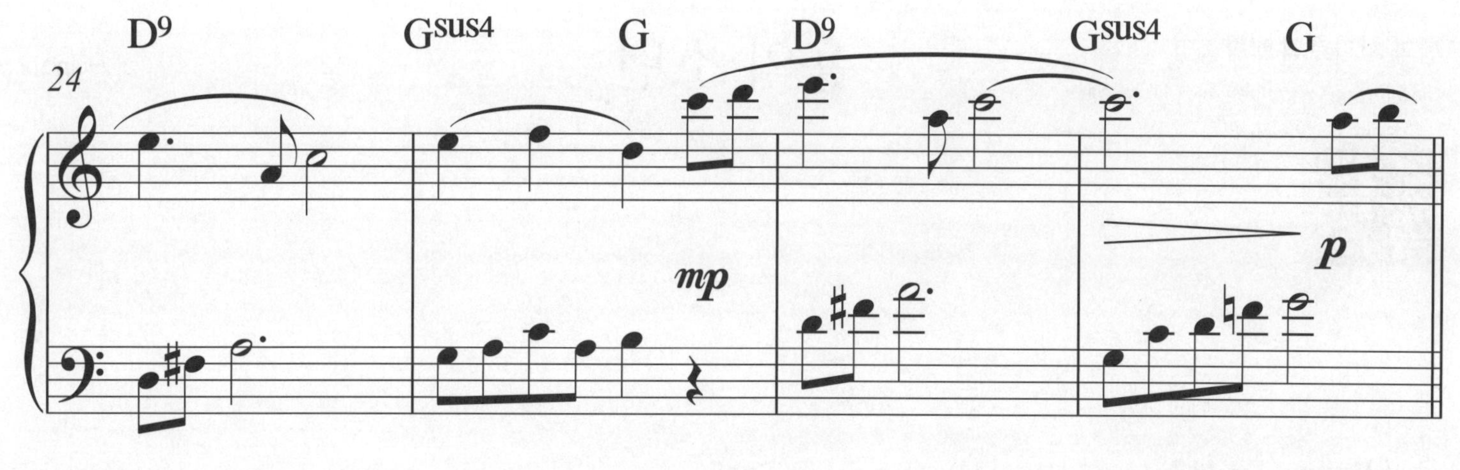

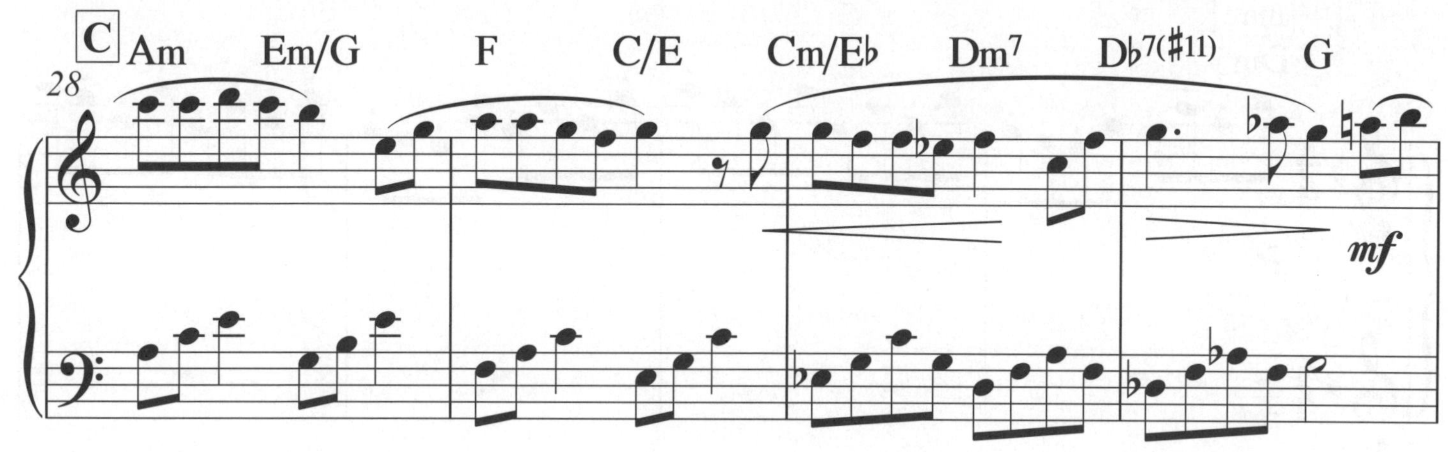

스튜디오 지브리 OST 베스트 | Easy Piano Ver.

용의 소년

J. Hisaishi

The Spiriting Away Of Sen And Chihiro, 2001

Allegro ♩ = 112

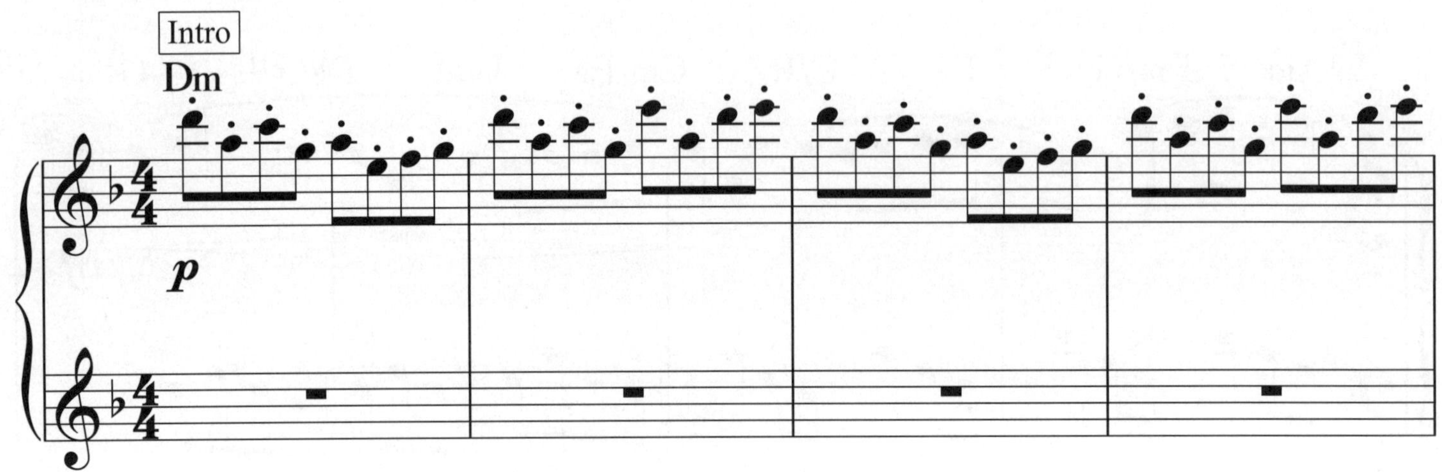

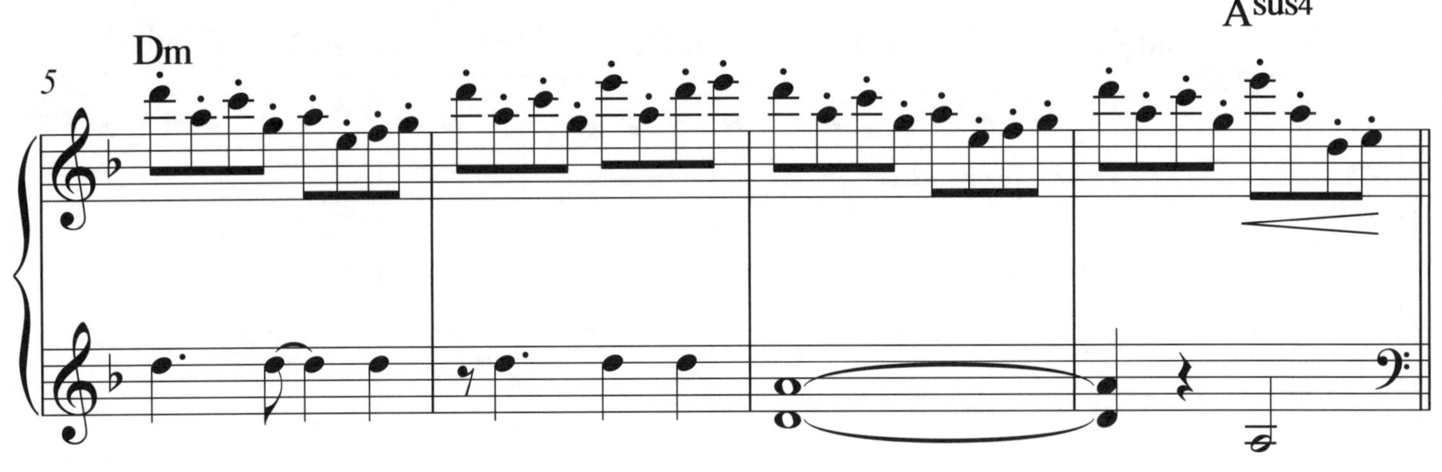

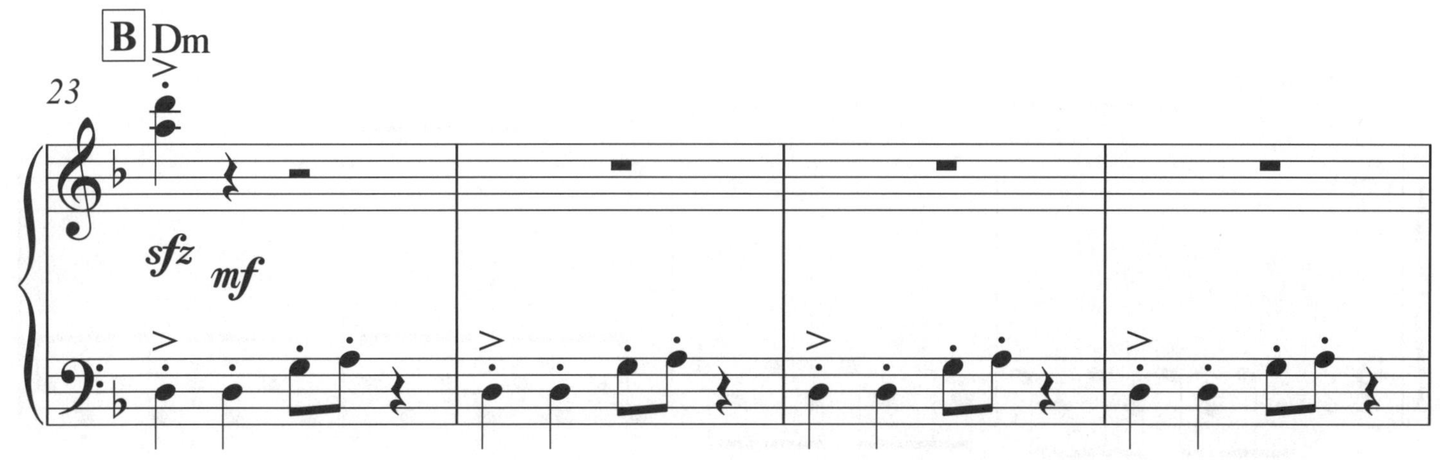

스튜디오 지브리 OST 베스트 | Easy Piano Ver.

27
Dsus4

30
Dsus4
Dm
subito p
f

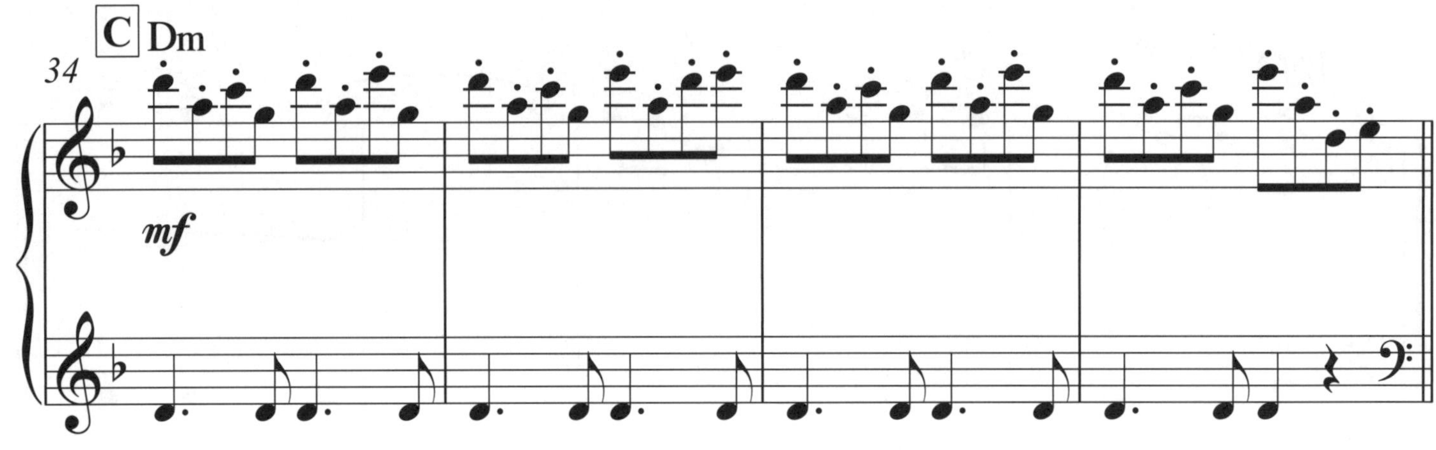

C Dm
34
mf

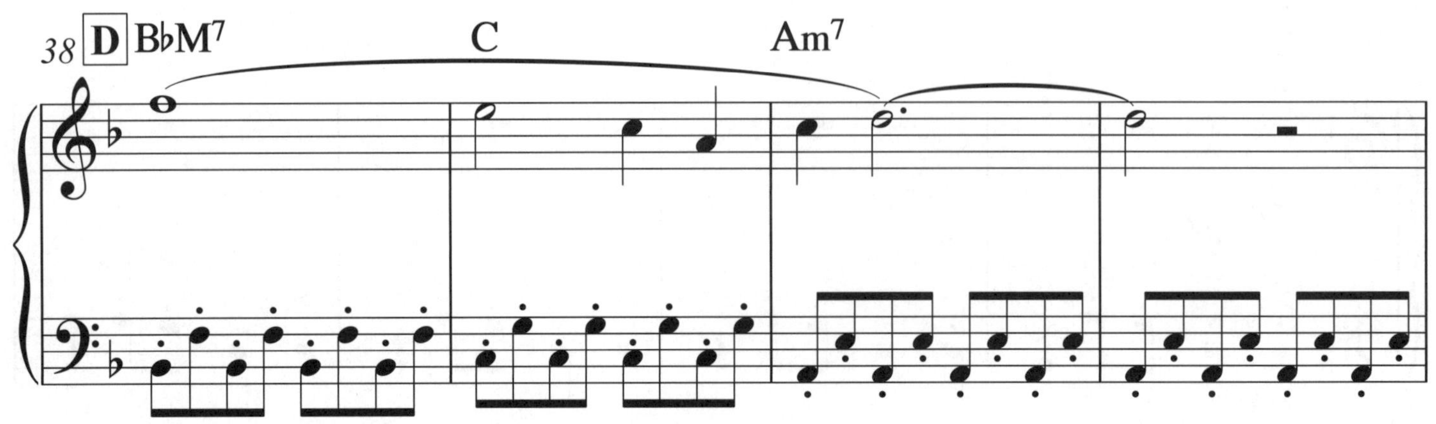

38 D BbM7
C
Am7

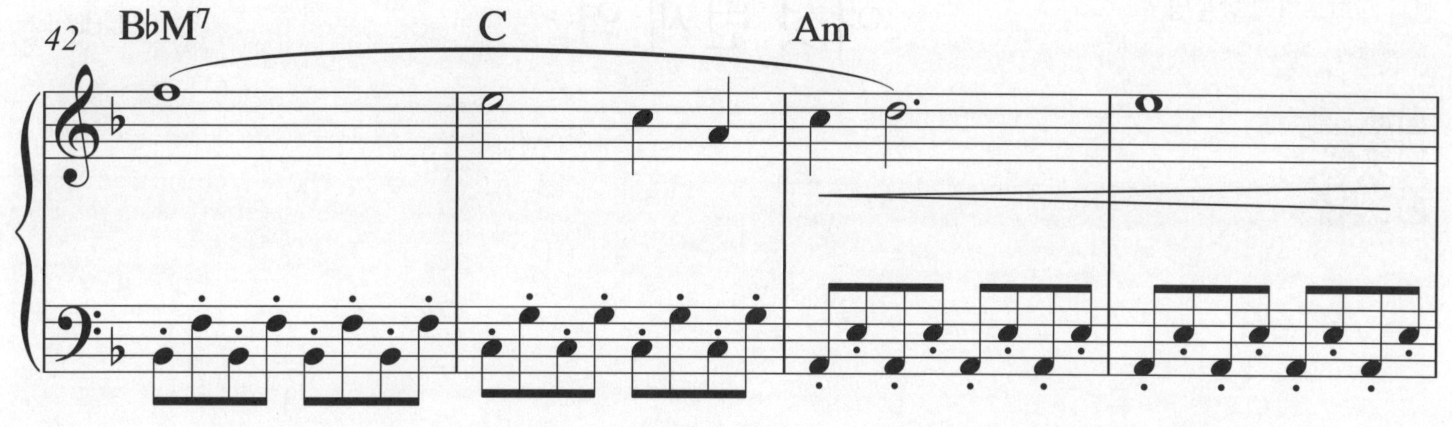

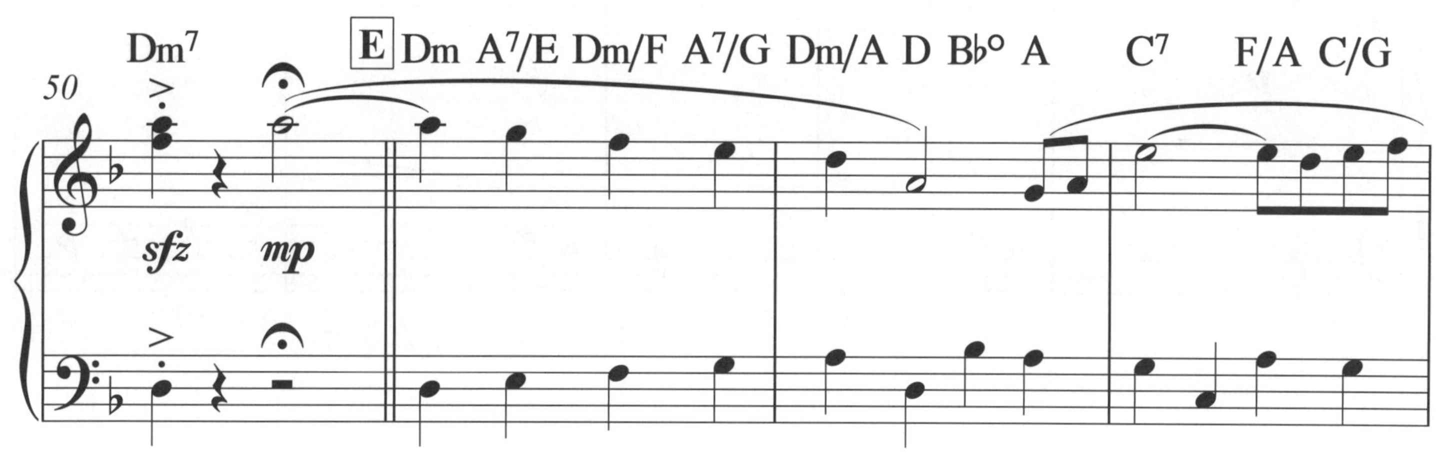

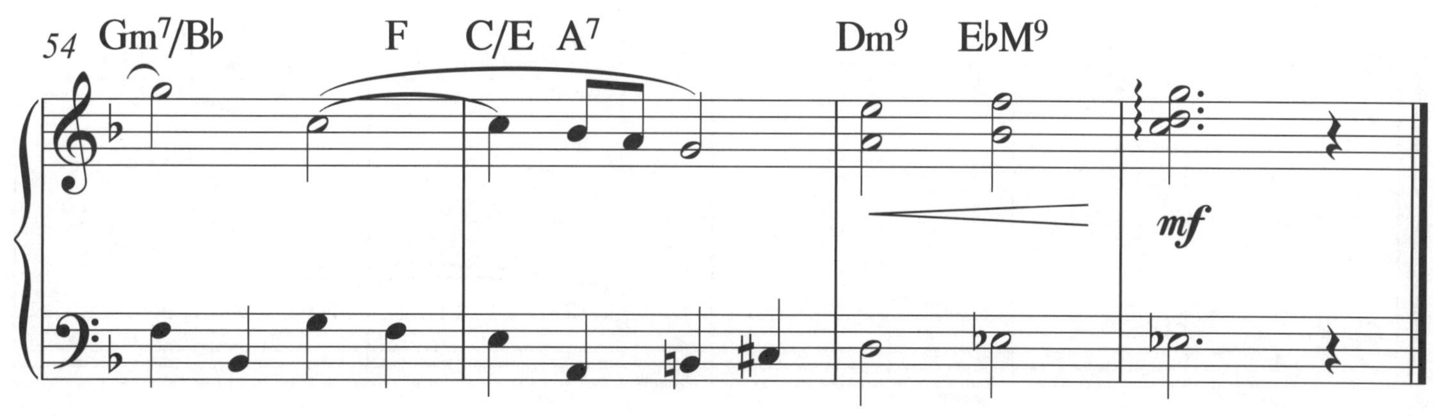

스튜디오 지브리 OST 베스트 | Easy Piano Ver.

센과 치히로의 행방불명
The Spiriting Away Of Sen And Chihiro, 2001

여섯 번째 역

J. Hisaishi

Andante ♩ = 72

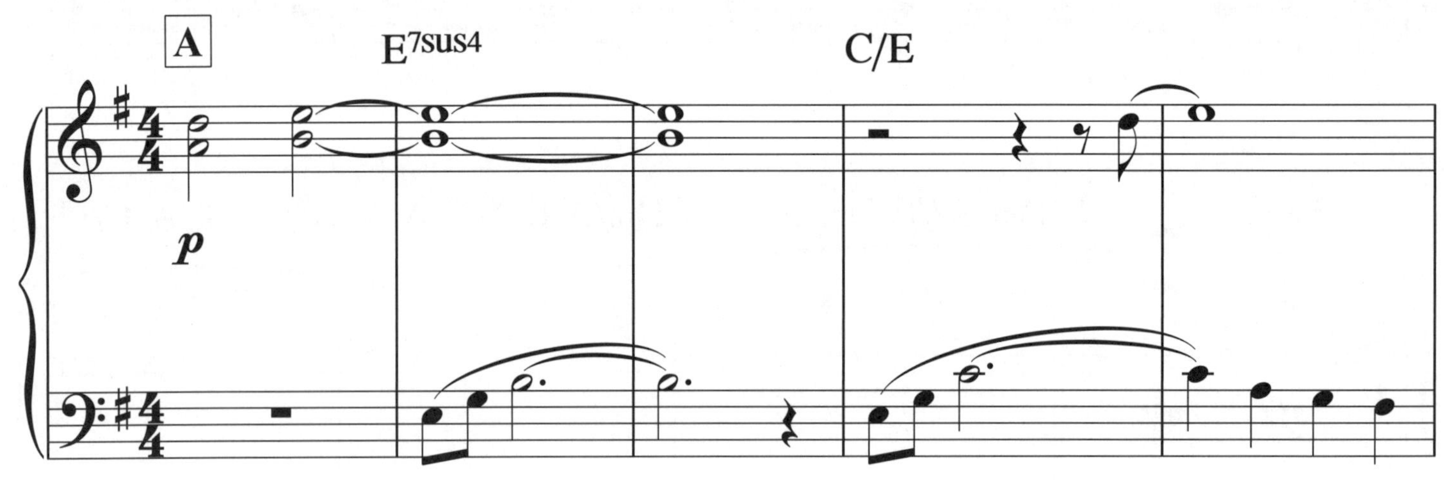

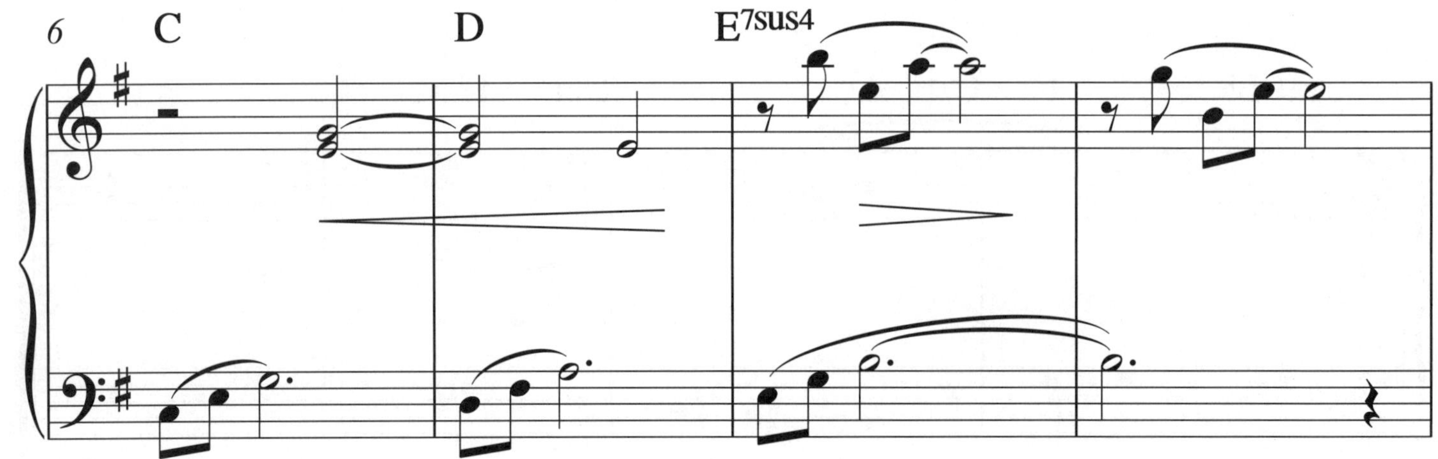

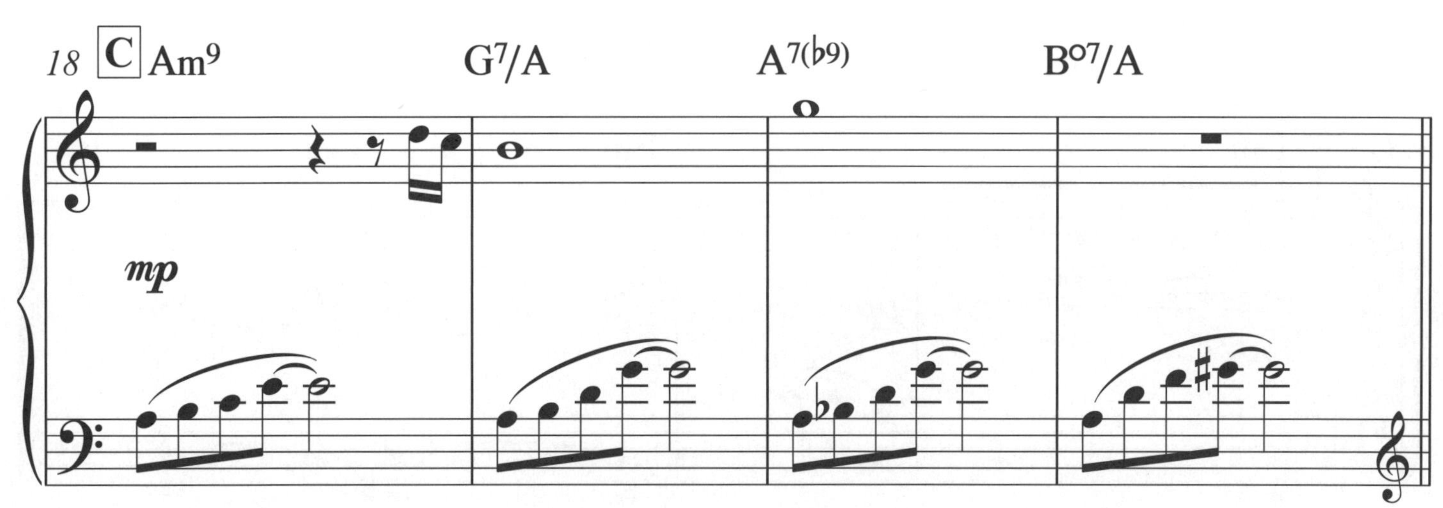

스튜디오 지브리 OST 베스트 | Easy Piano Ver.

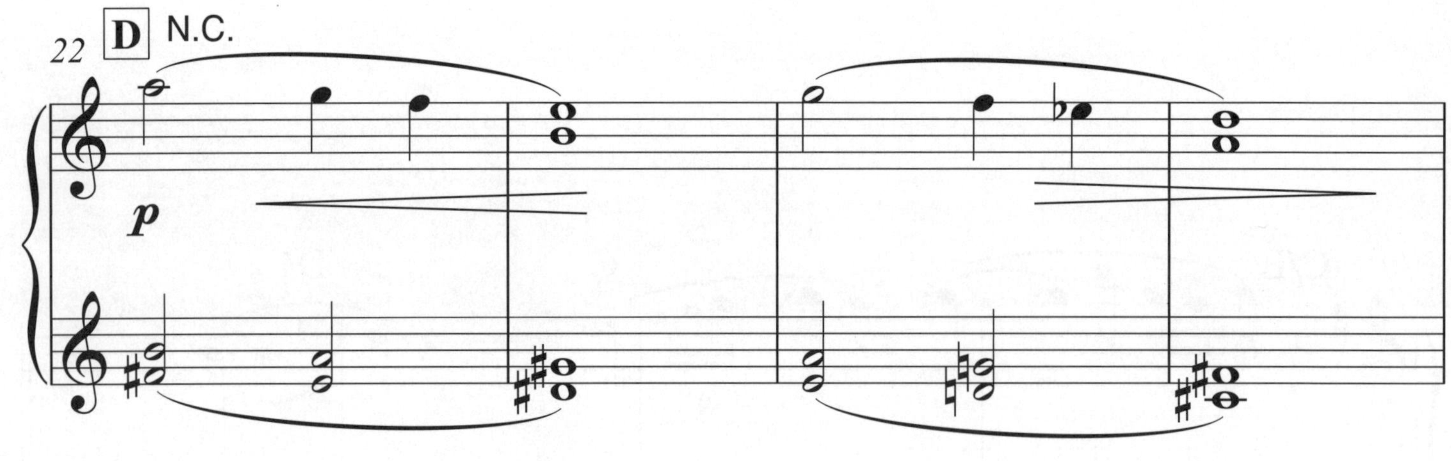

22 D N.C.
p

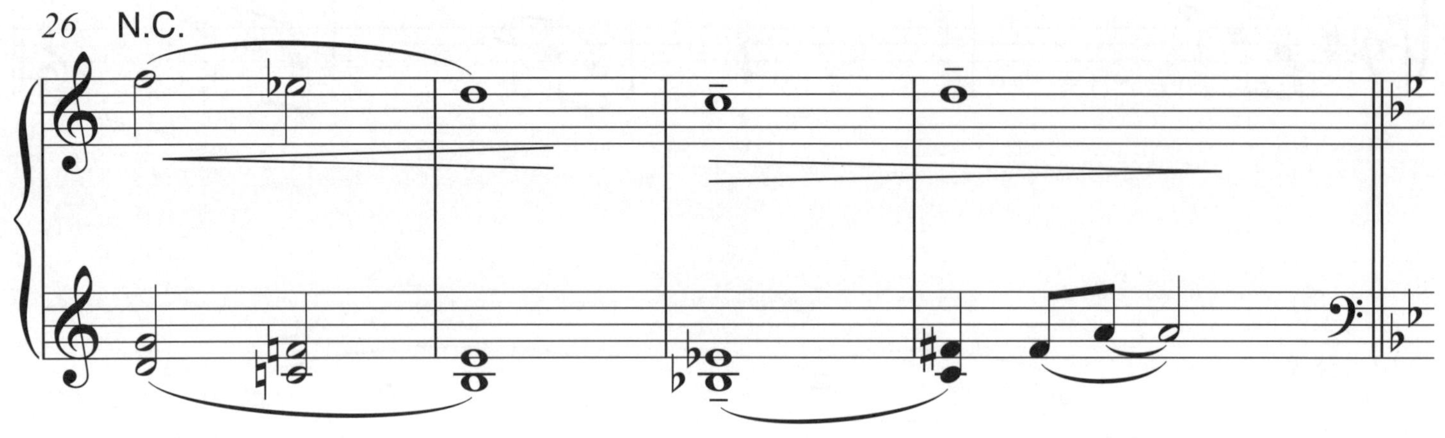

26 N.C.

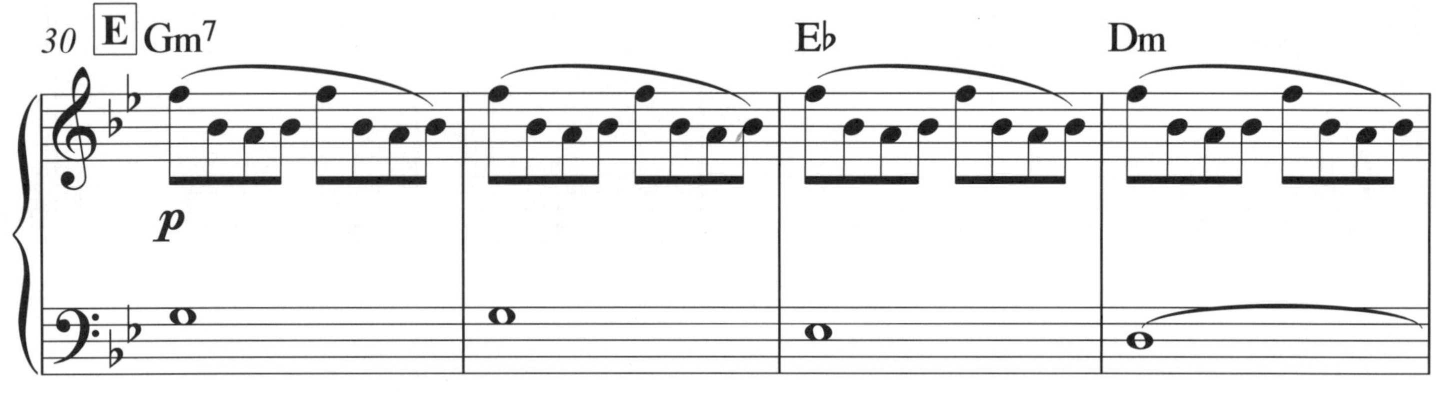

30 E Gm7
Eb
Dm
p

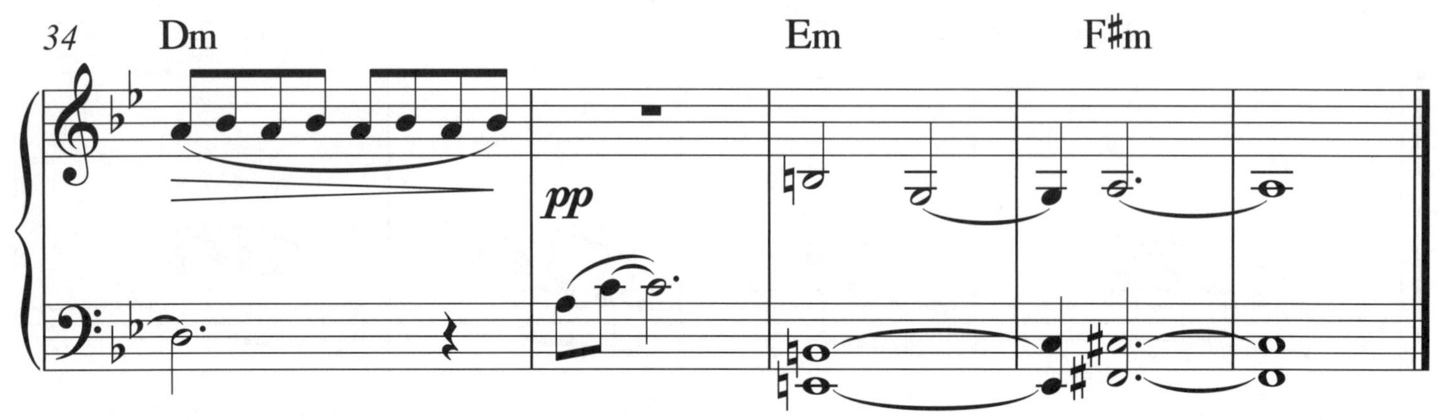

34 Dm
Em
F#m
pp

또 다시

J. Hisaishi

Moderato ♩ = 88

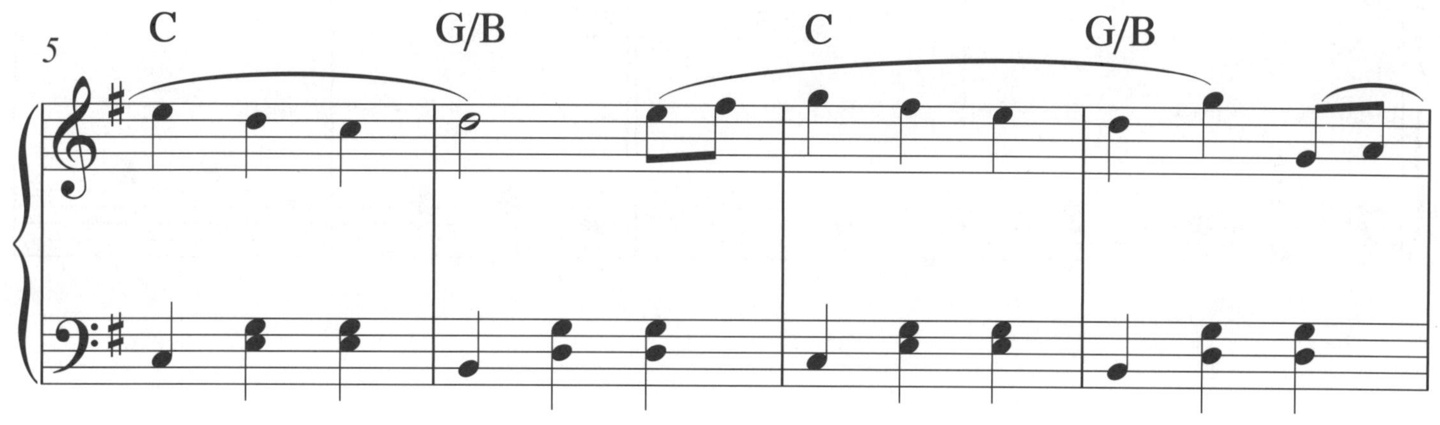

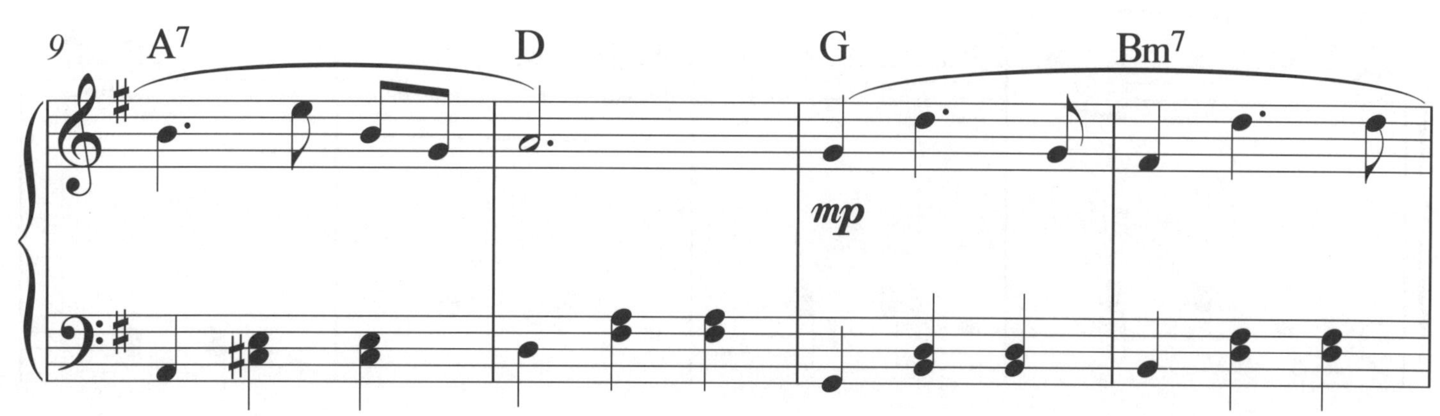

스튜디오 지브리 OST 베스트 | Easy Piano Ver.

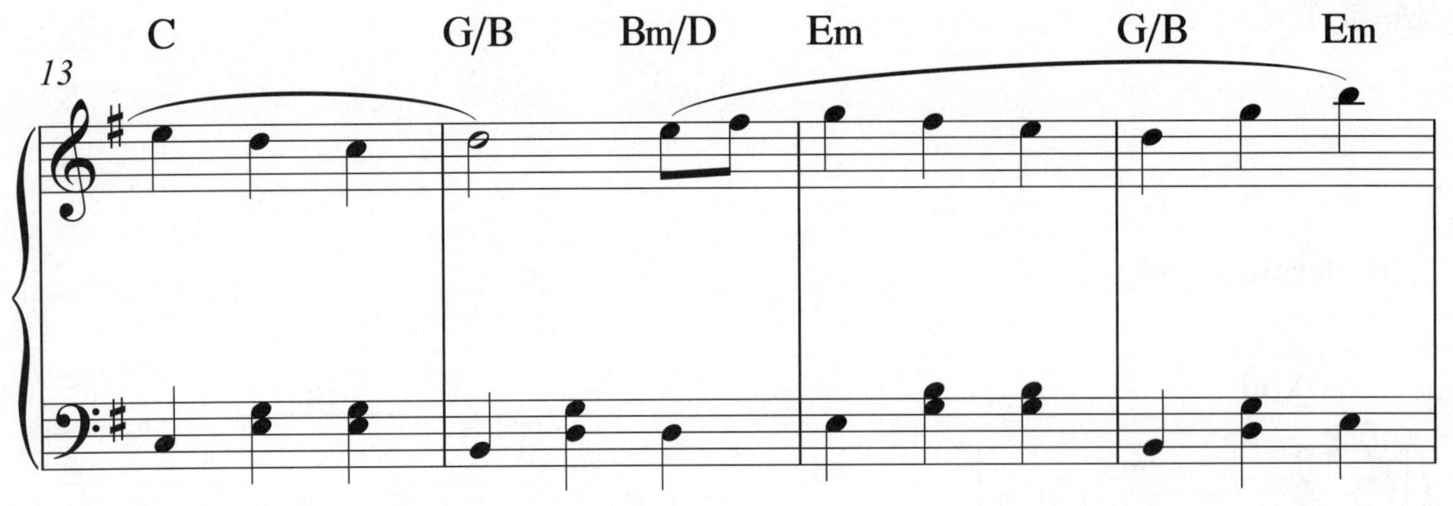

C
G/B
Bm/D
Em
G/B
Em
13

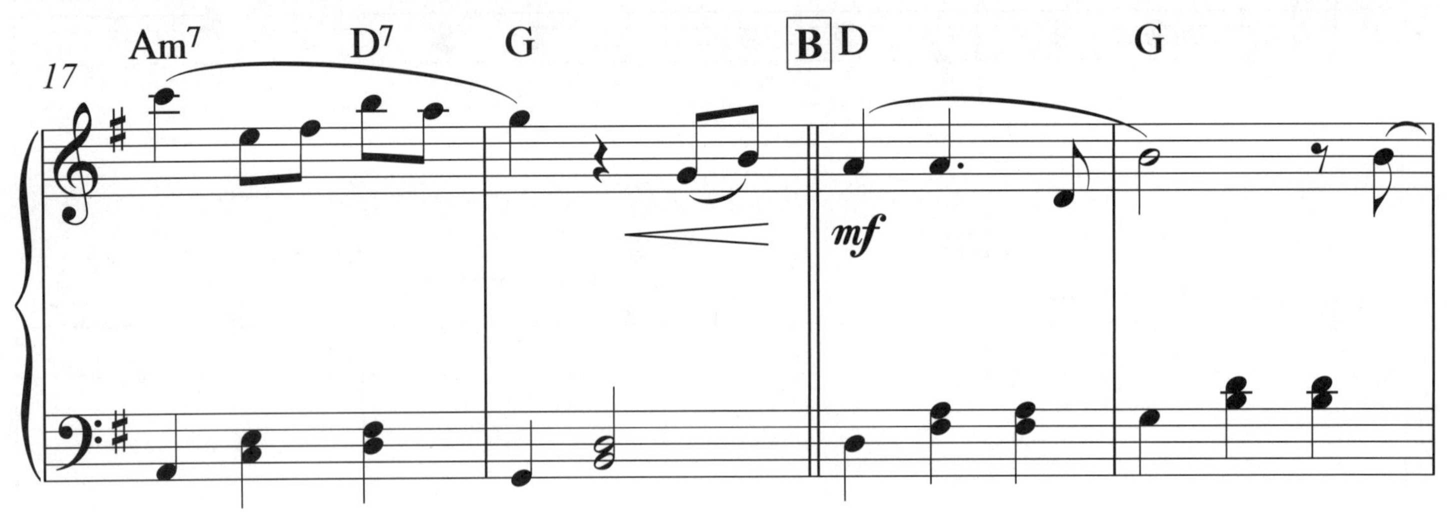

Am7
D7
G
B D
G
17
mf

C/G
GM7
F#7
Bm
21

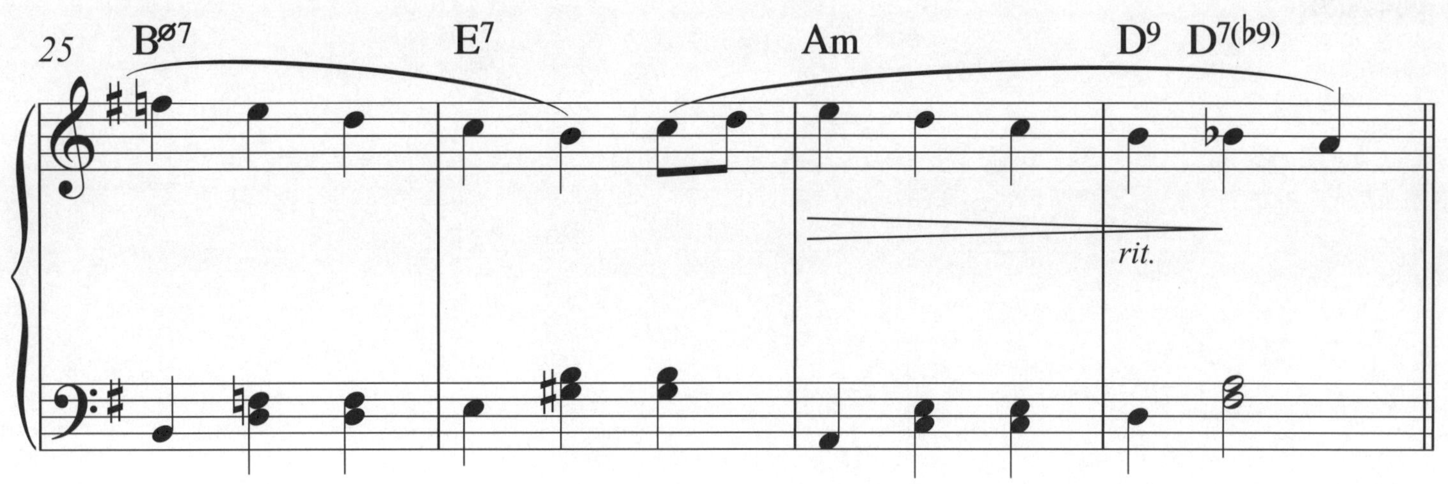

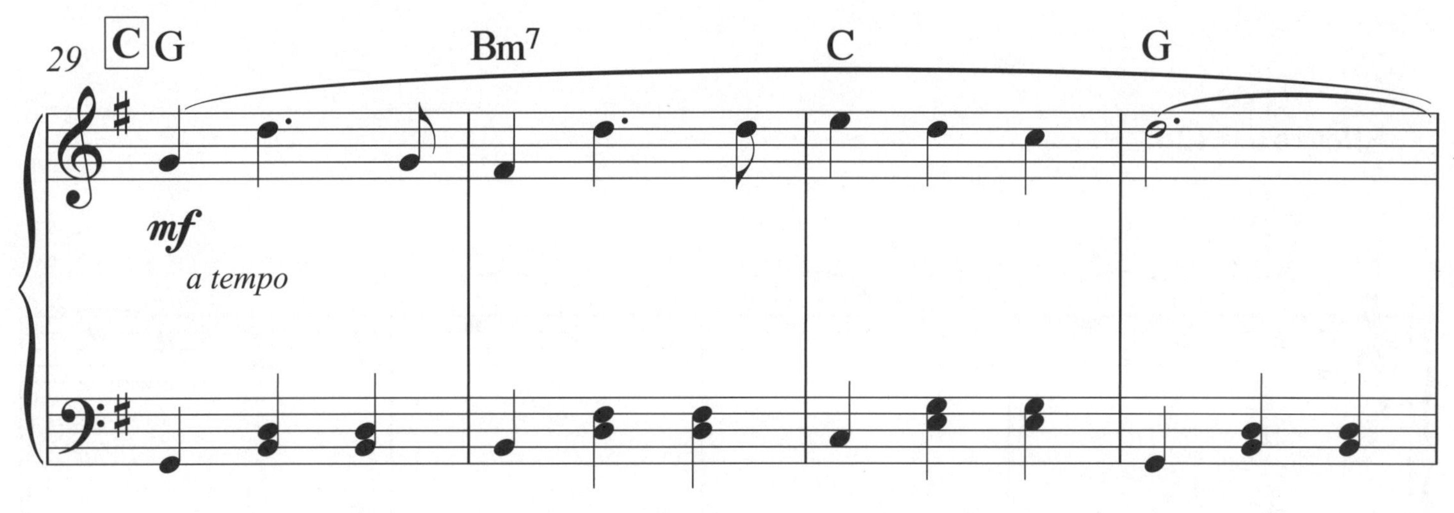

스튜디오 지브리 OST 베스트 | Easy Piano Ver.

언제나 몇 번이라도

Y. Kimura

Allegro ♩ = 126

Intro

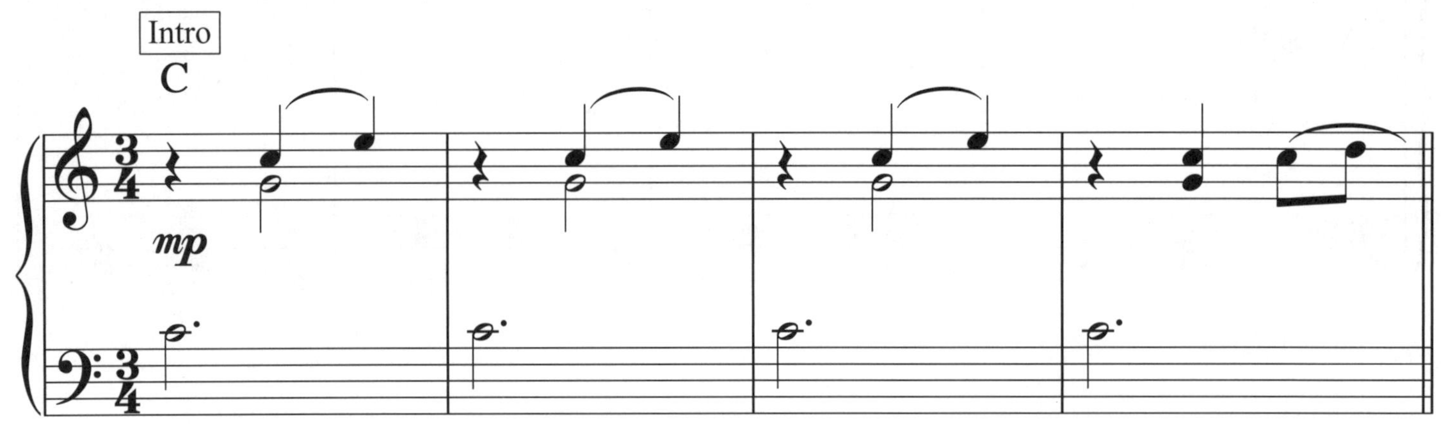

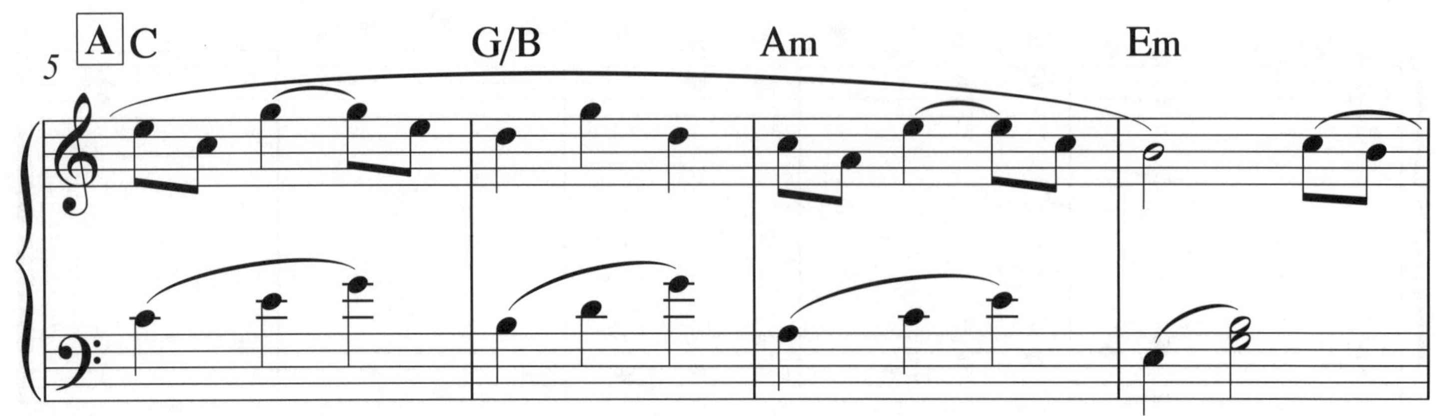

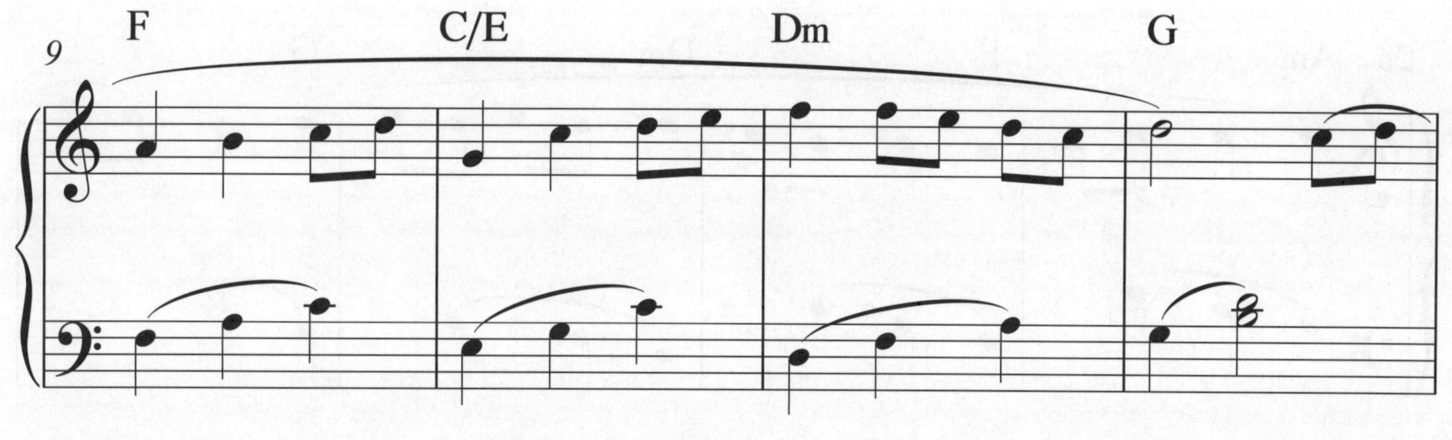

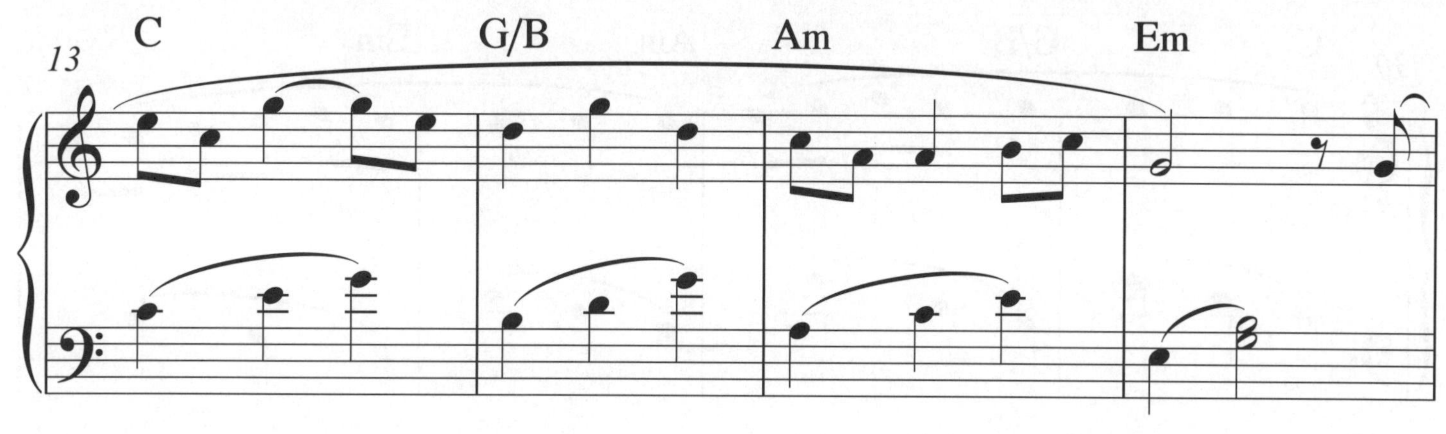

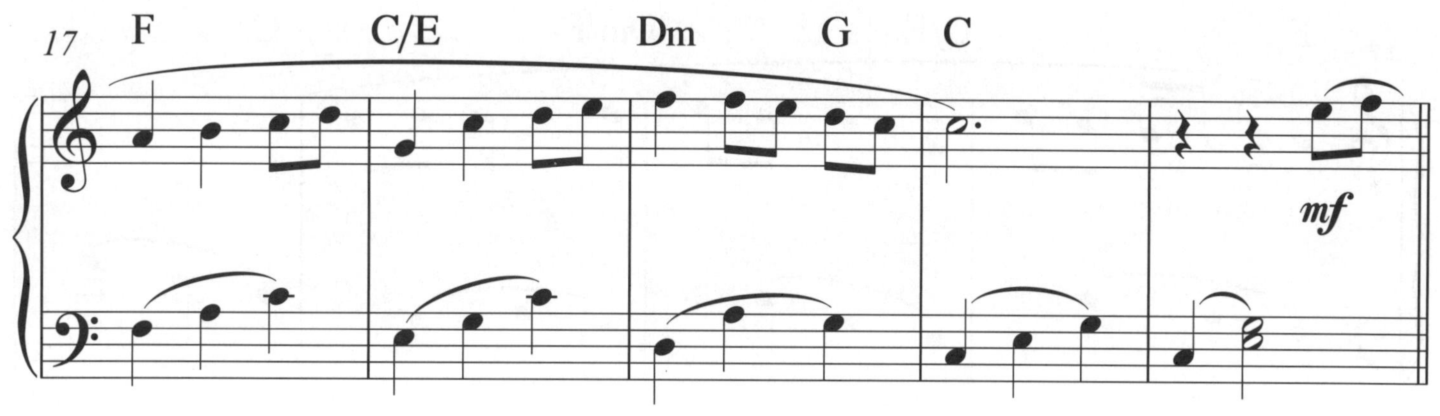

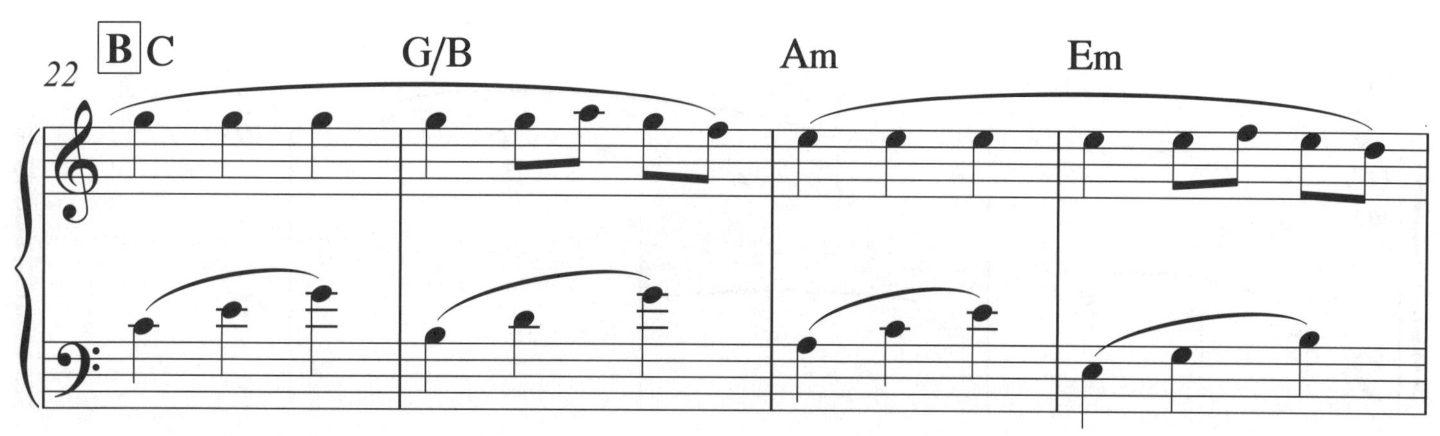

스튜디오 지브리 OST 베스트 | Easy Piano Ver.

26 Am
F
Dm
G

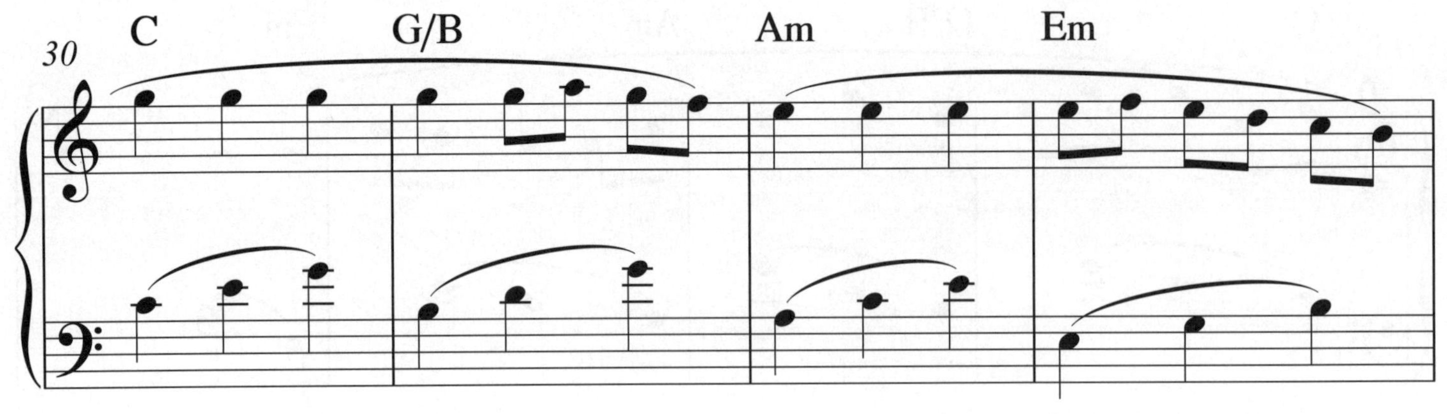

30 C
G/B
Am
Em

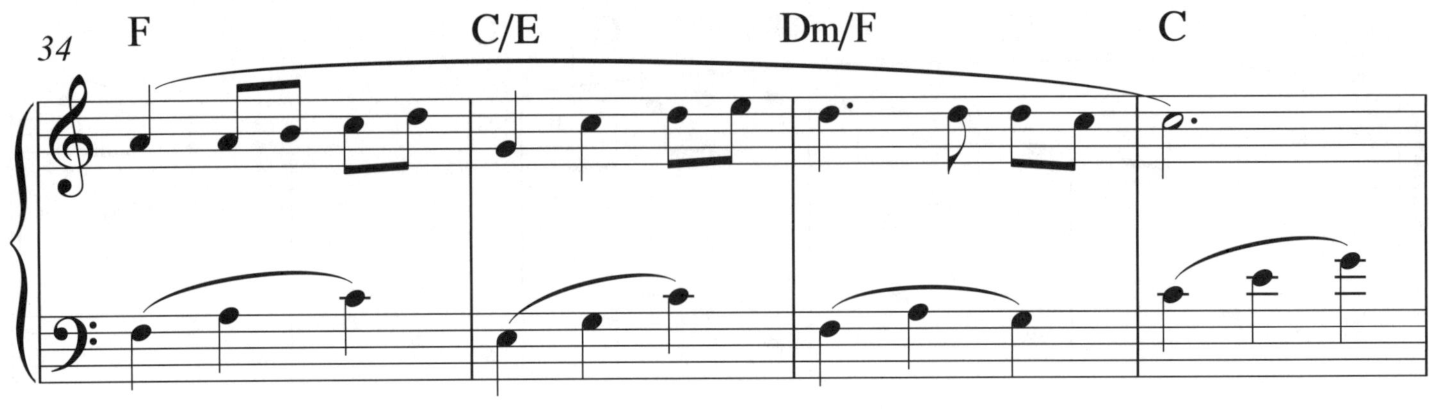

34 F
C/E
Dm/F
C

38 C

하루의 추억

Y. Nomi

Andantino ♩ = 80

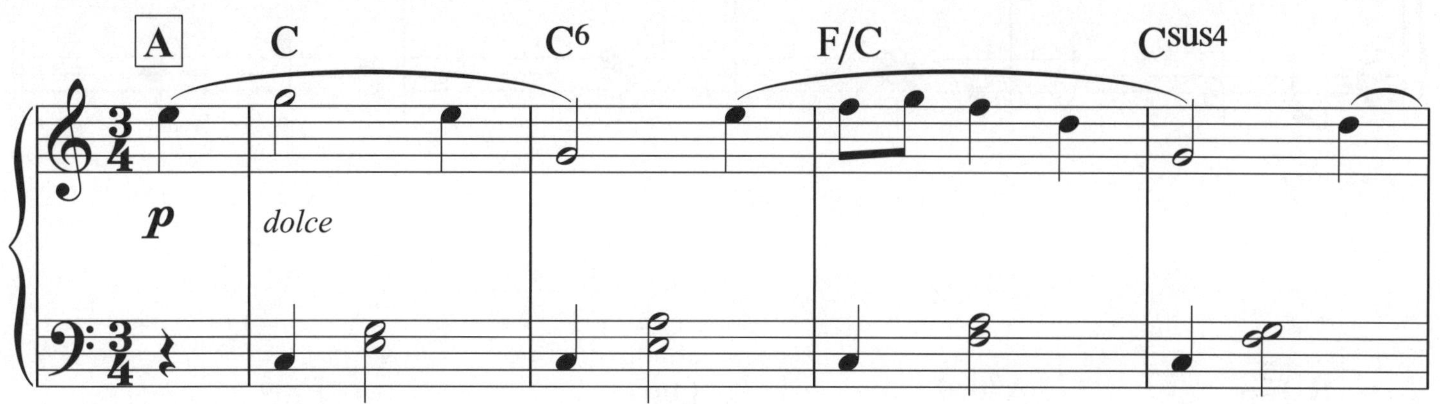

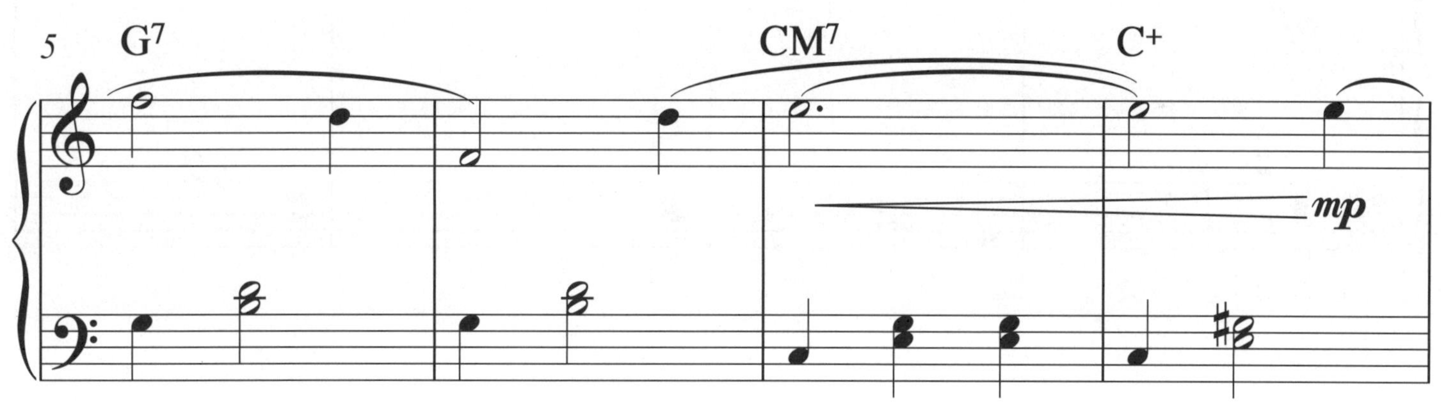

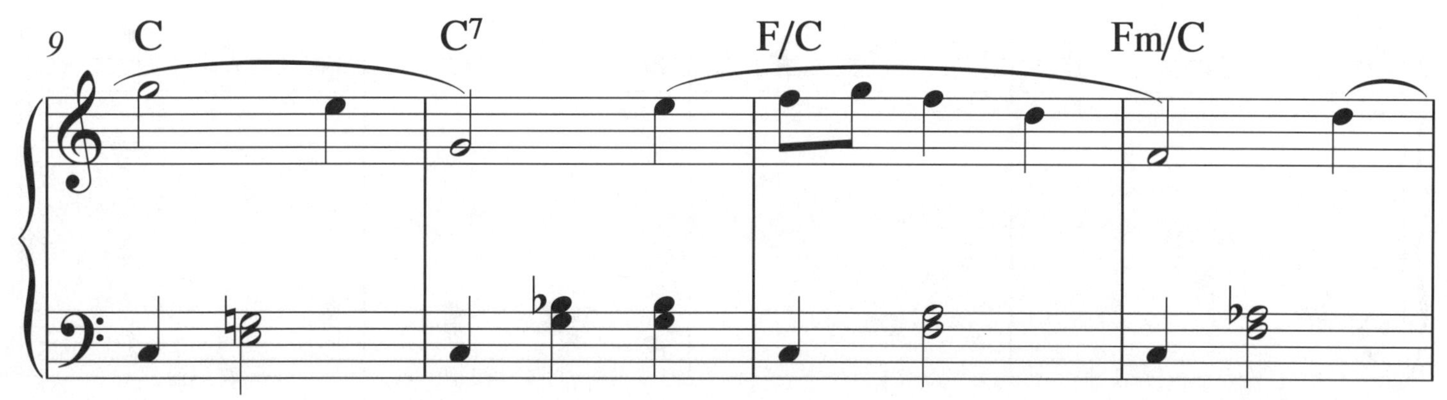

스튜디오 지브리 OST 베스트 | Easy Piano Ver.

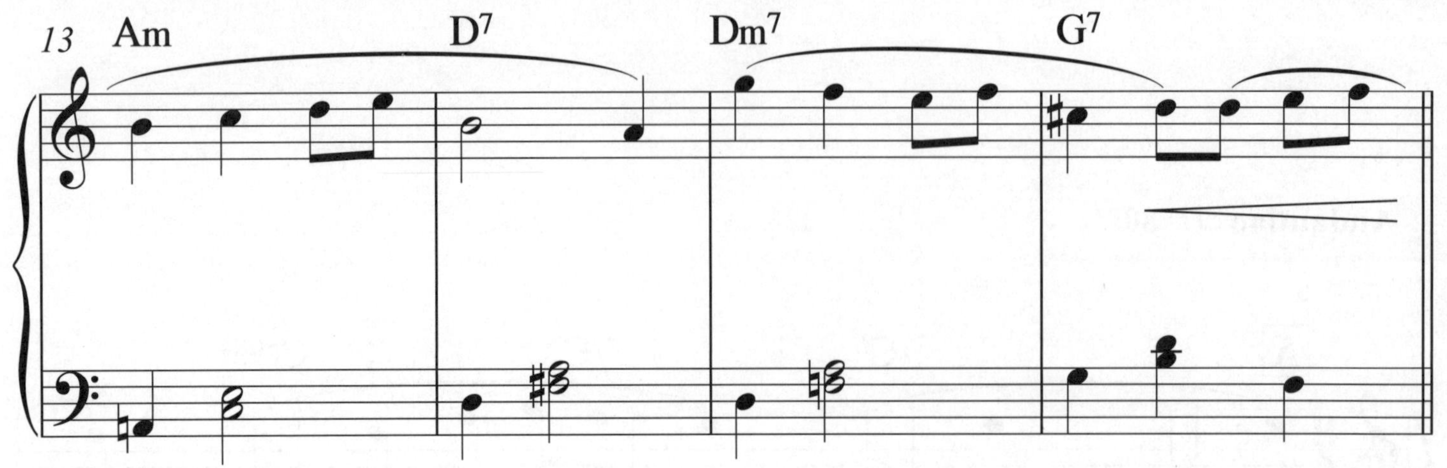

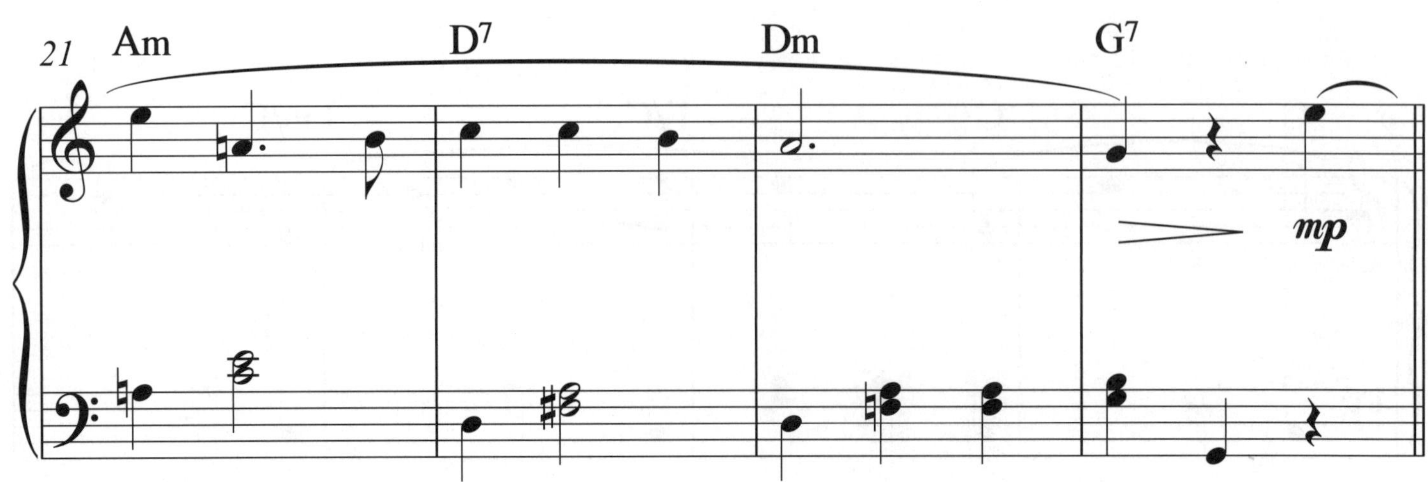

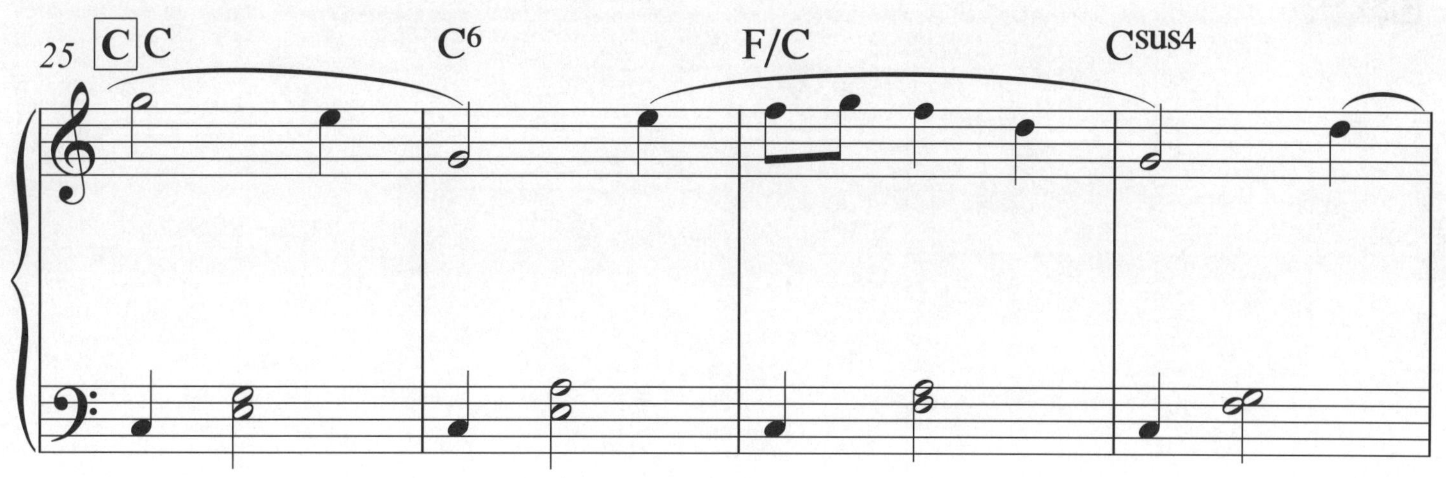

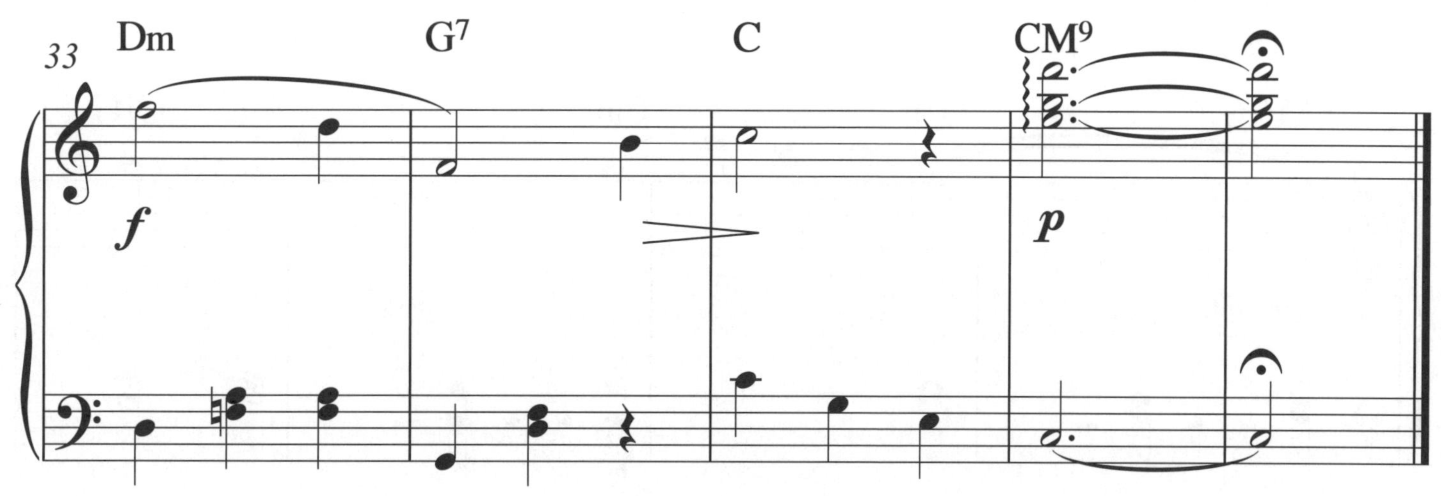

스튜디오 지브리 OST 베스트 | Easy Piano Ver.

바람이 되어

T. Ayano

Vivace ♩ = 138

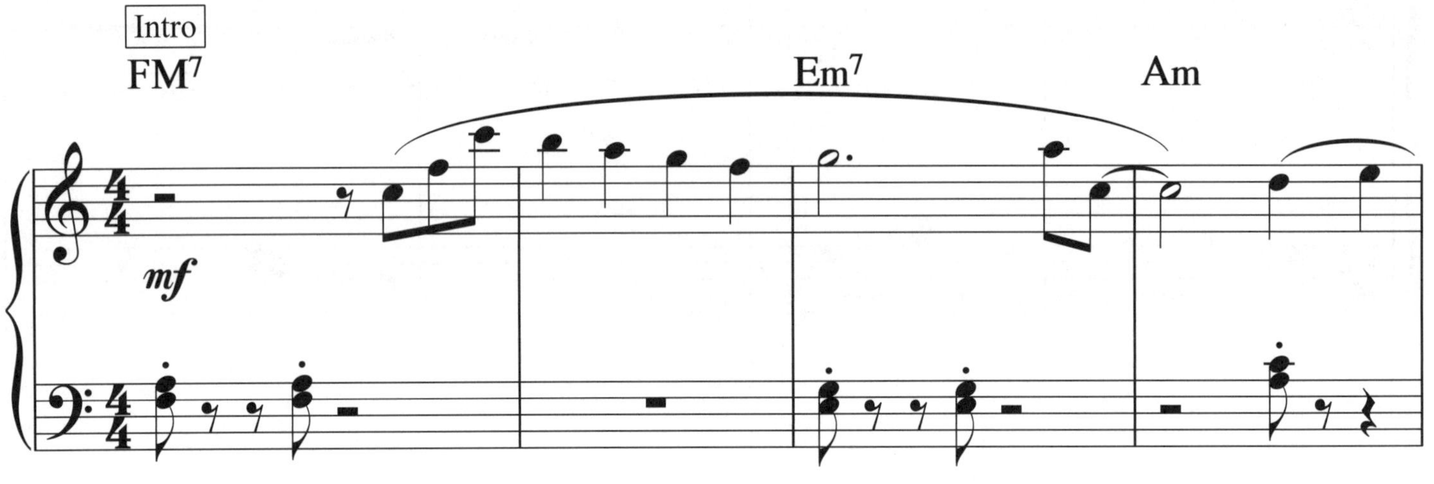

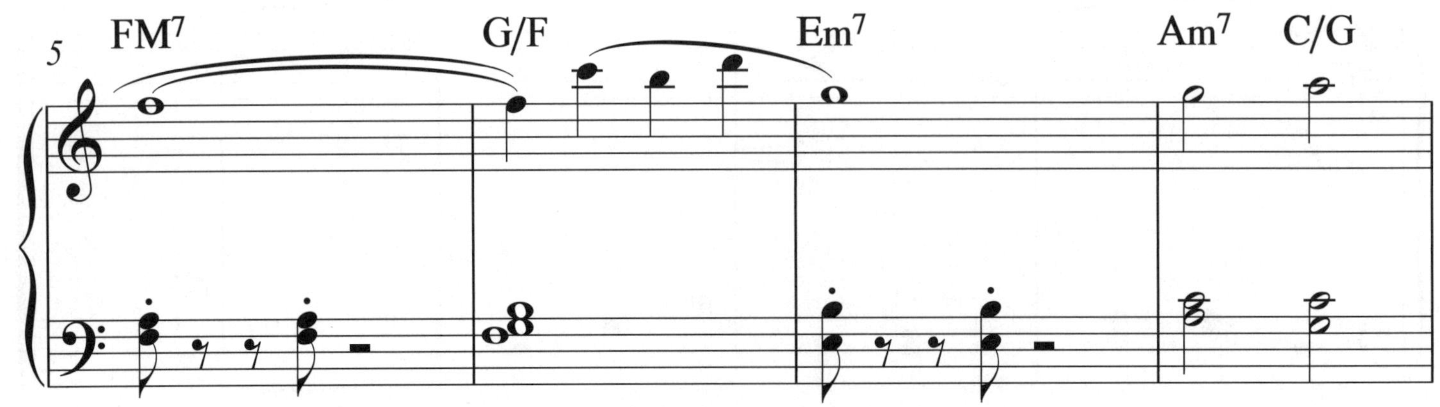

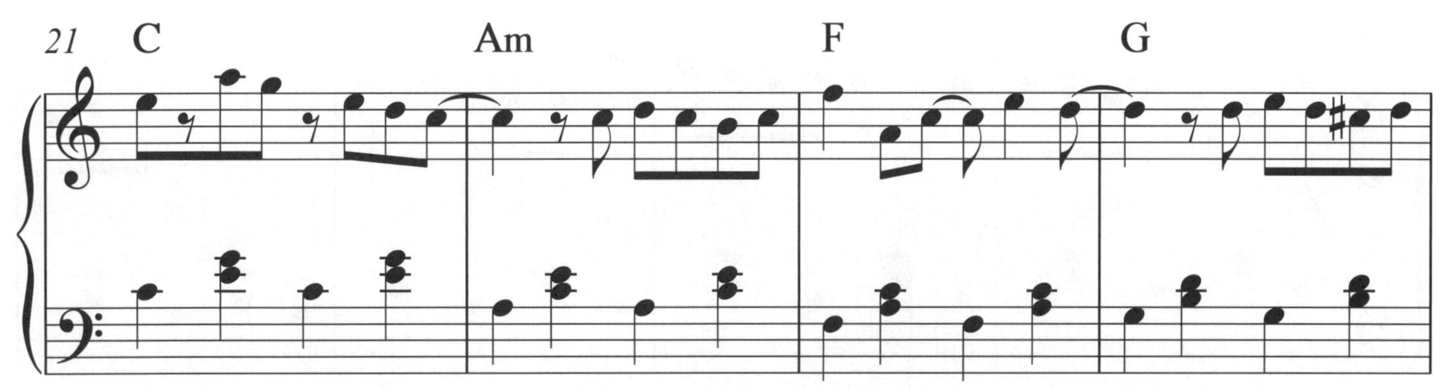

스튜디오 지브리 OST 베스트 | Easy Piano Ver.

25
Em
Am
F
G
C

29
B
F
Fm
C
Am
C/G

33
D/F#
G
Am7
A#o7
G/B

37
C
C
G/B
Am
Em/G
f

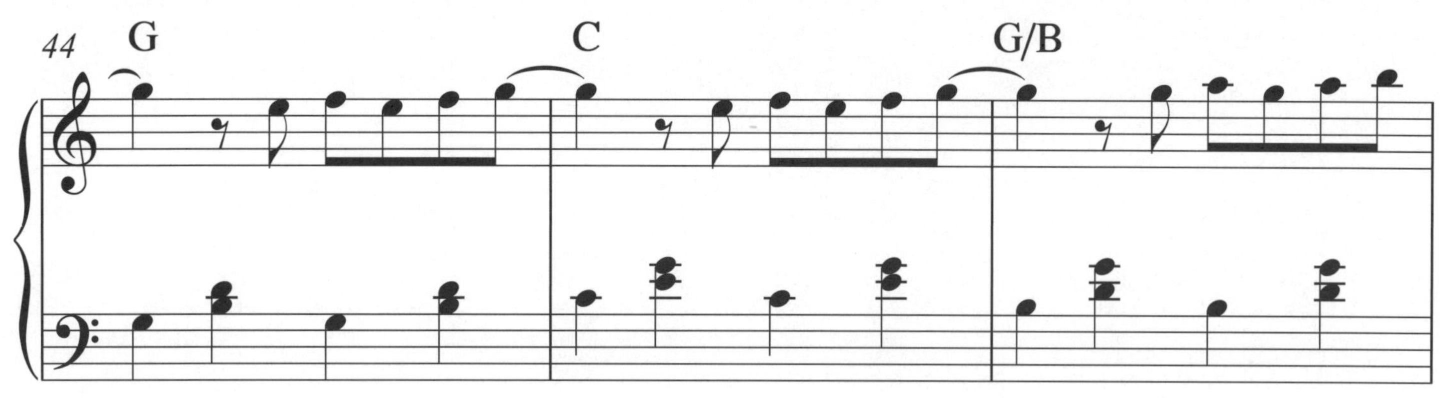

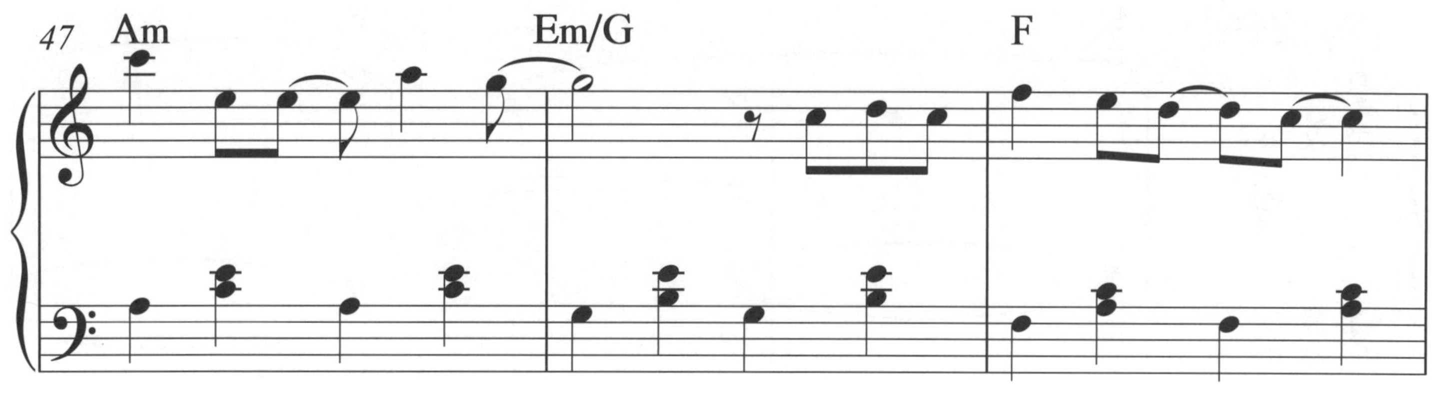

세계의 약속

Y. Kimura

Allegretto ♩ = 100

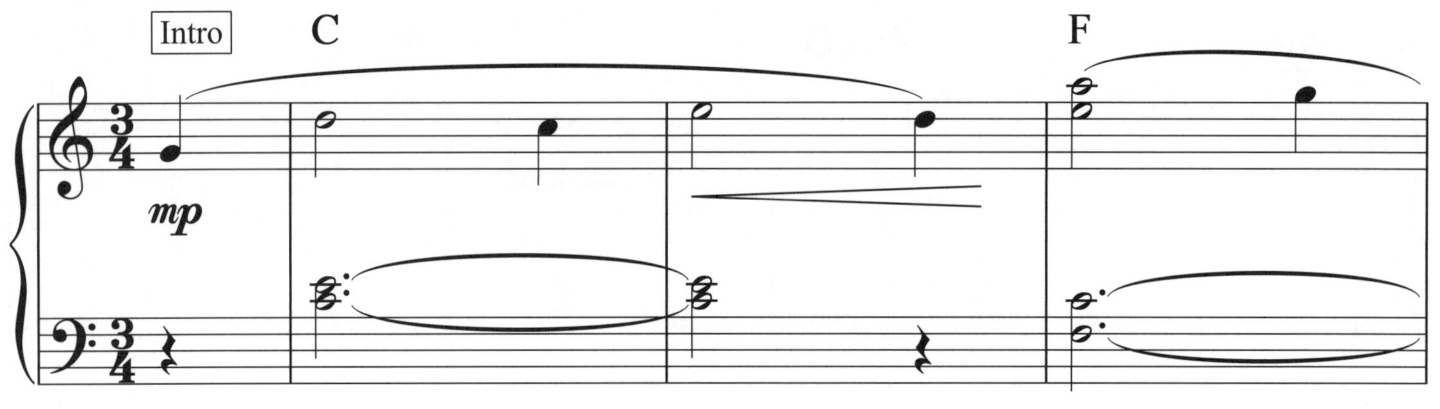

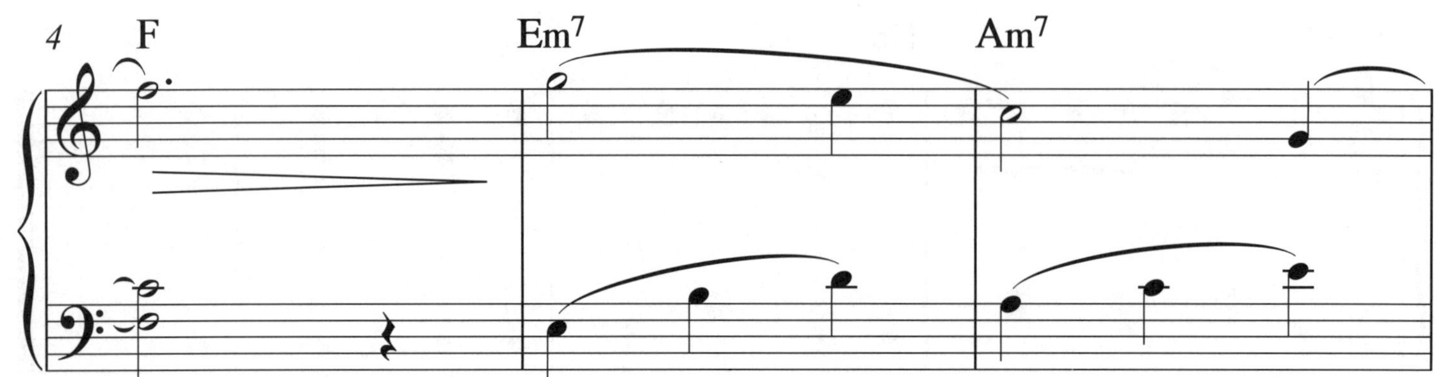

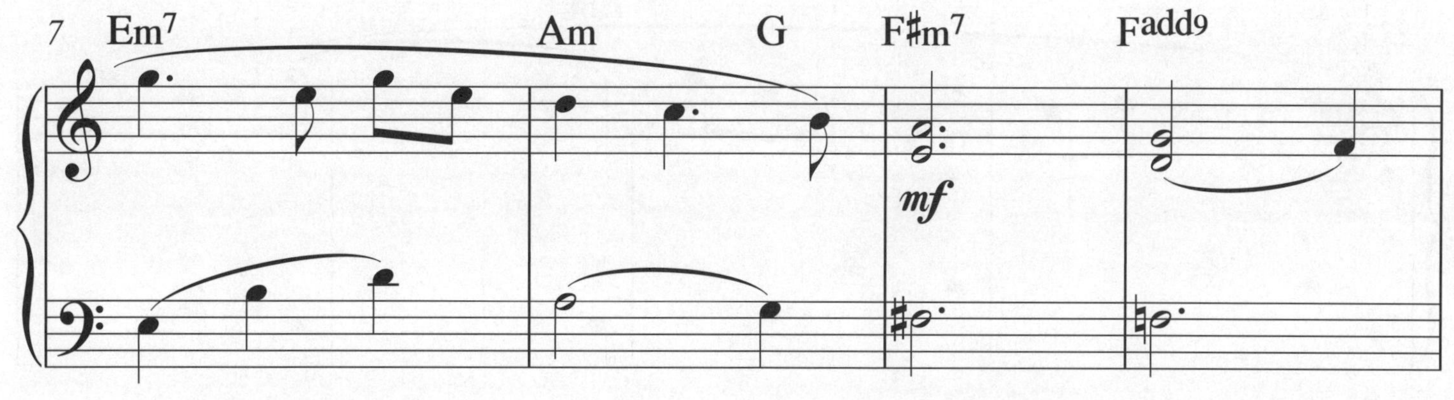

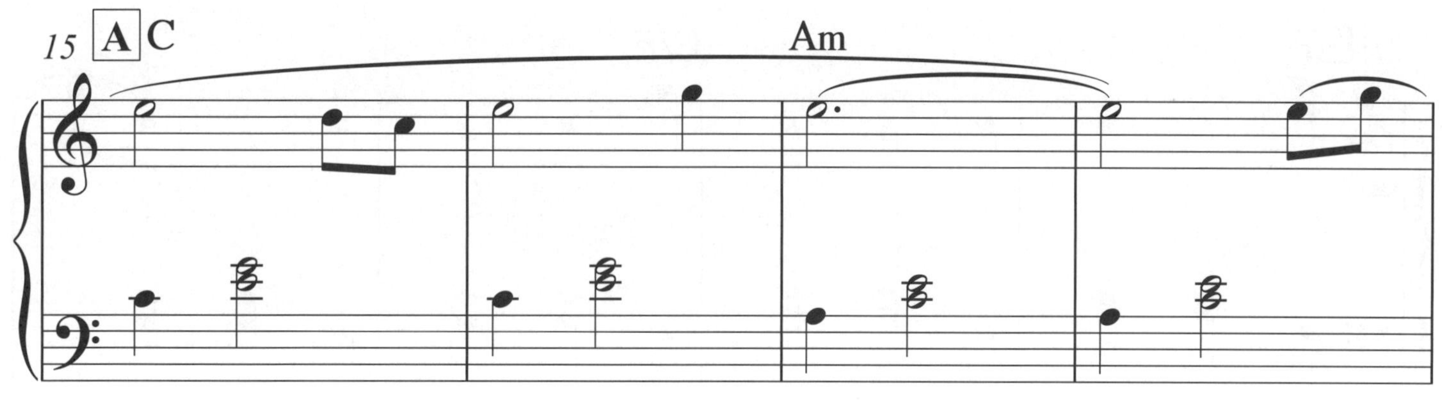

스튜디오 지브리 OST 베스트 | Easy Piano Ver.

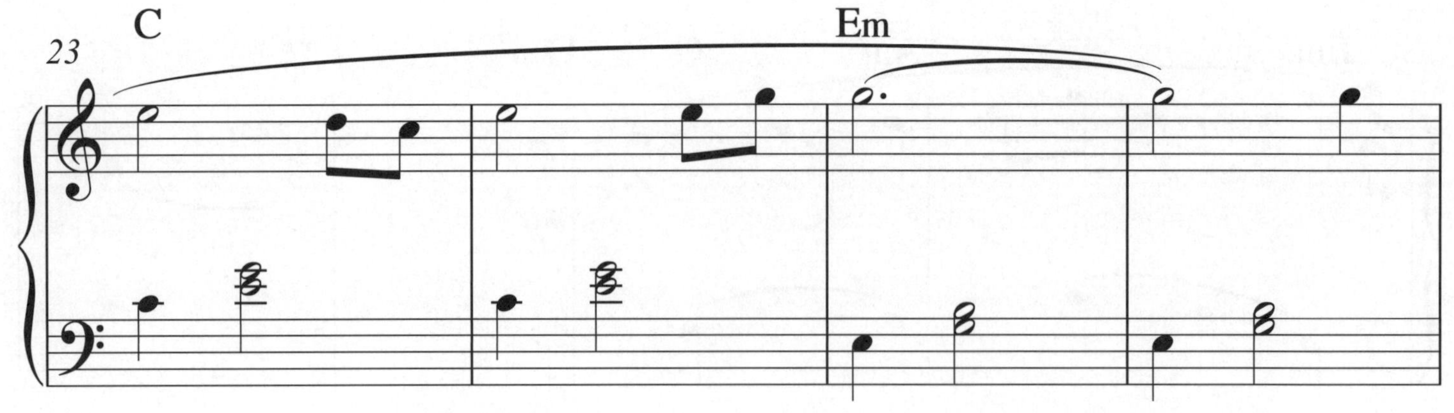
23
C
Em

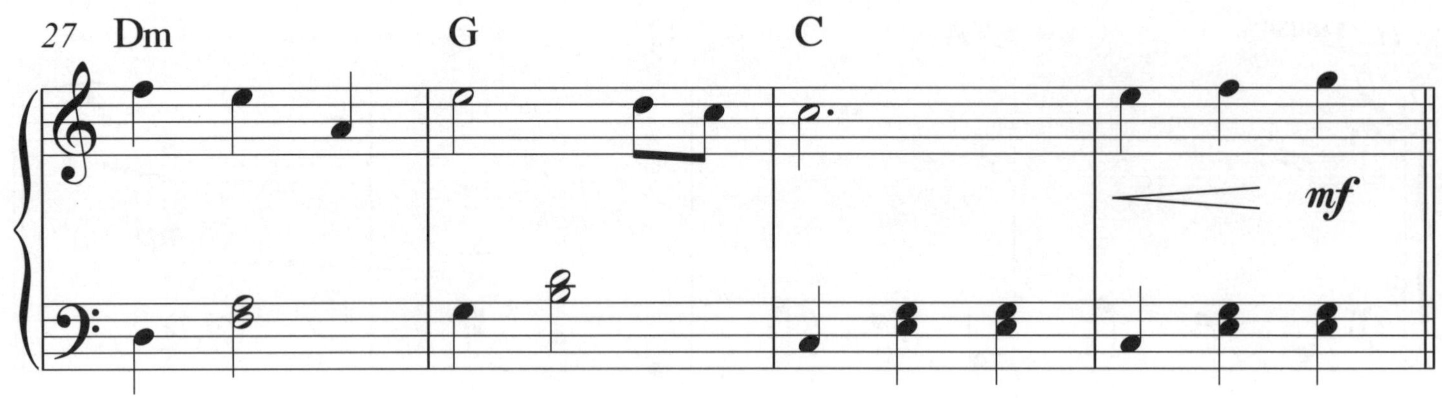
27
Dm
G
C
mf

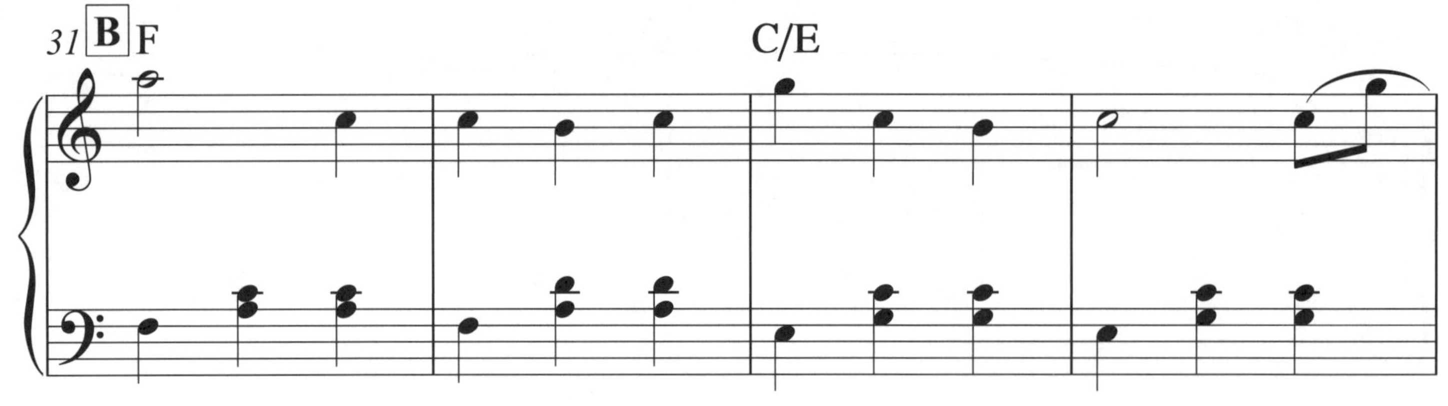
31
B
F
C/E

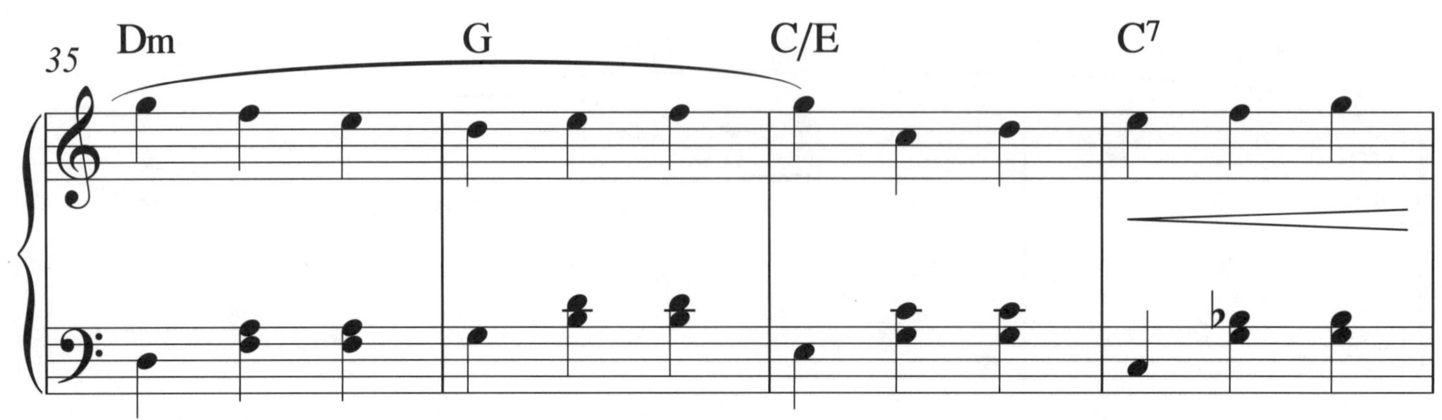
35
Dm
G
C/E
C7

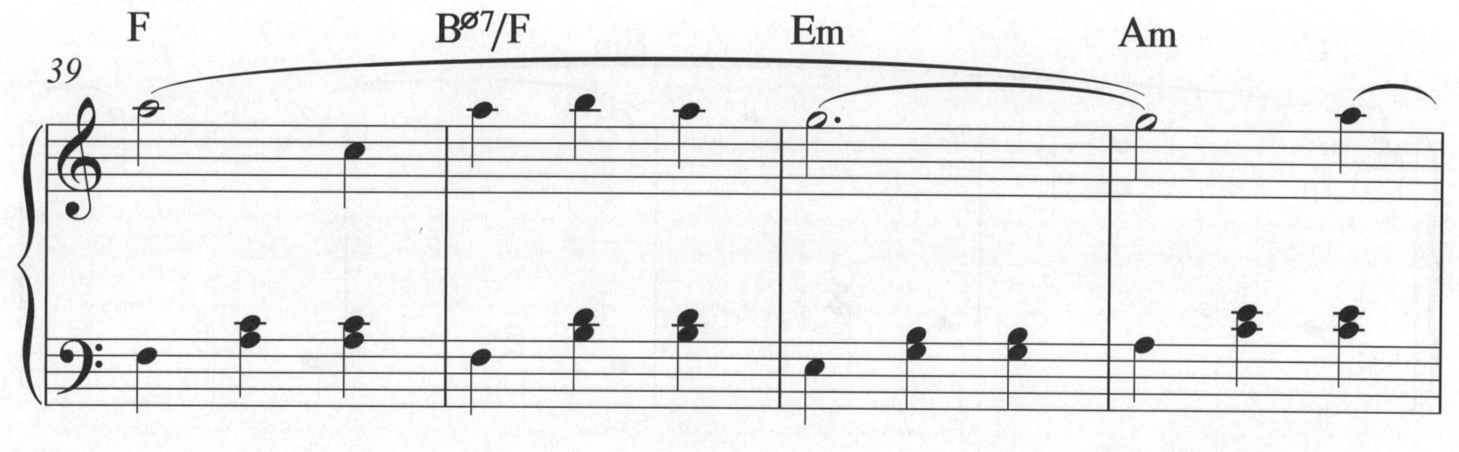

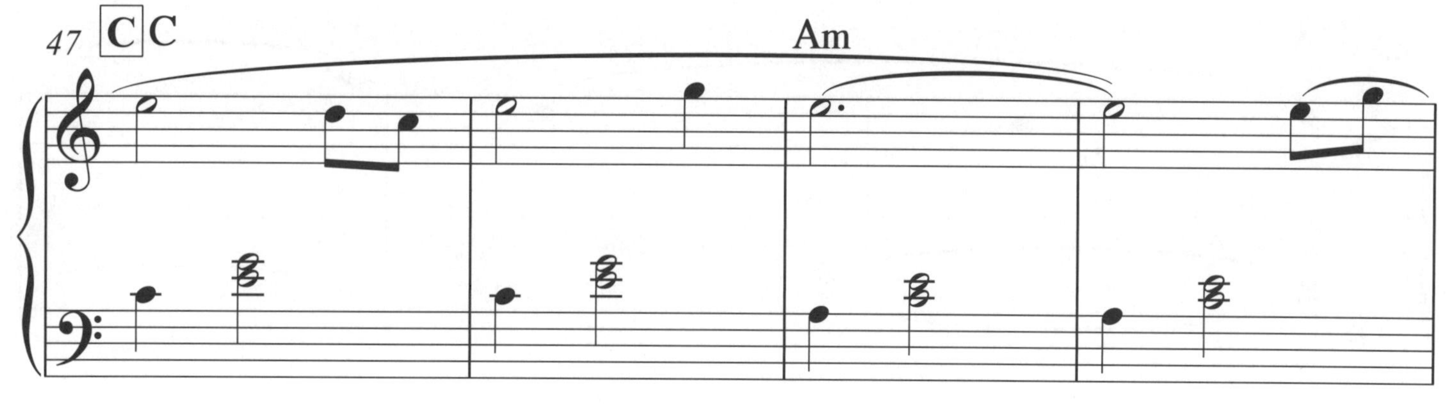

스튜디오 지브리 OST 베스트 | Easy Piano Ver.

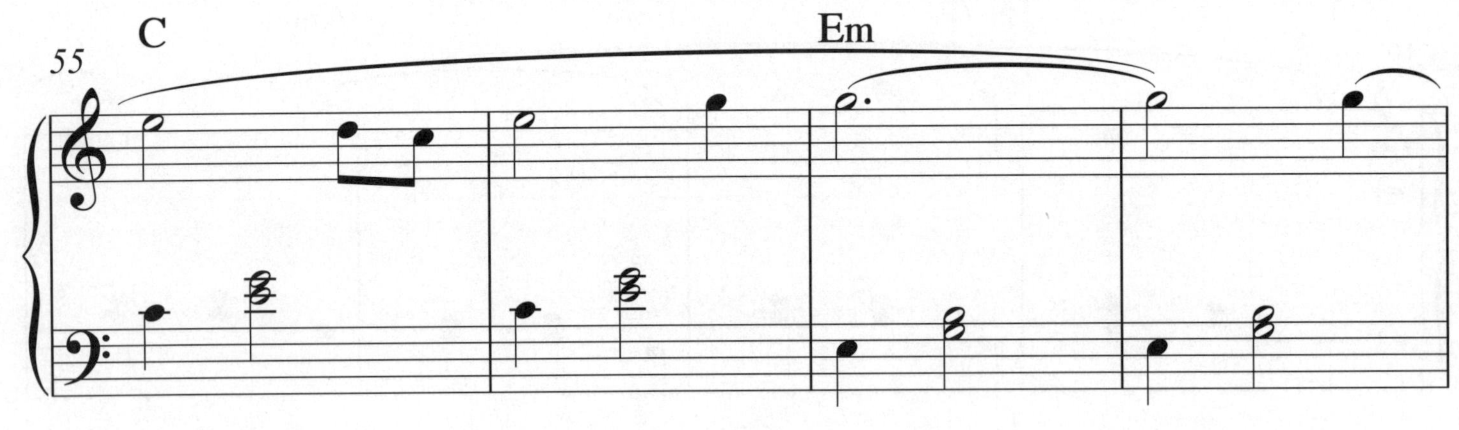

55
C
Em

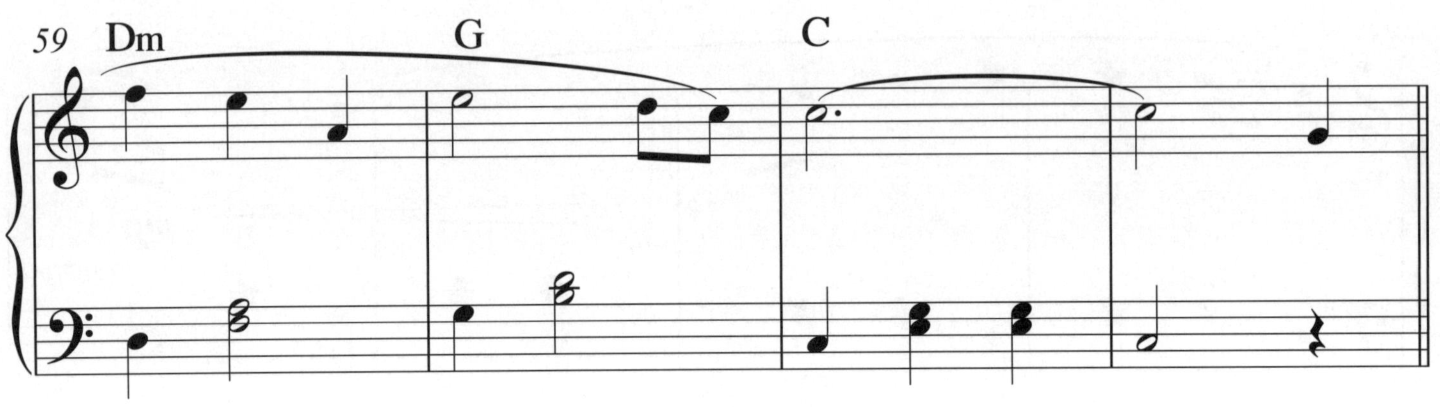

59
Dm
G
C

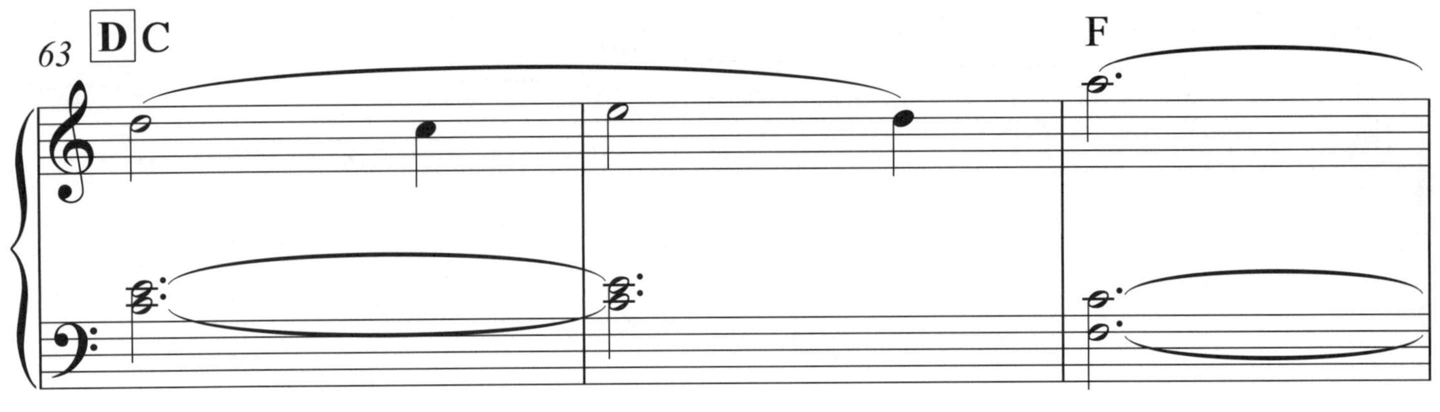

63
D
C
F

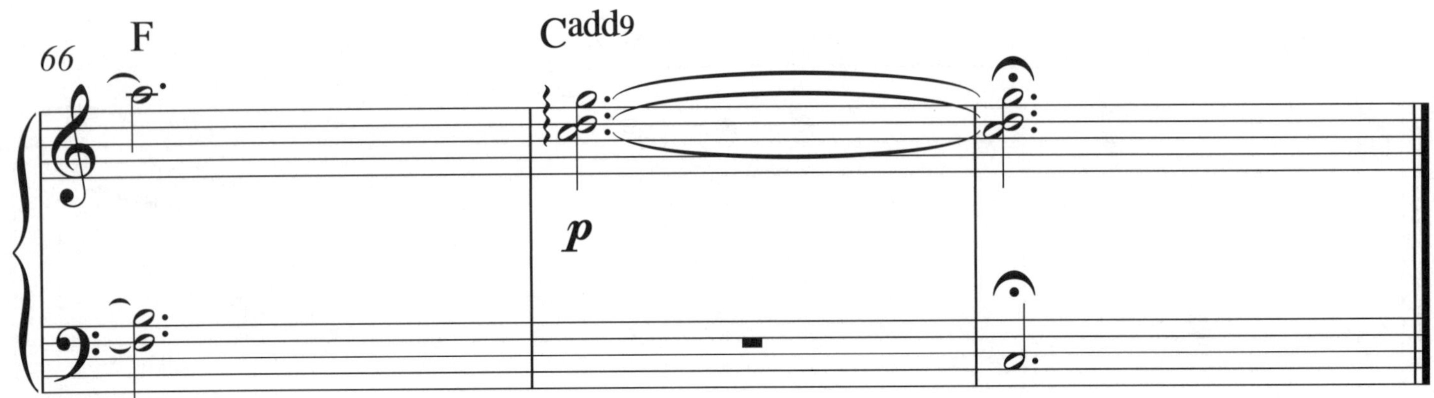

66
F
Cadd9
p

인생의 회전목마

J. Hisaishi

Rubato

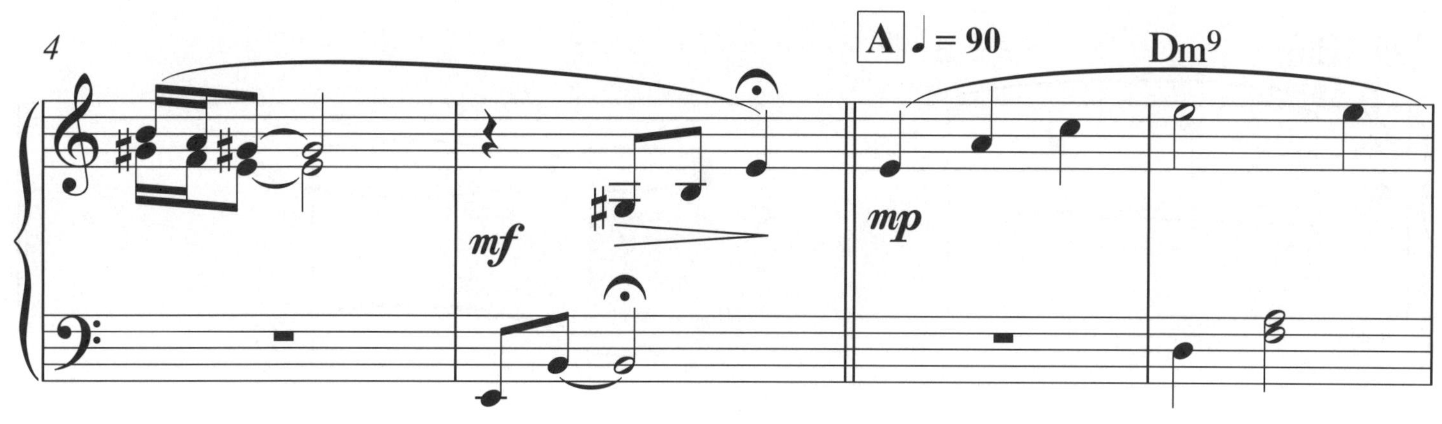

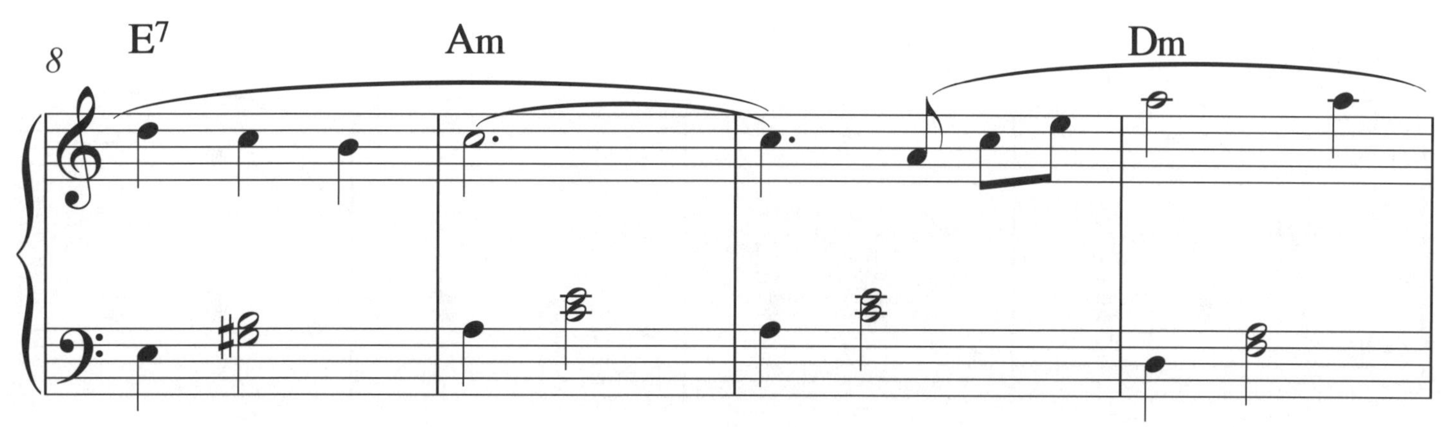

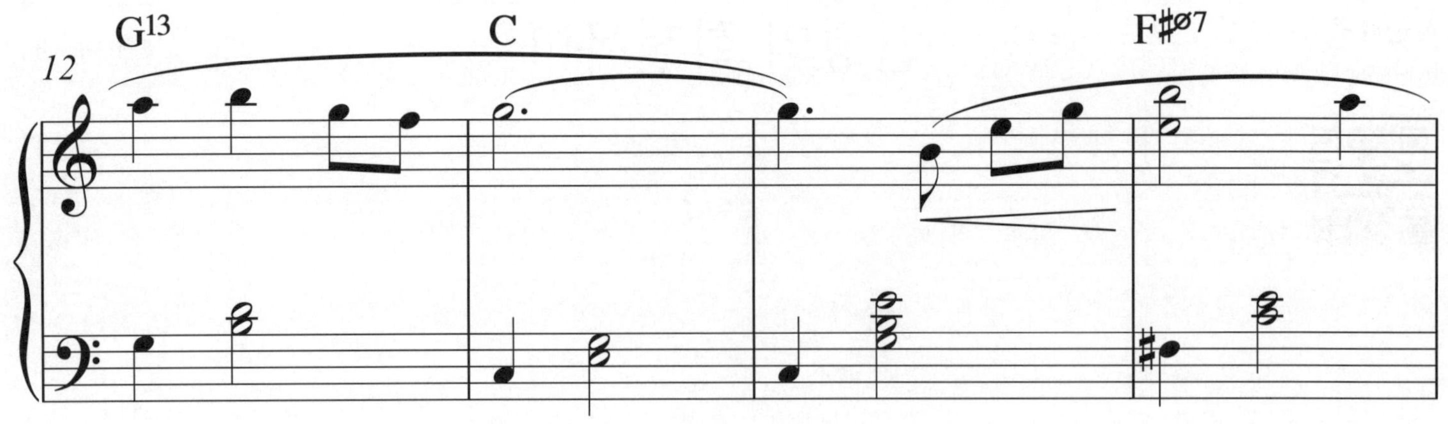
12
G13
C
F#ø7

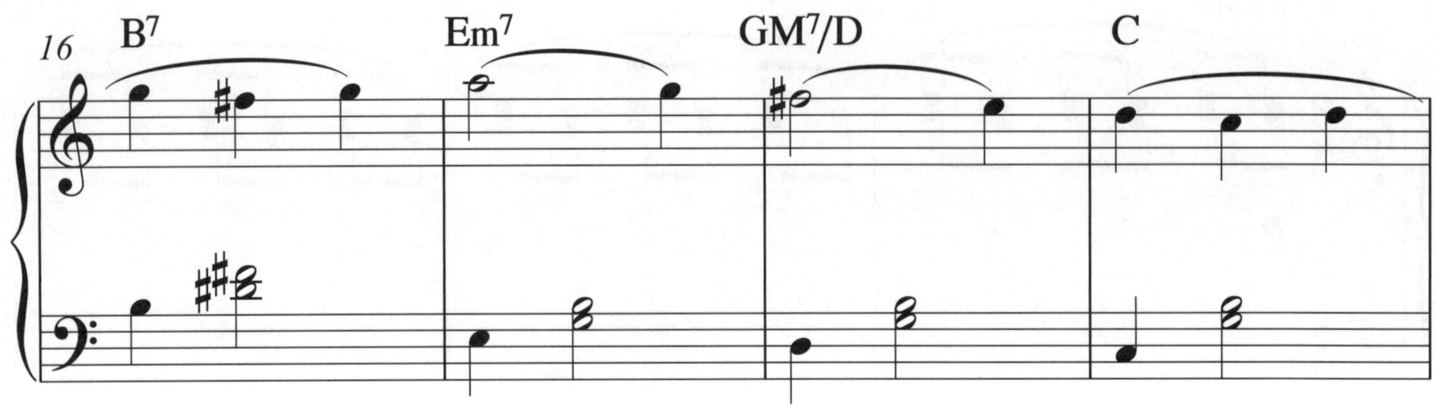
16
B7
Em7
GM7/D
C

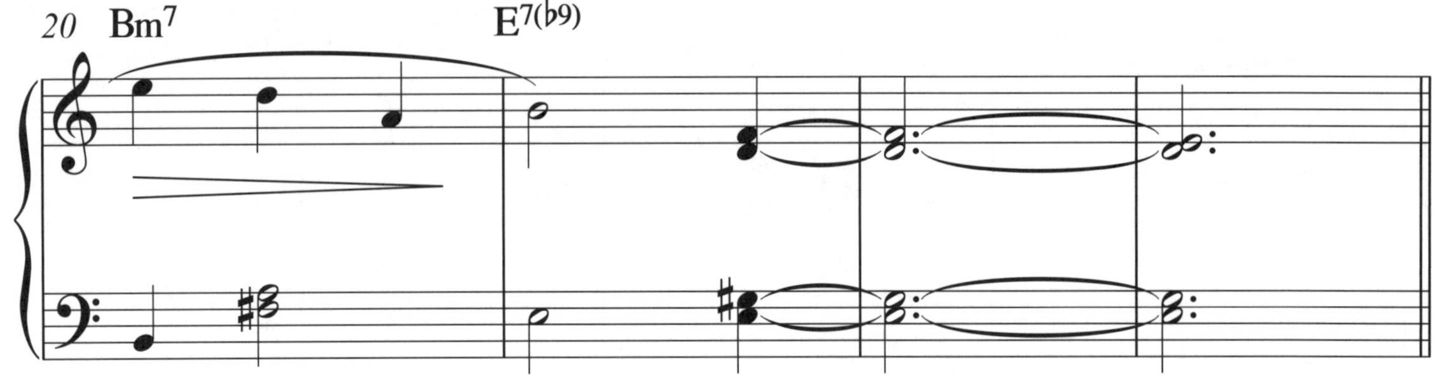
20
Bm7
E7(♭9)

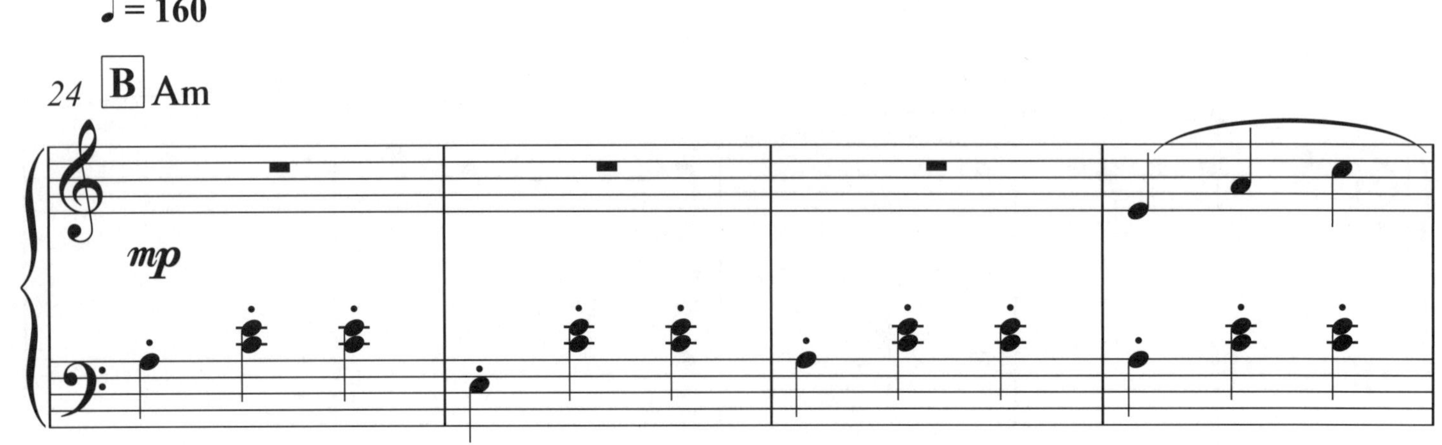
♩ = 160
24
B
Am
mp

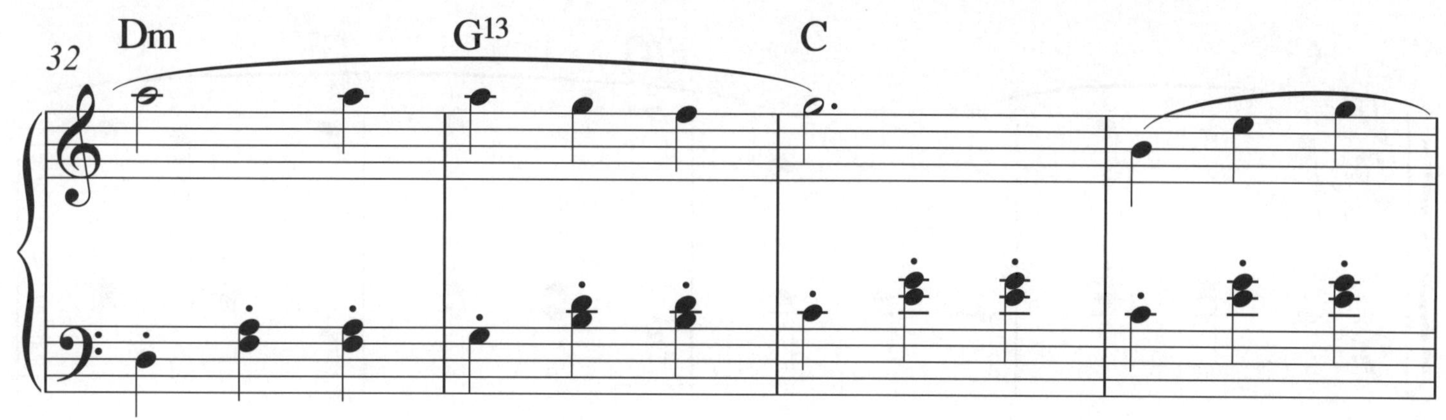
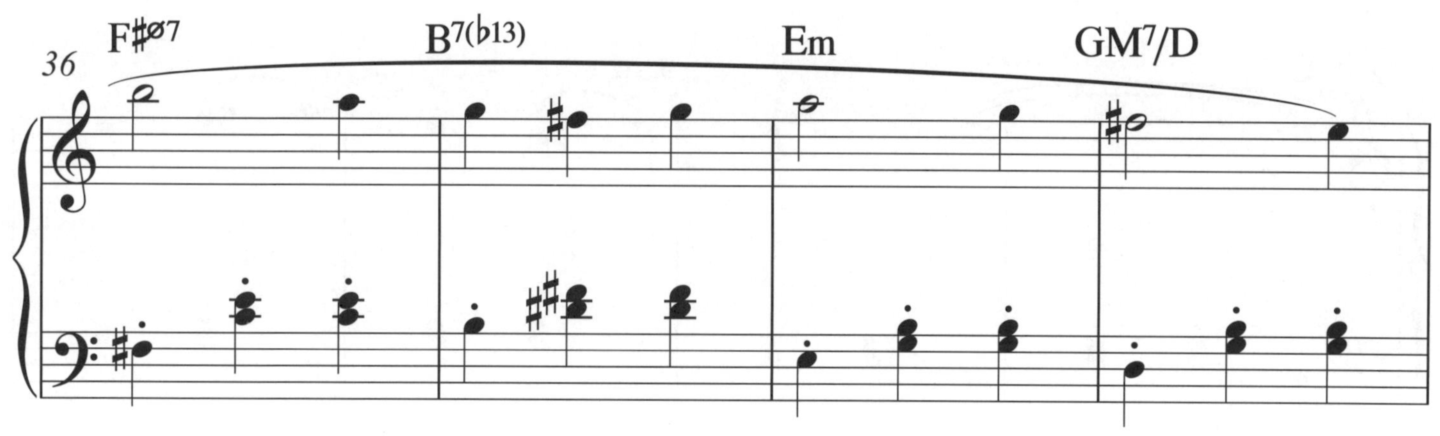

44
E
C F/G
G7
mp

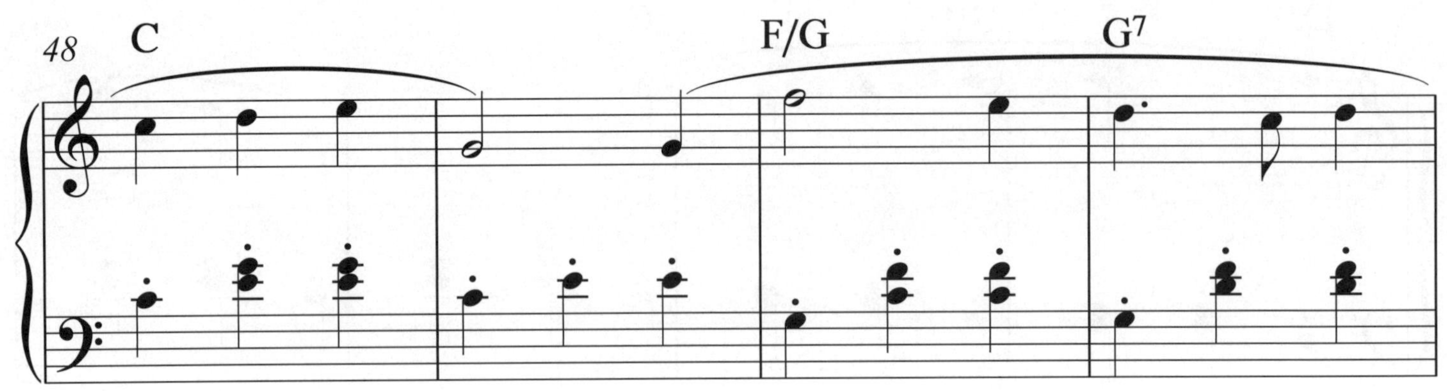

48
C
F/G
G7

52
C
Em

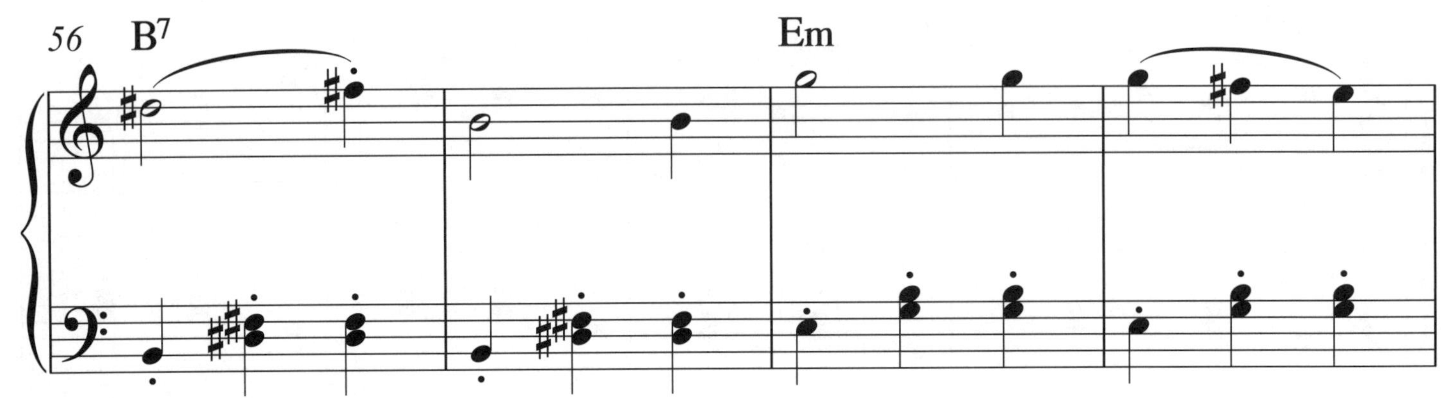

56
B7
Em

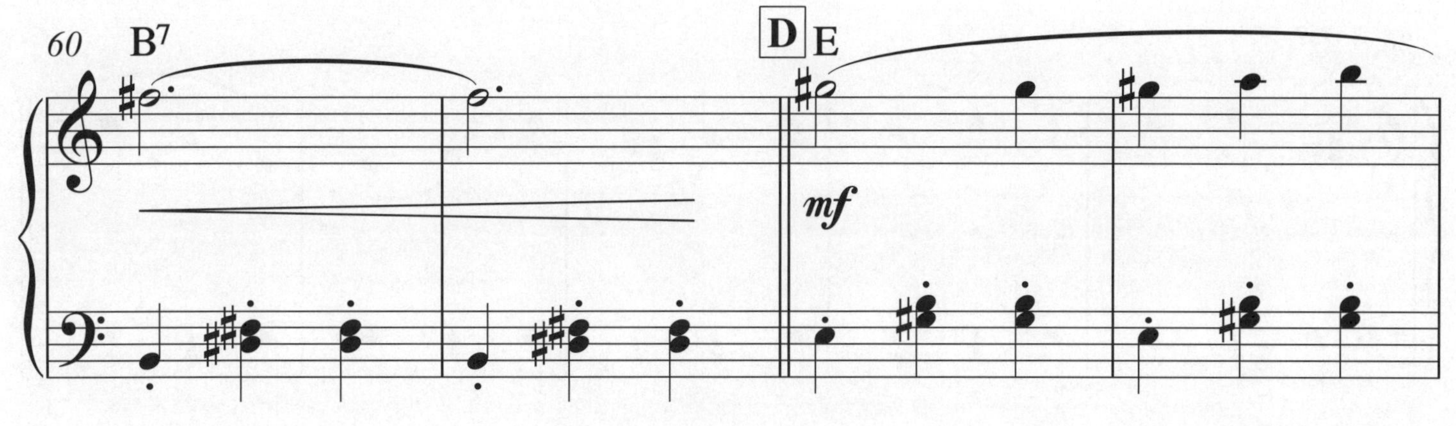

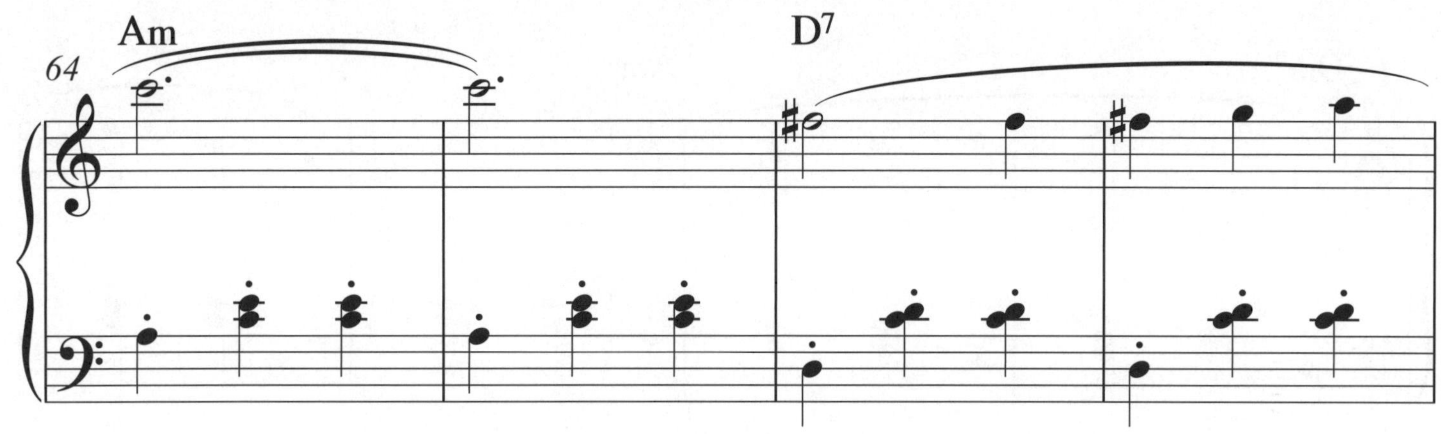

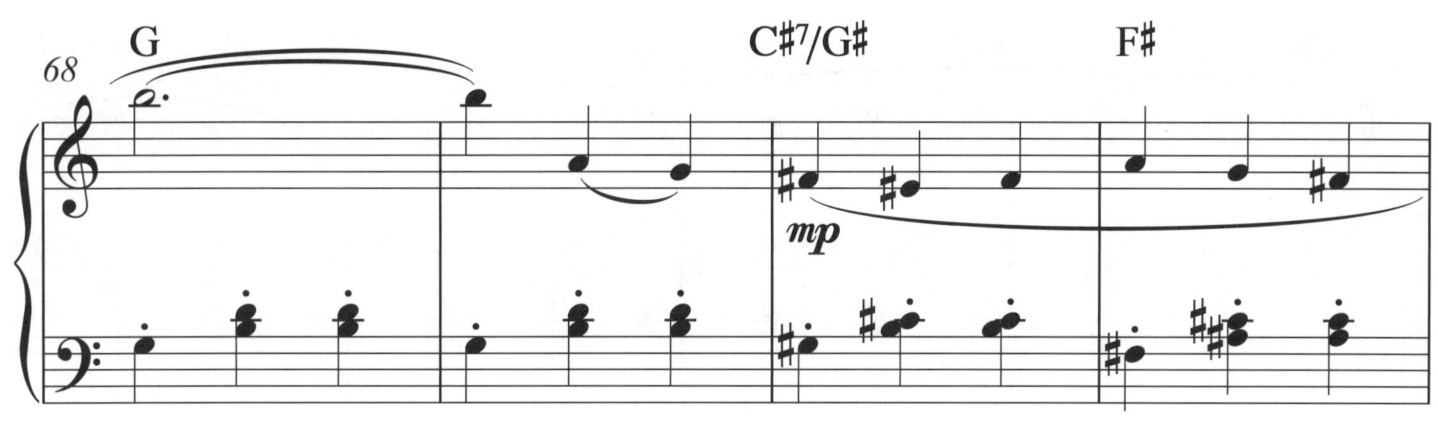

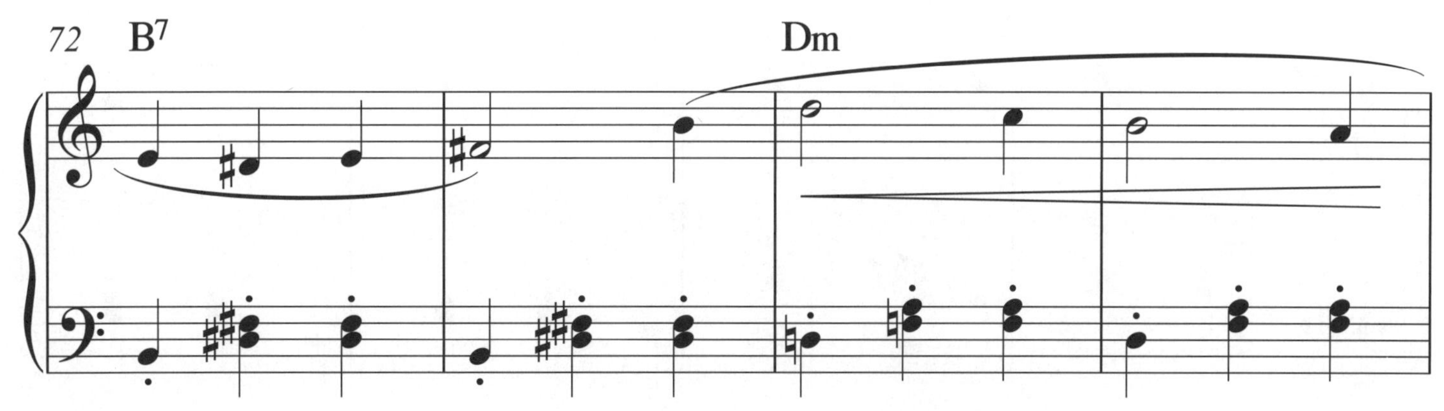

스튜디오 지브리 OST 베스트 | Easy Piano Ver.

76
E7
f

81
Dm9
E7
Am

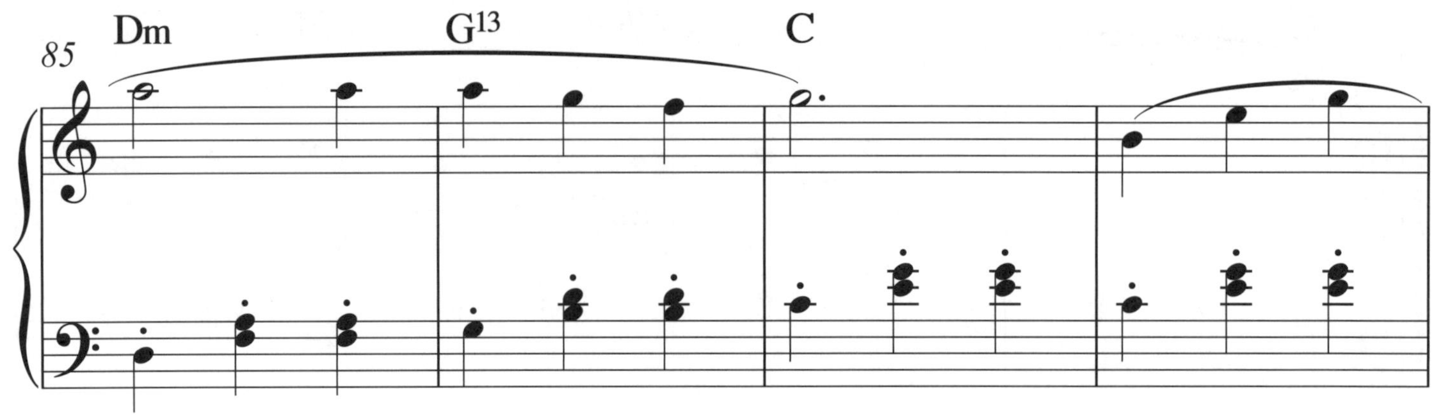

85
Dm
G13
C

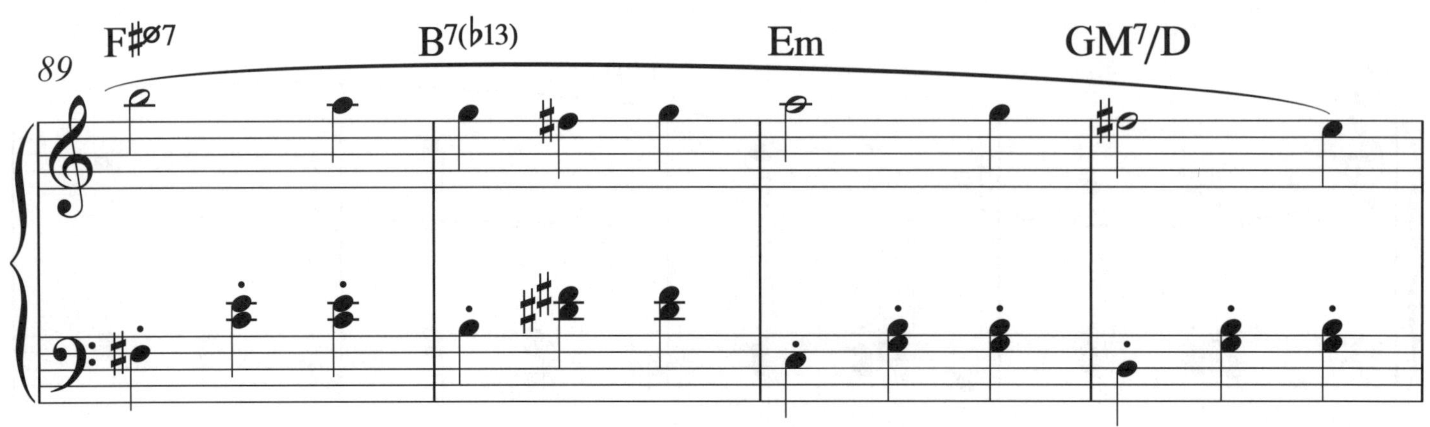

89
F#ø7
B7(♭13)
Em
GM7/D

93
C
B7
E

97
E
Am
B
rit.
mp

101
B
E
Am/E
ff
accel.

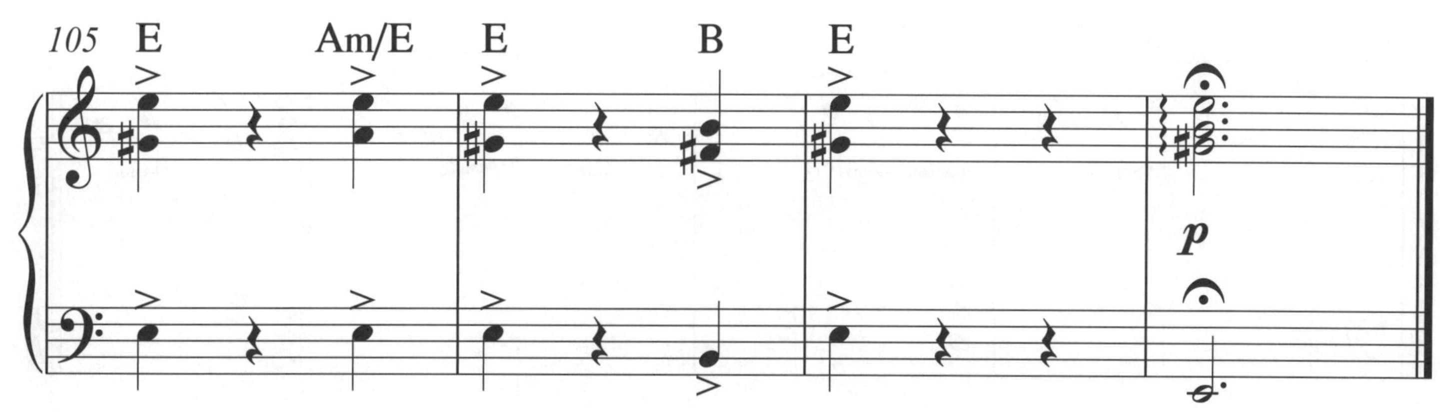
105
E
Am/E
E
B
E
p

테루의 노래

H. Taniyama

Adagio ♩ = 63

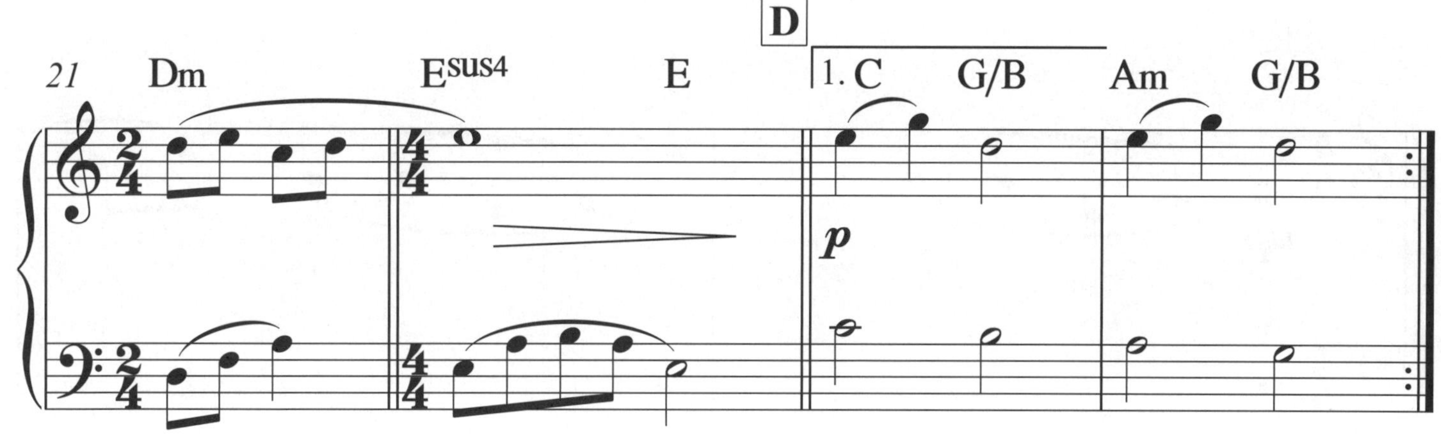

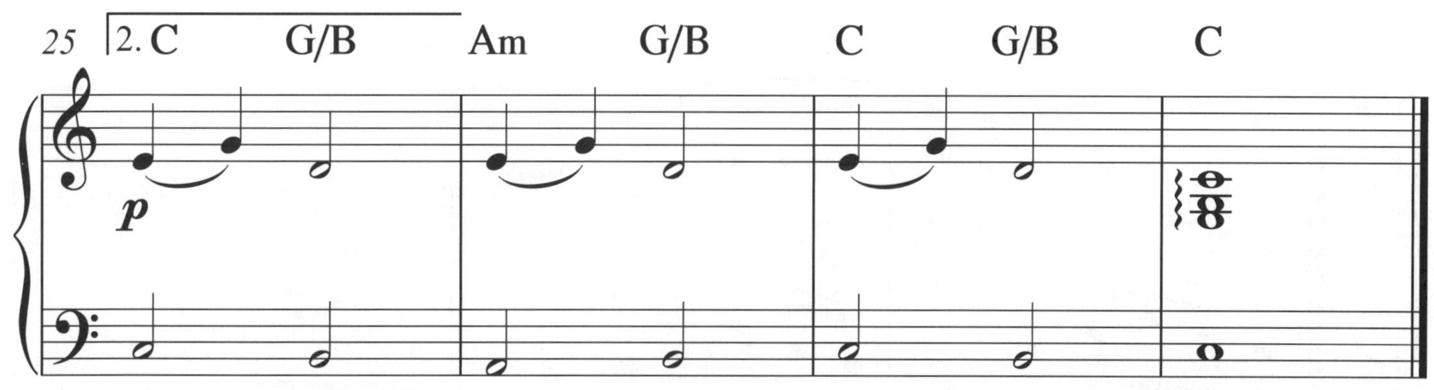

스튜디오 지브리 OST 베스트 | Easy Piano Ver.

시간의 노래

H. Hisaaki

Adagio ♩ = 63

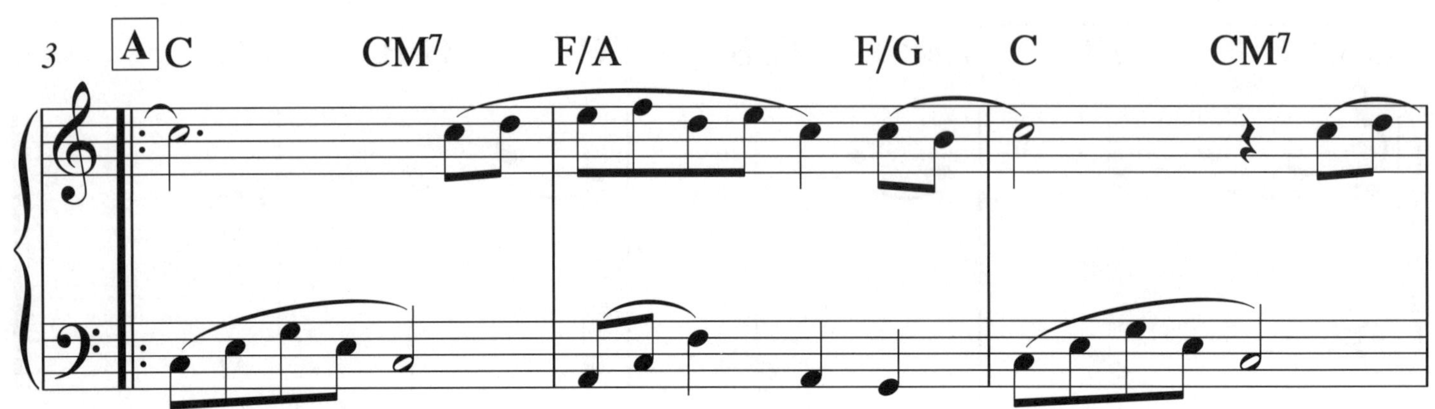

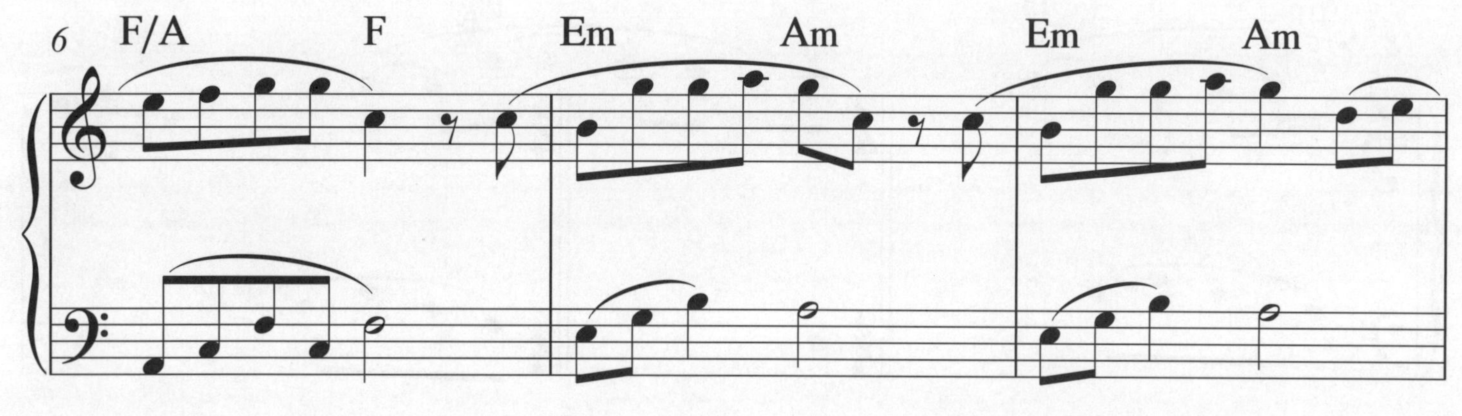

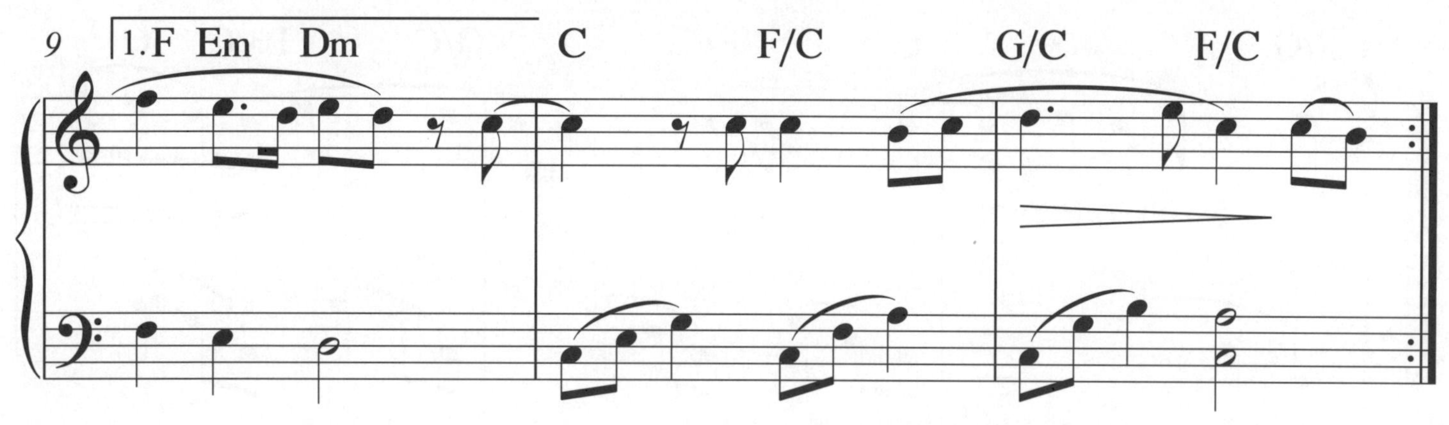

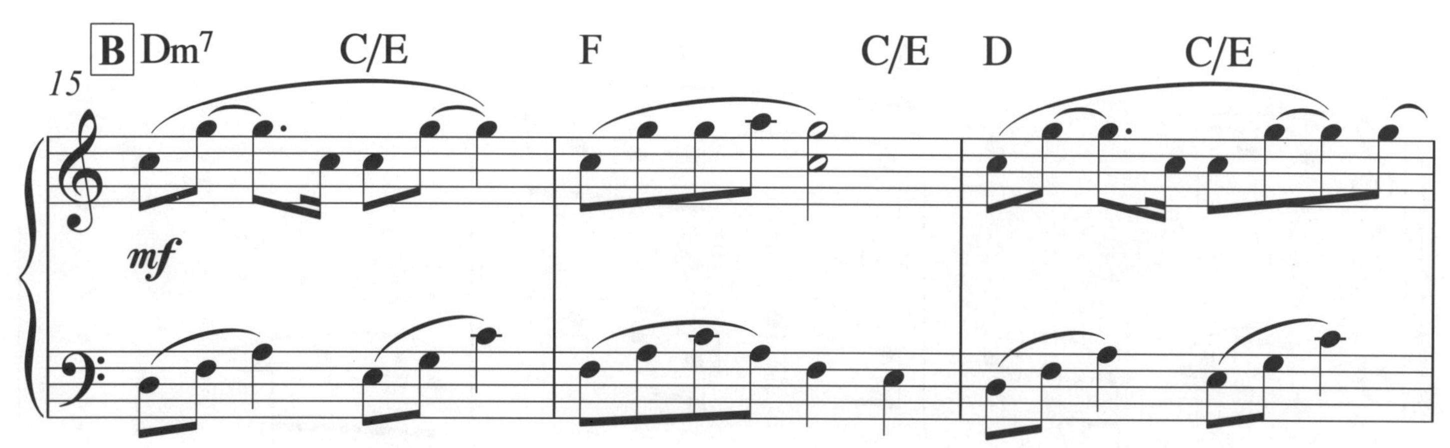

스튜디오 지브리 OST 베스트 | Easy Piano Ver.

18
Am
D
F
2/4
4/4
2/4
4/4

21
F/G
C
F/C
G/C
Bb/C
C

24
C
Am
D7
GM7
C
F
C/E

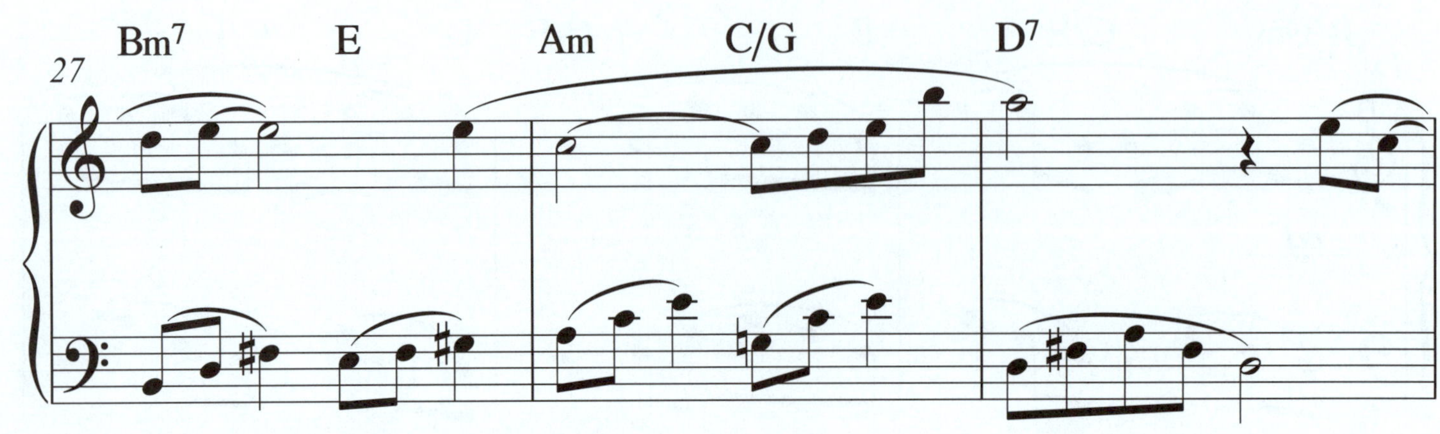
27
Bm7
E
Am
C/G
D7

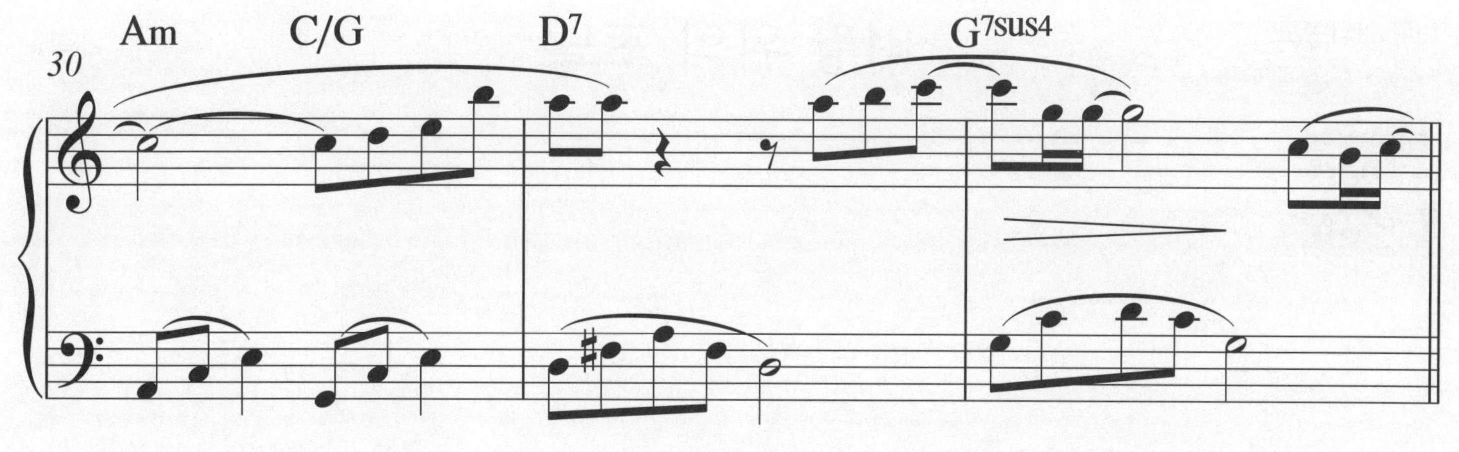

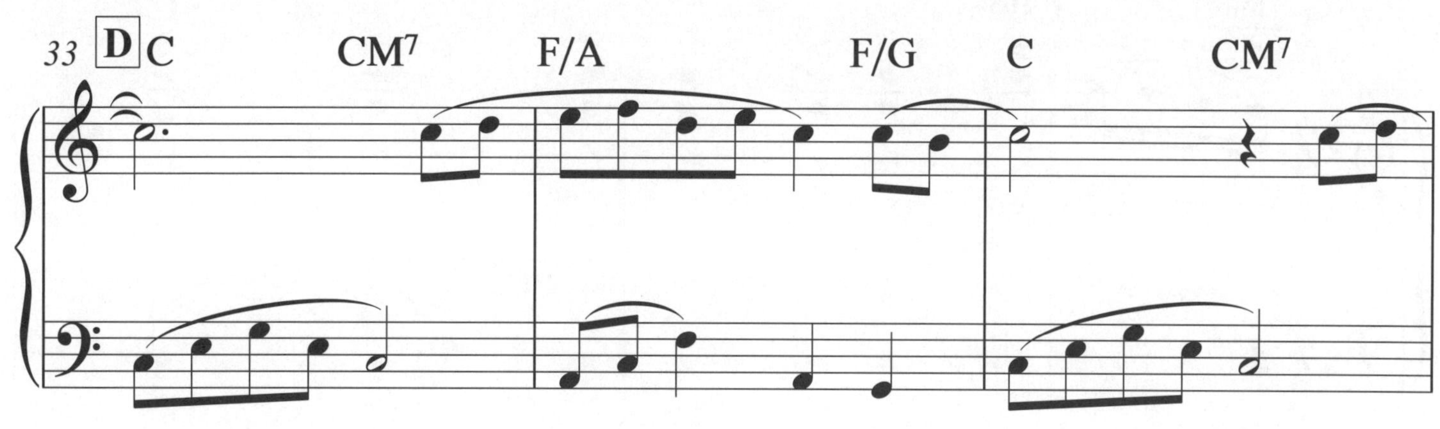

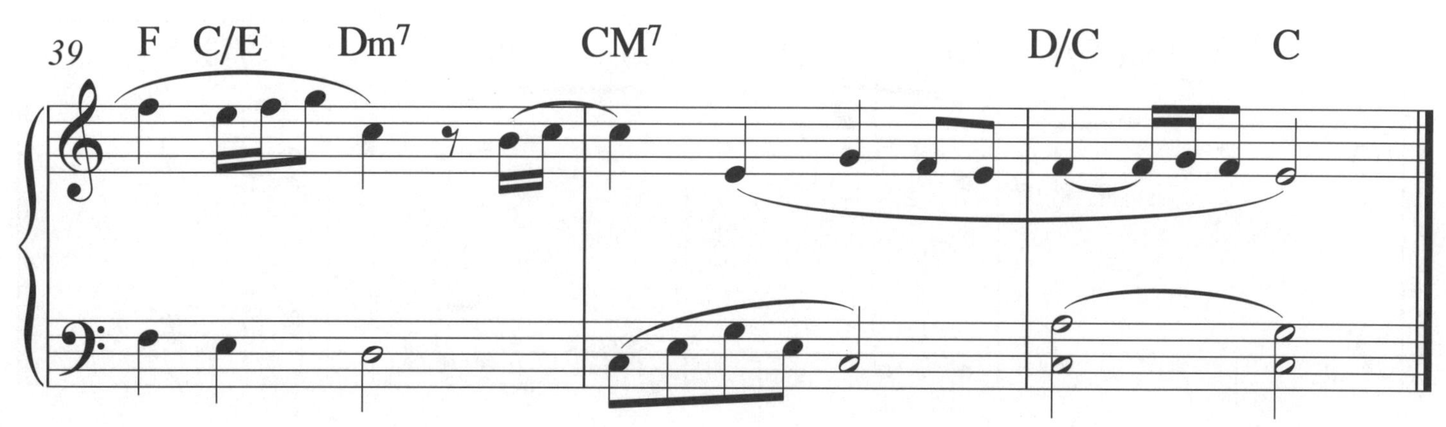

스튜디오 지브리 OST 베스트 | Easy Piano Ver.

벼랑 위의 포뇨

J. Hisaishi

Allegro ♩ = 120

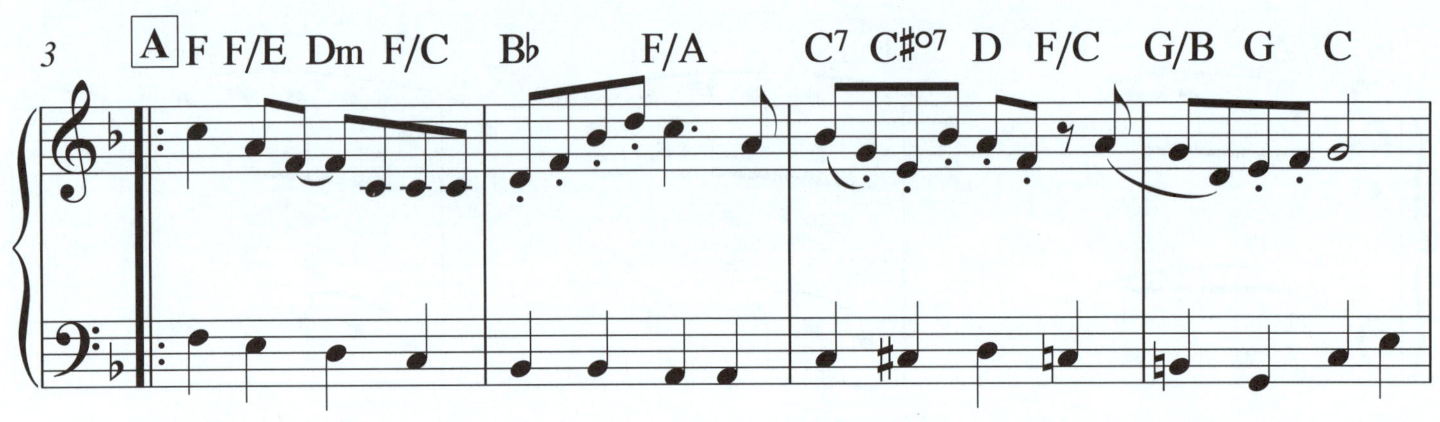

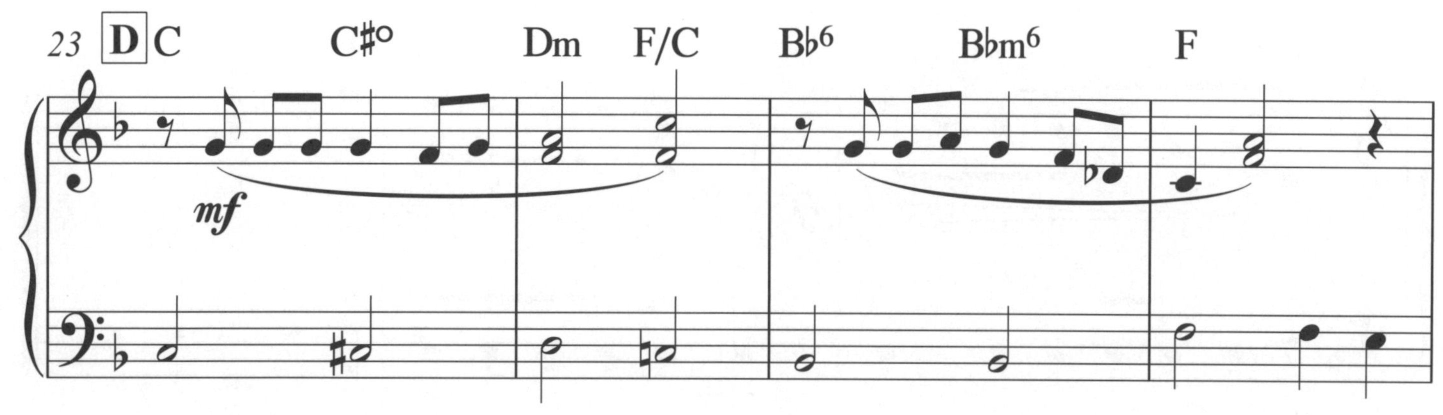

스튜디오 지브리 OST 베스트 | Easy Piano Ver.

27
Dm   Am/C   B♭   B♭m/D♭   F   C⁷/E   Dm   F/C

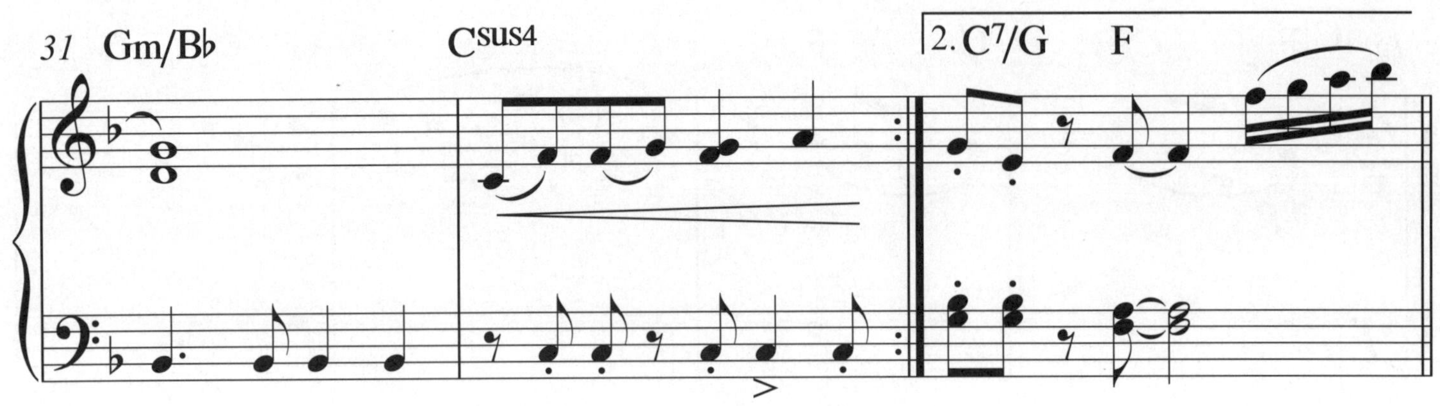
31 Gm/B♭   Csus4   2. C⁷/G   F

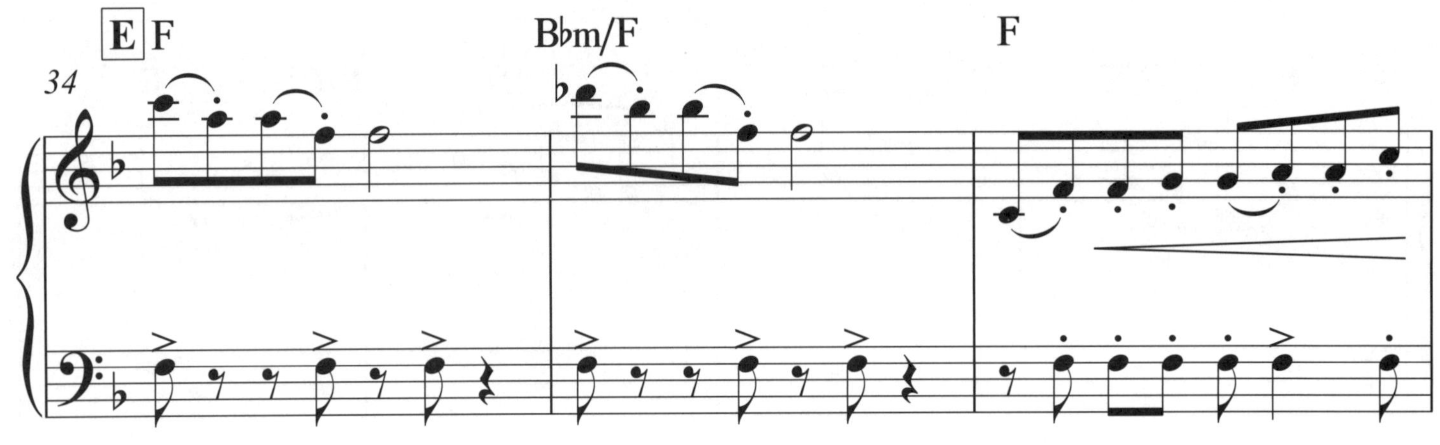
E F   B♭m/F   F
34

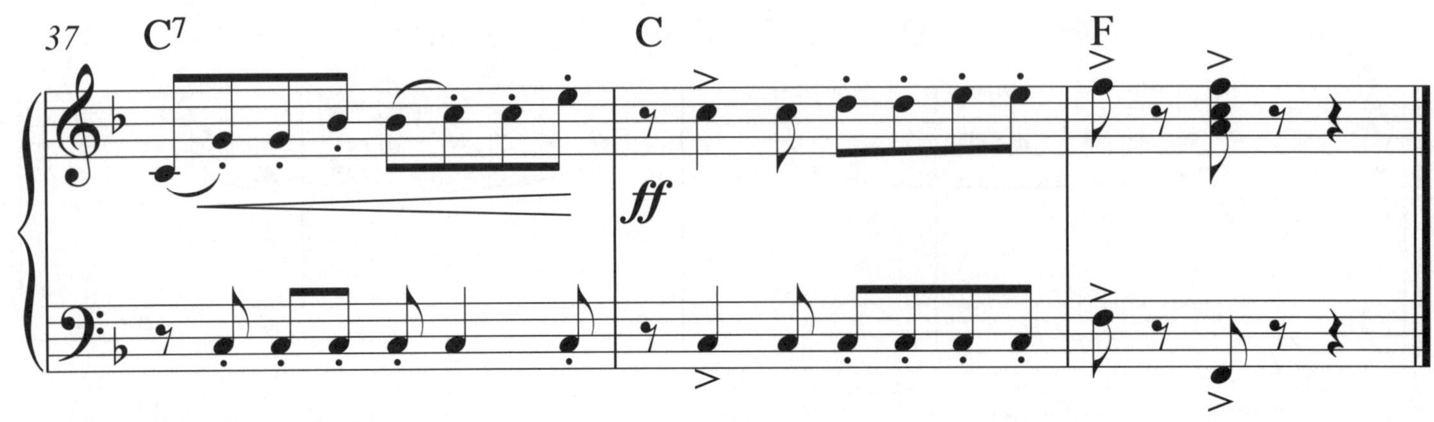
37 C⁷   C   F
ff

아리에티의 노래

C. Corbel

Allegro ♩ = 128

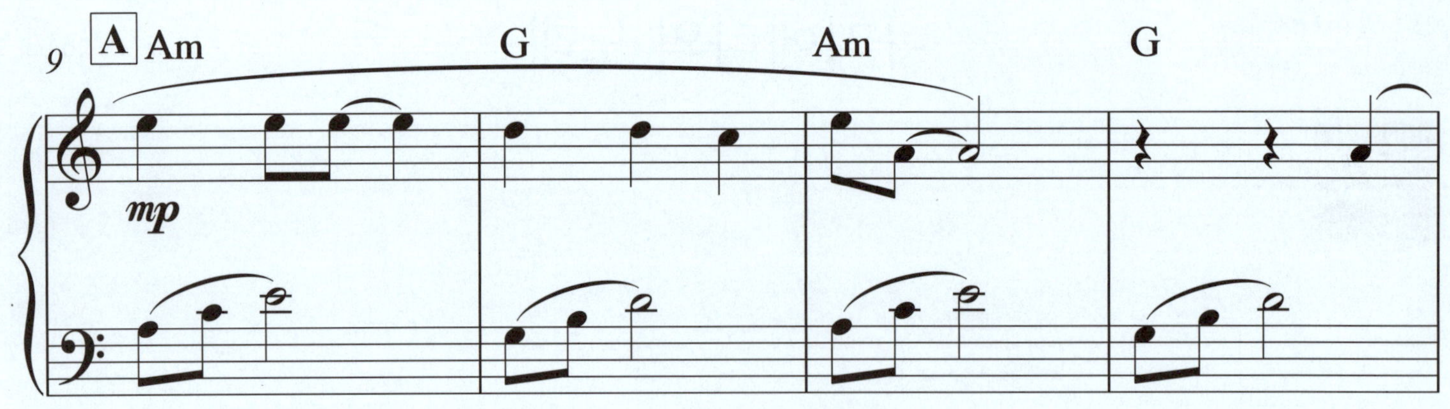
9
A Am   G   Am   G
mp

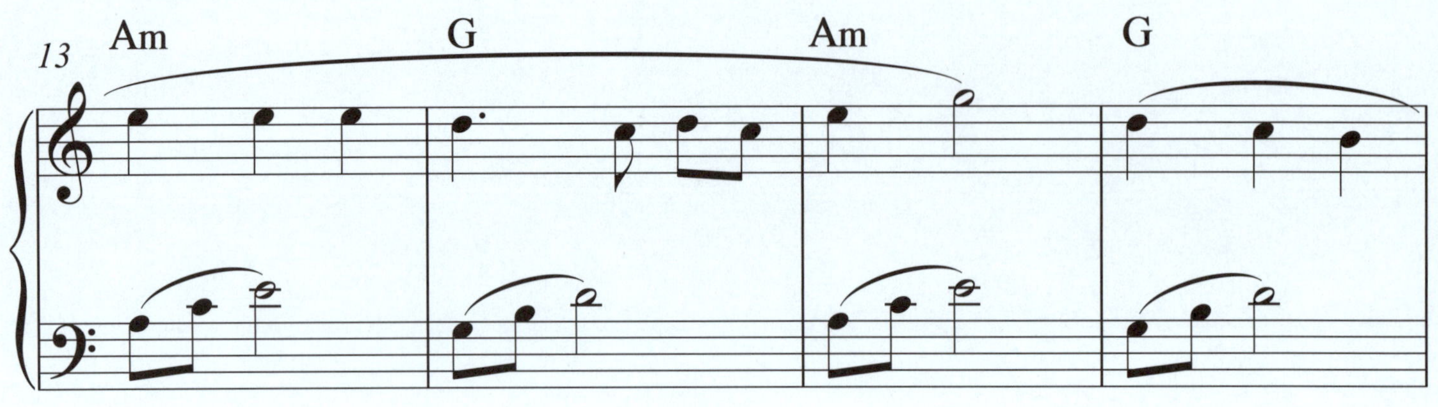
13
Am   G   Am   G

17
Am   G   Am

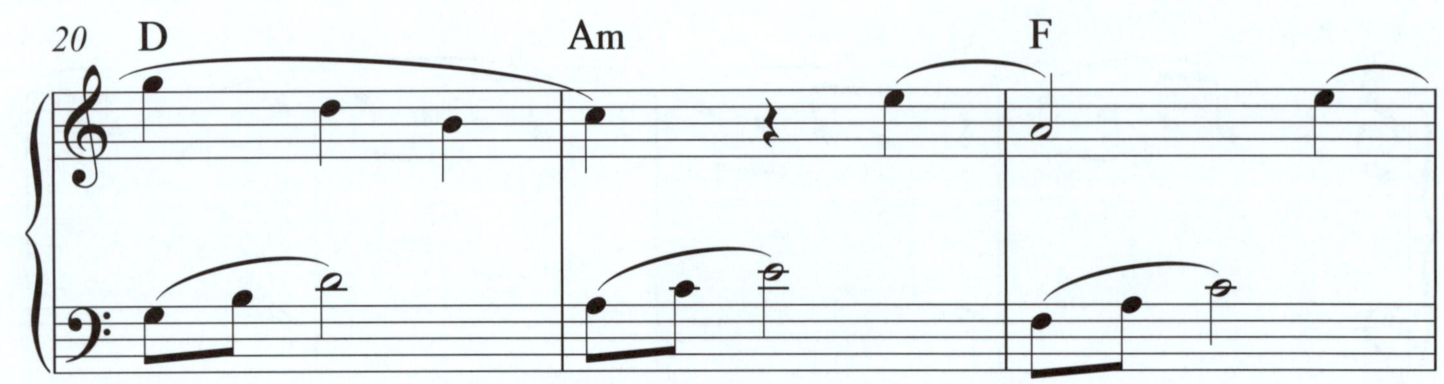
20
D   Am   F

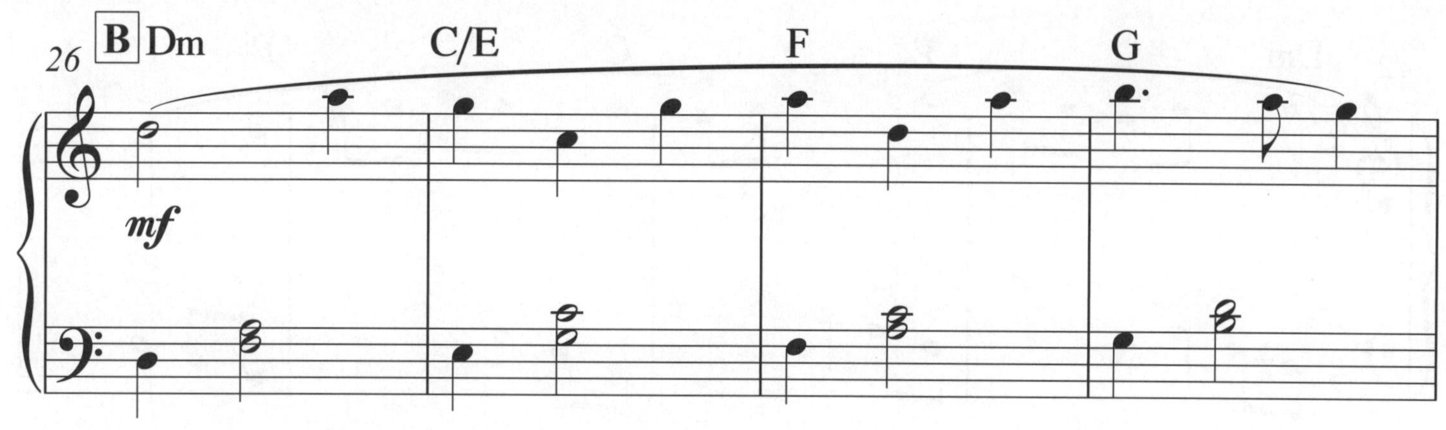

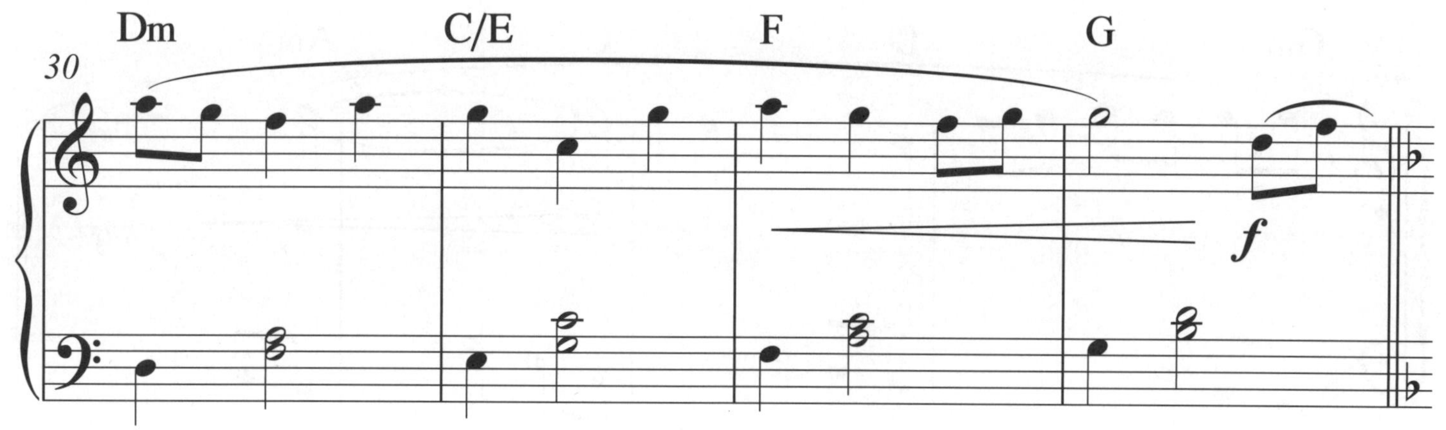

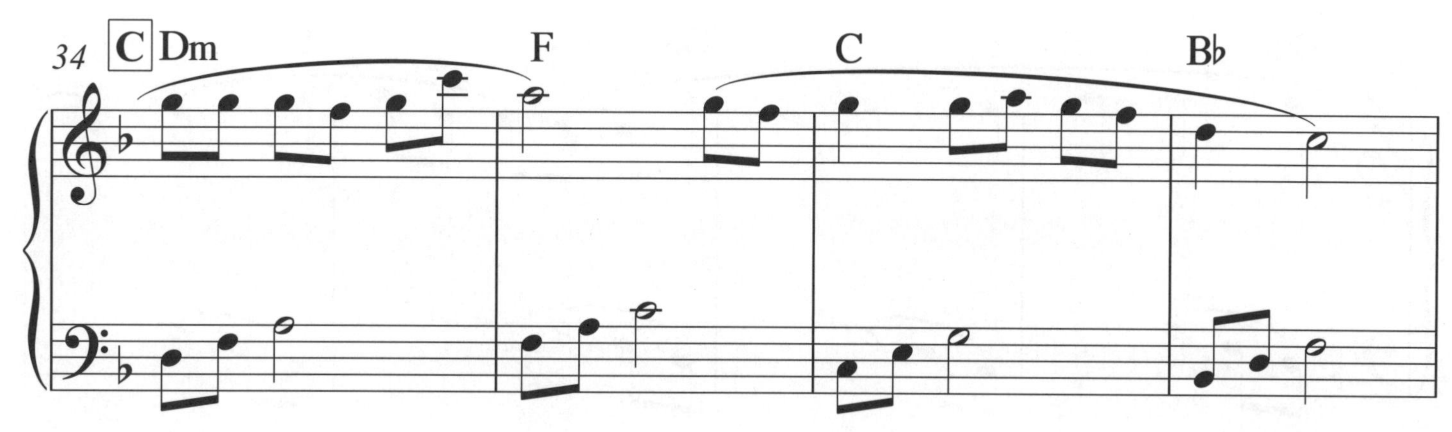

38
Gm
Bb
C
Am

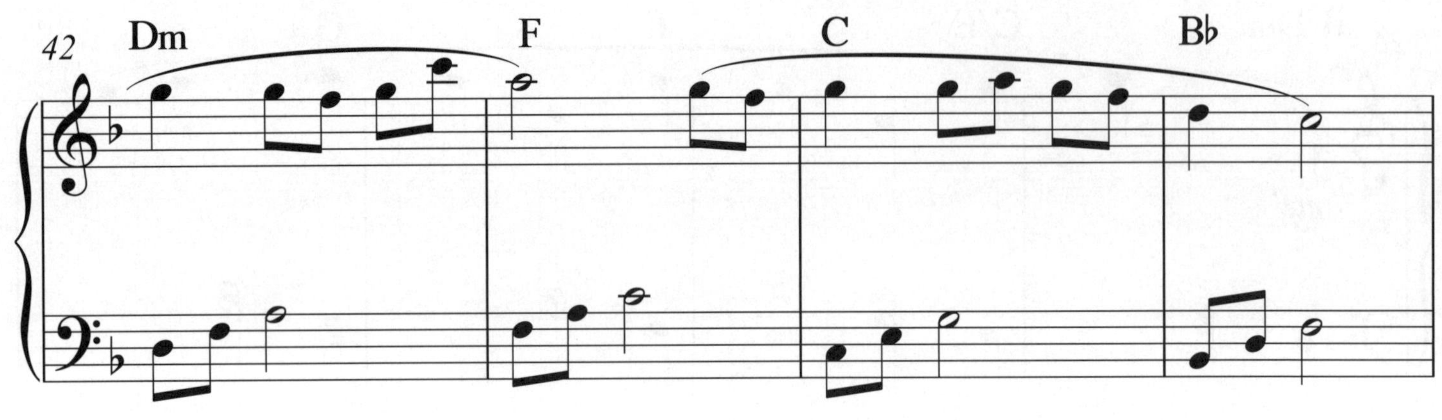

42
Dm
F
C
Bb

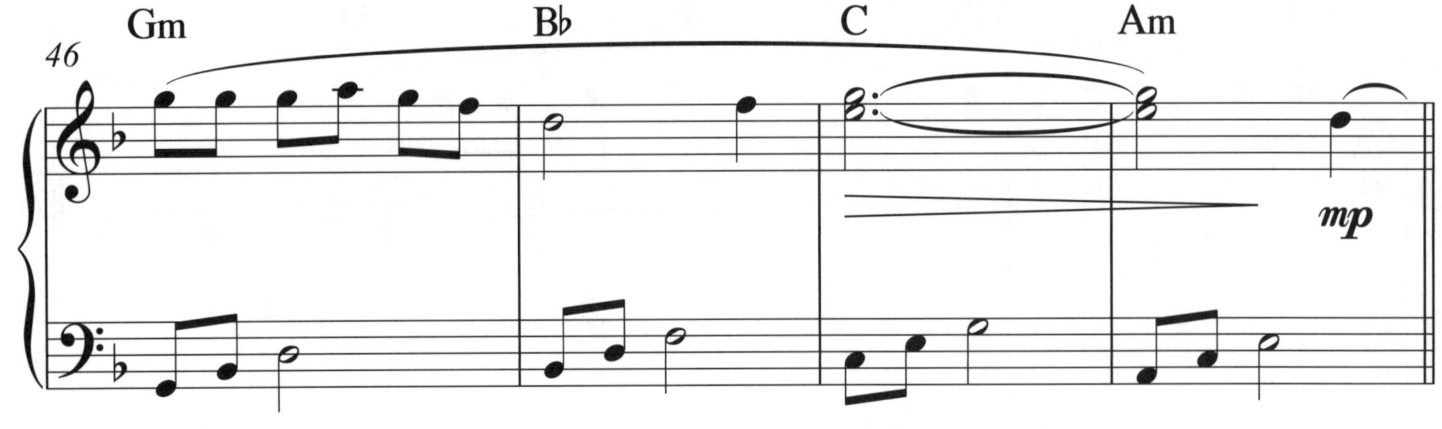

46
Gm
Bb
C
Am
mp

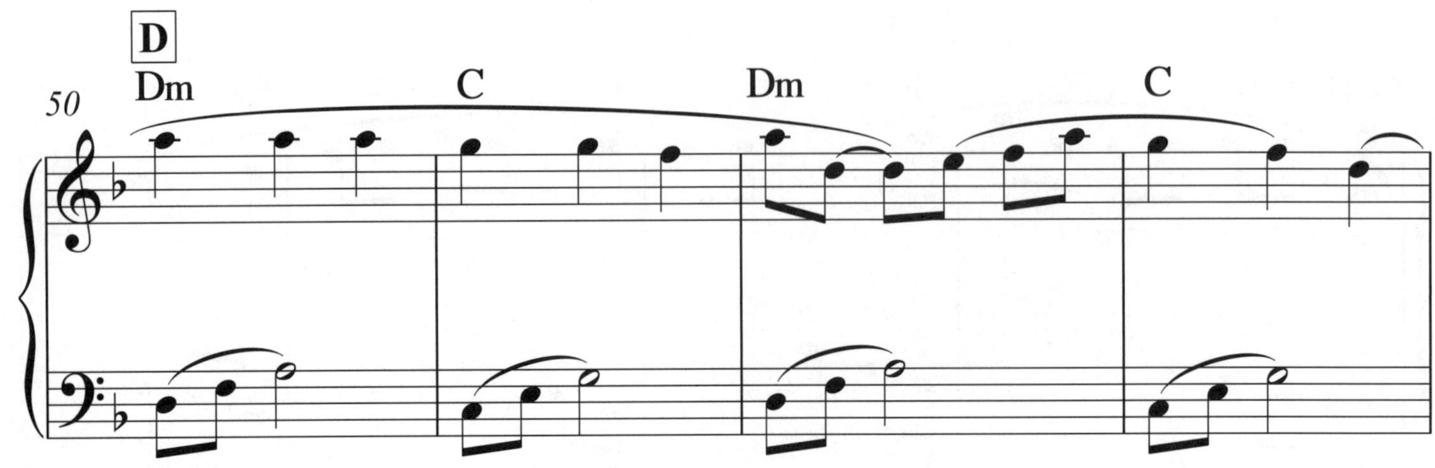

D
50
Dm
C
Dm
C

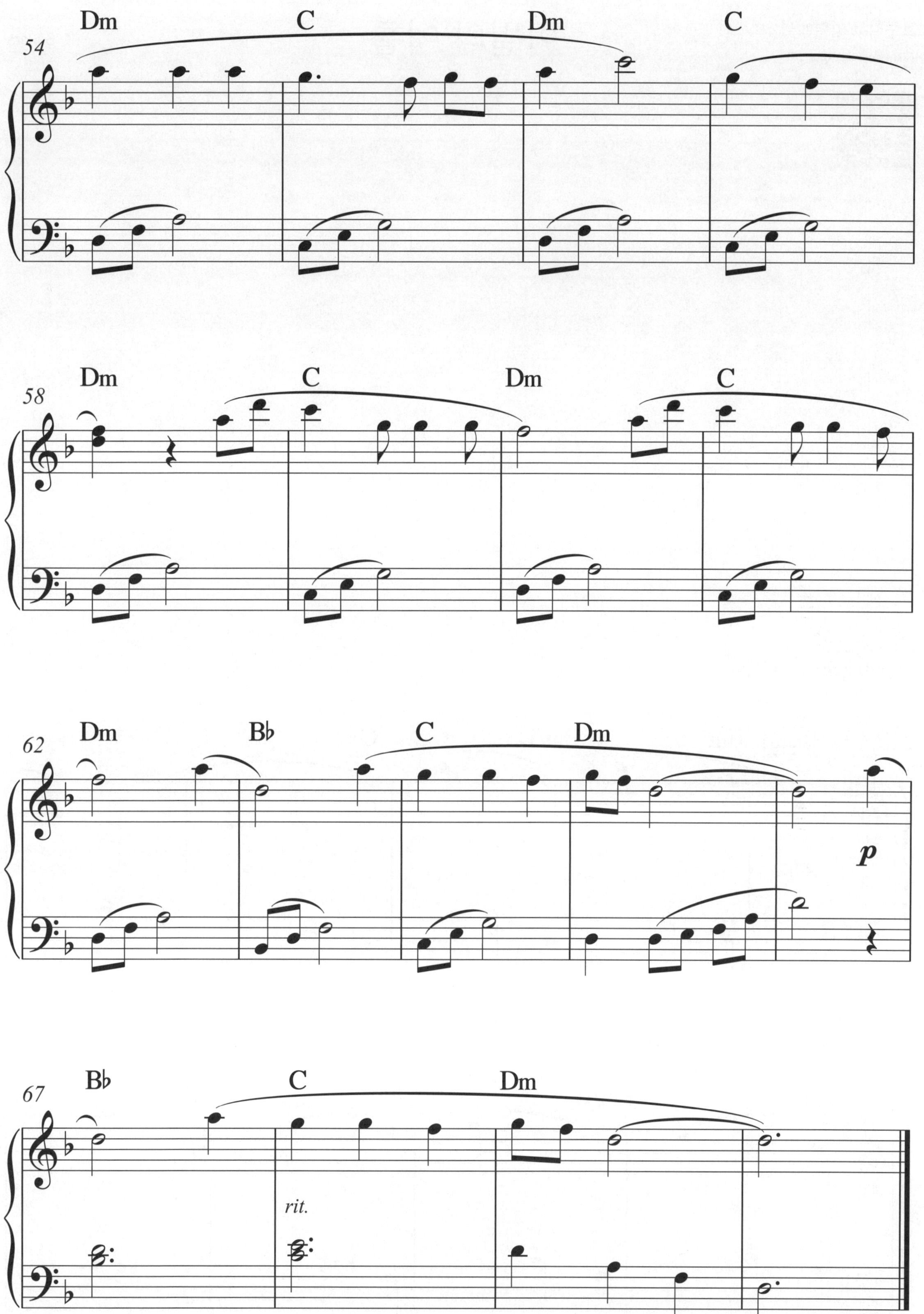

스튜디오 지브리 OST 베스트 | Easy Piano Ver.

이별의 여름

K. Sakata

Allegro ♩ = 100

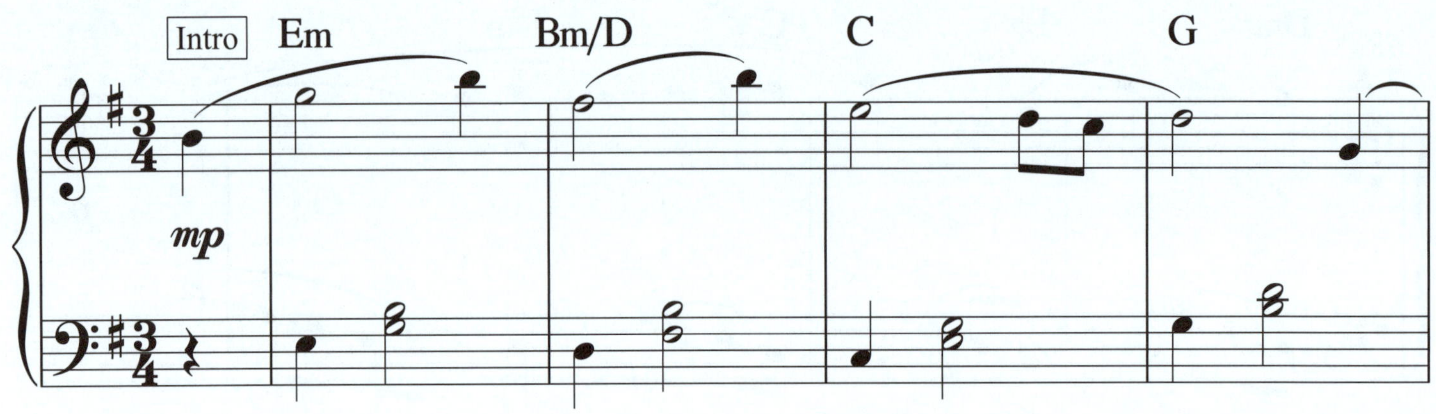

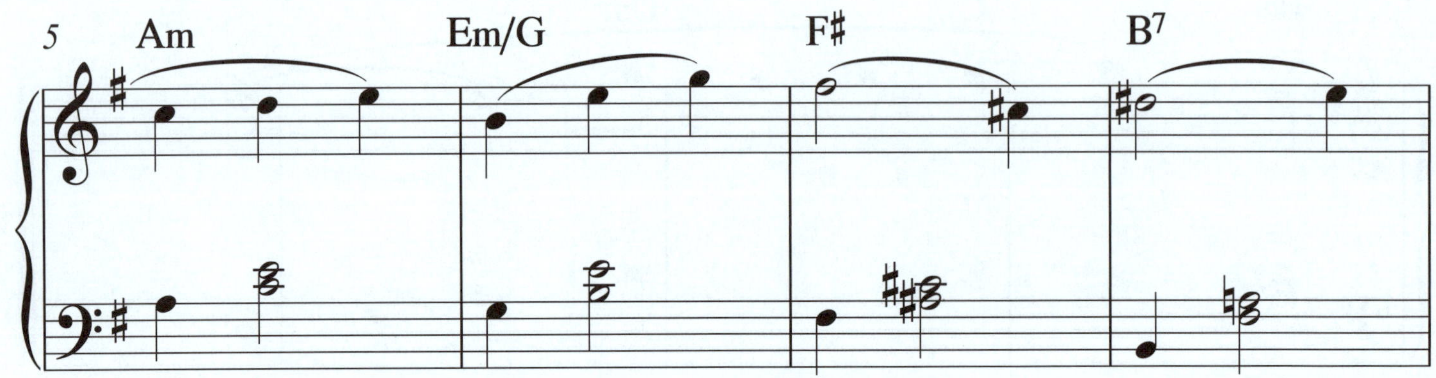

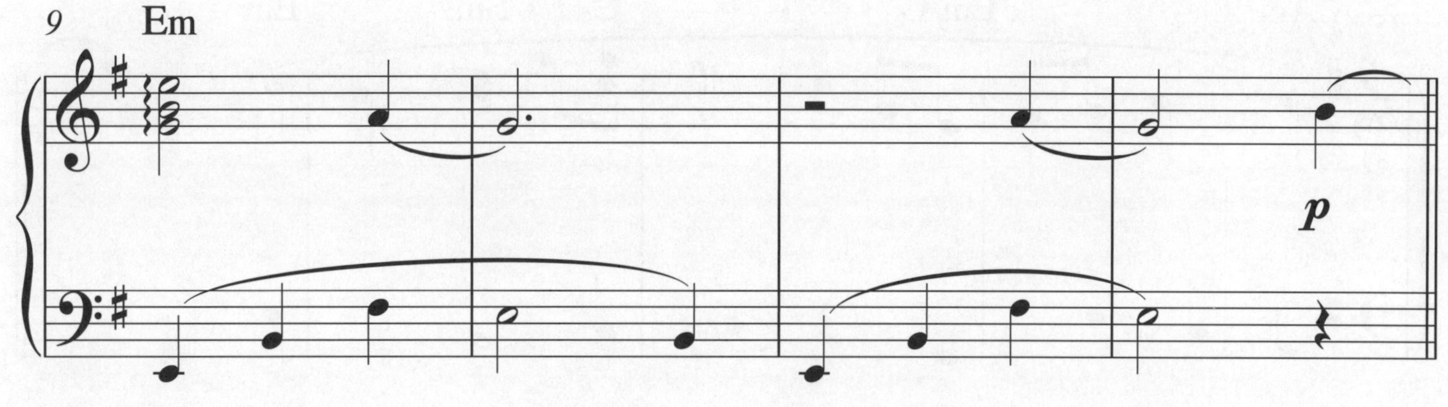

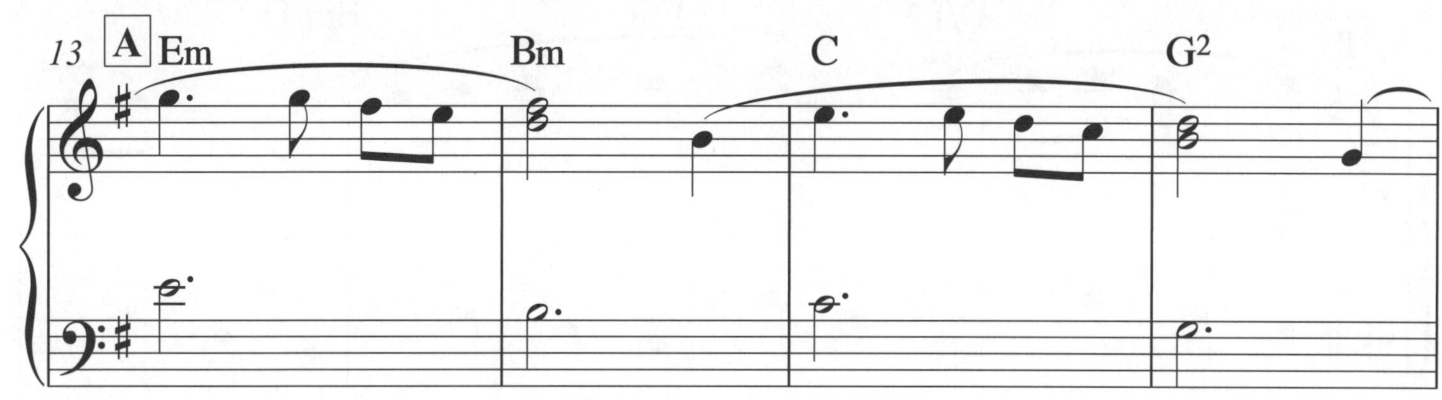

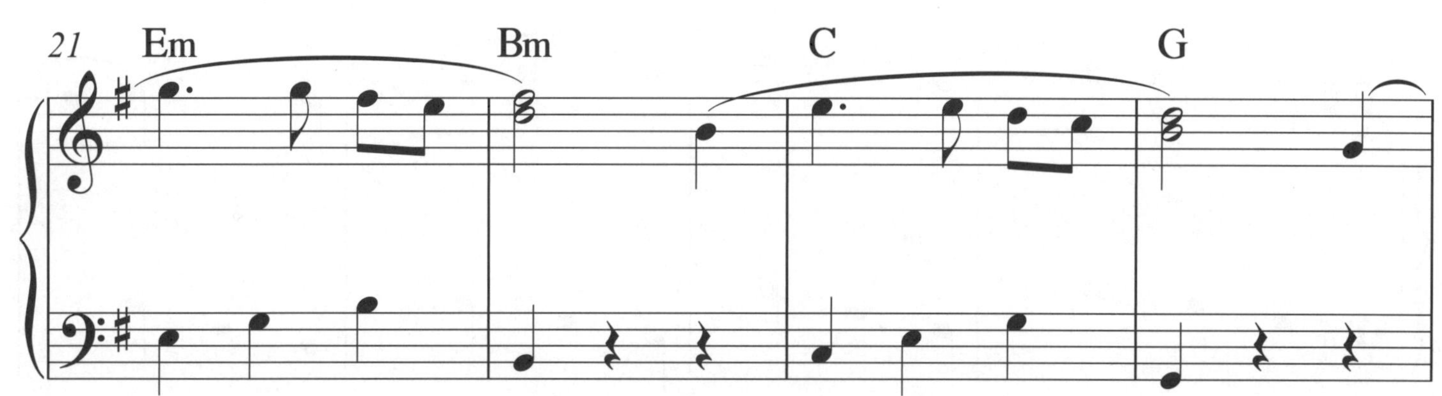

스튜디오 지브리 OST 베스트 | Easy Piano Ver.

25
Am   Em/G   C   Bm7   Em

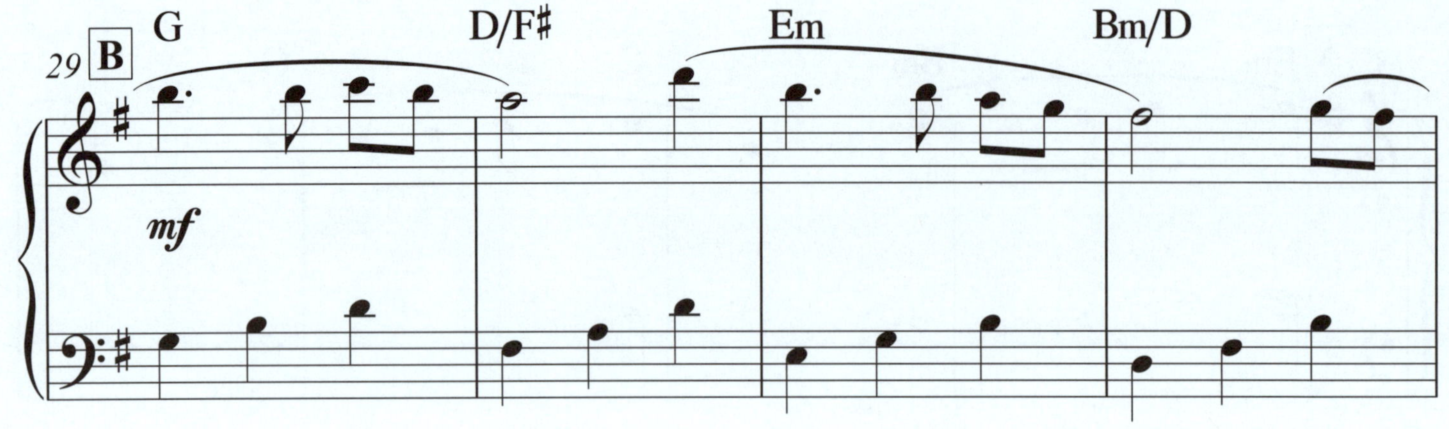
29 B
G   D/F#   Em   Bm/D
mf

33
C   G/B   A   D7

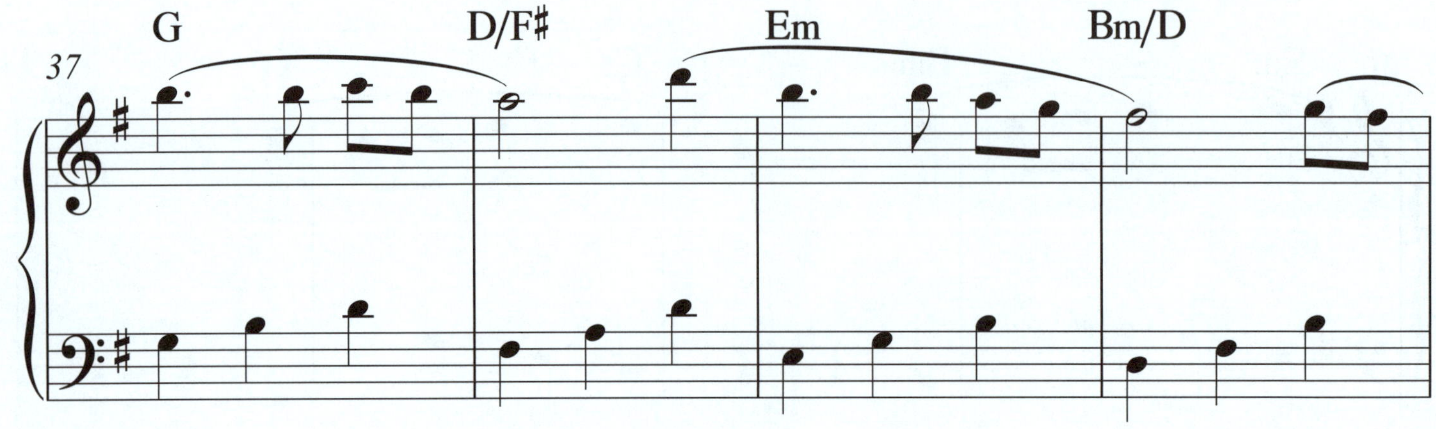
37
G   D/F#   Em   Bm/D

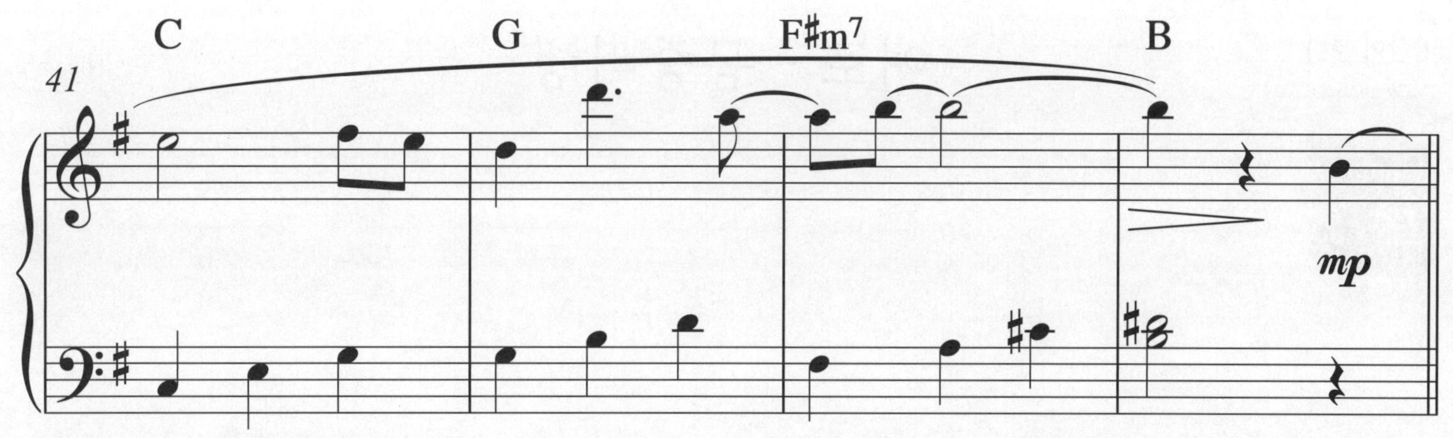

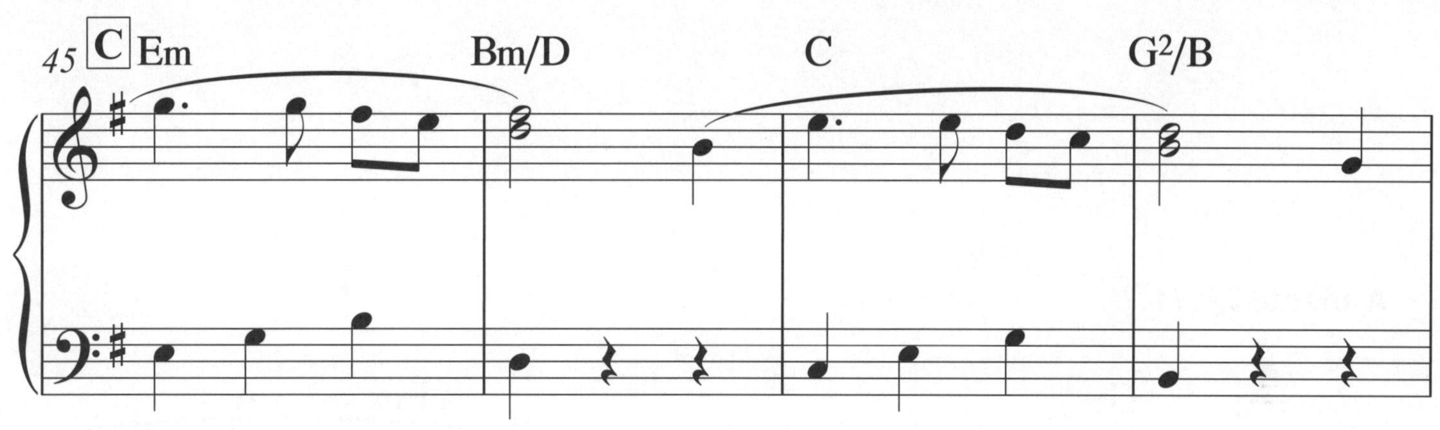

스튜디오 지브리 OST 베스트 | Easy Piano Ver.

여로 – 몽중비행

J. Hisaishi

Andante ♩ = 74

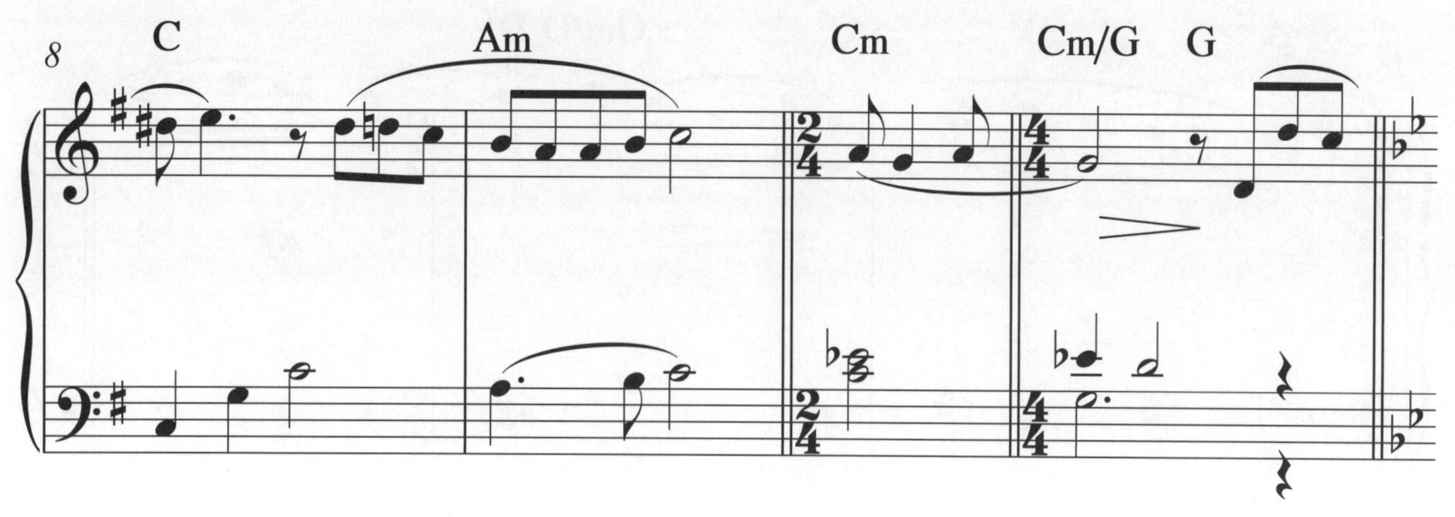

스튜디오 지브리 OST 베스트 | Easy Piano Ver.

생명의 기억

J. Hisaishi

Adagio ♩ = 60

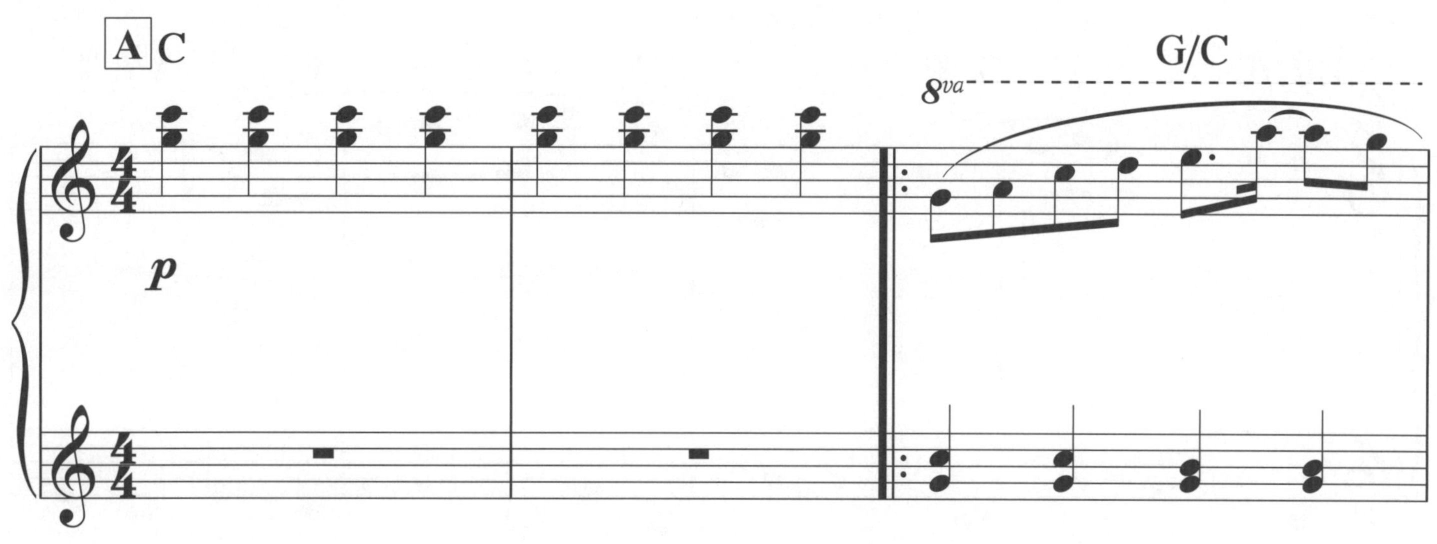

F   G/F   C/E   A7   Dm7   G7   Csus4   C
(8)
7

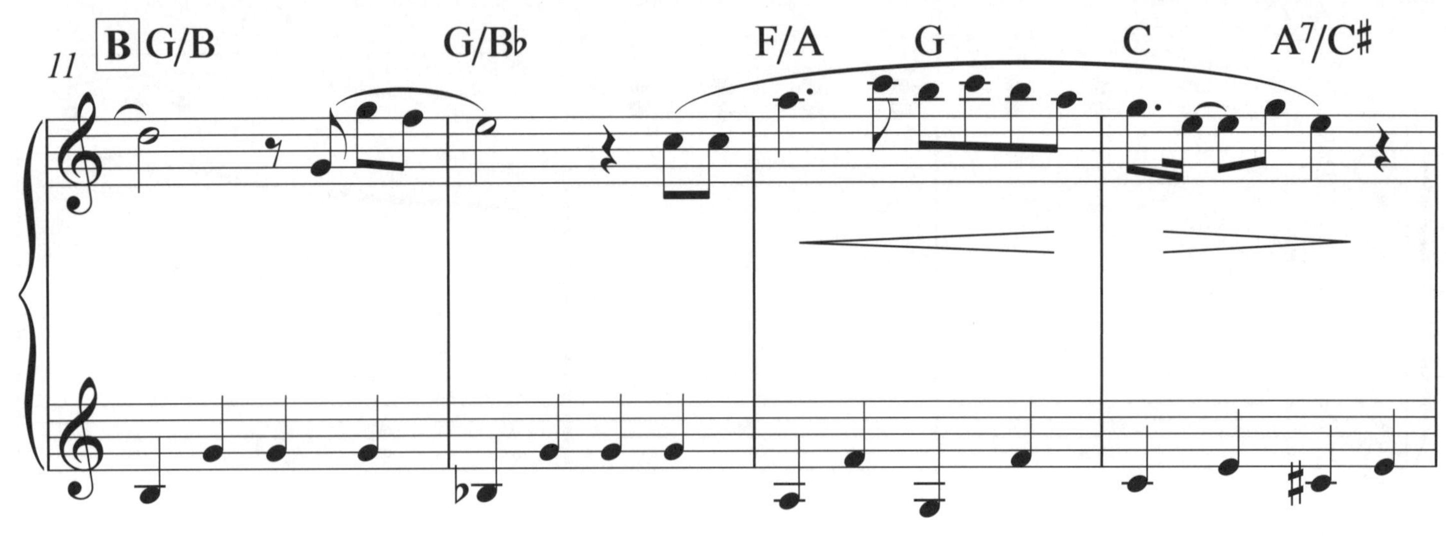

B G/B   G/B♭   F/A   G   C   A7/C#
11

Dm7   G7   C   Am   Dm7   G7   C
15

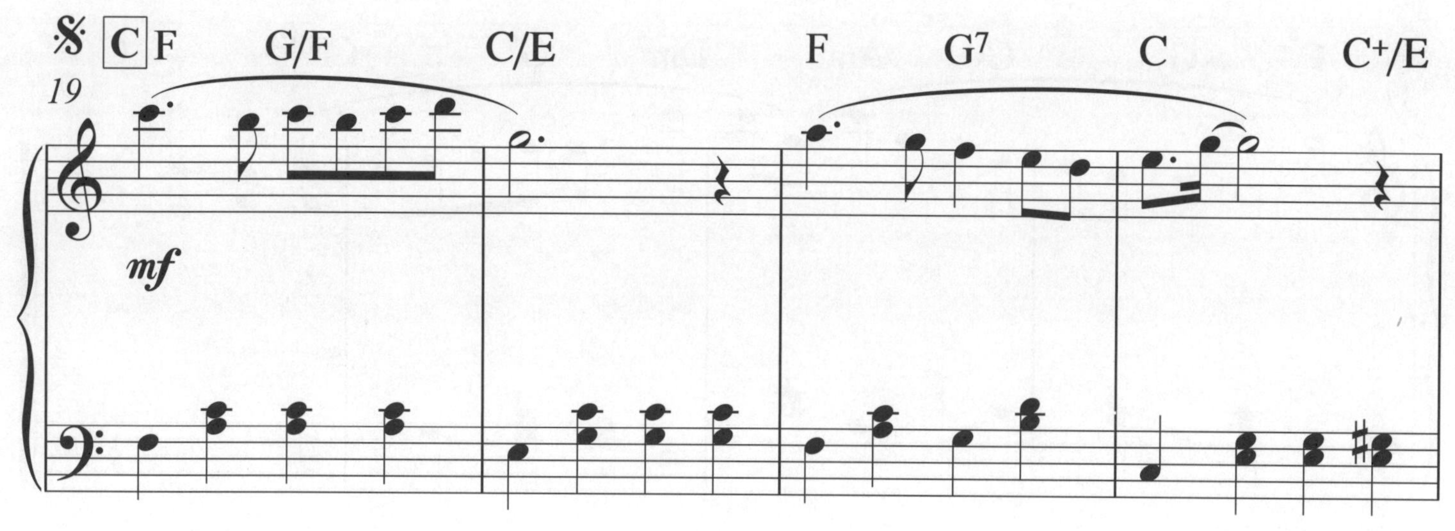

C F   G/F   C/E   F   G7   C   C+/E
mf

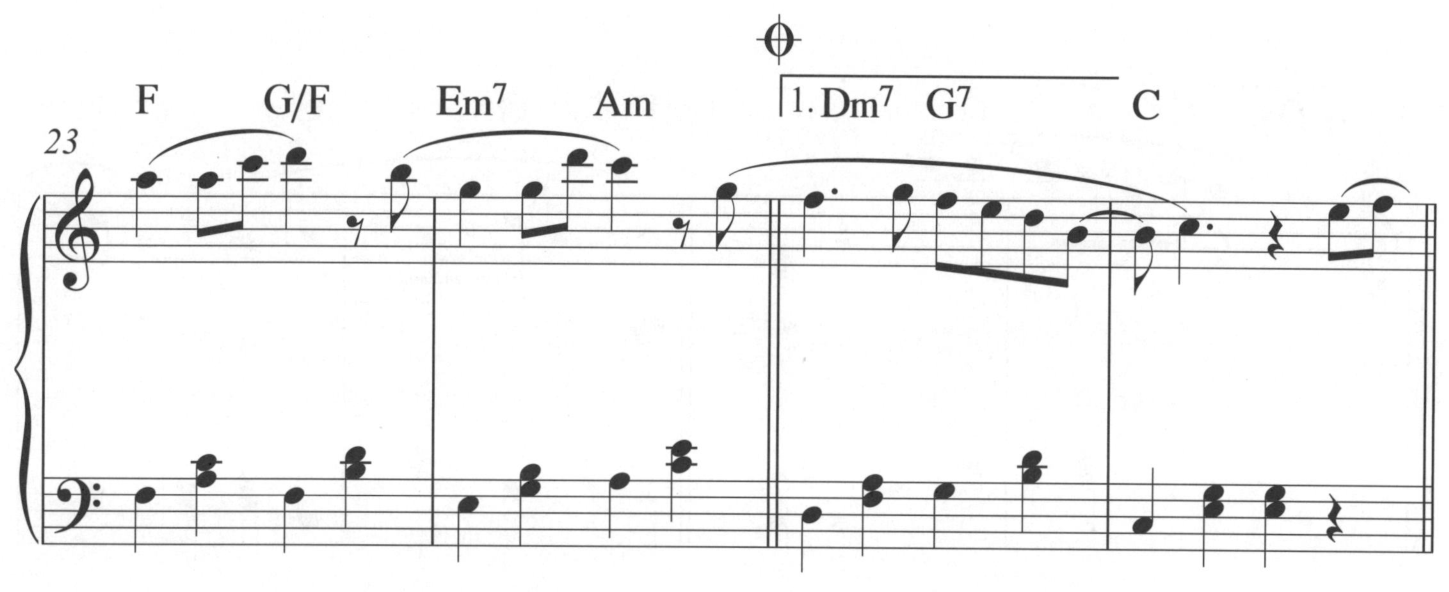

F   G/F   Em7   Am   1. Dm7 G7   C

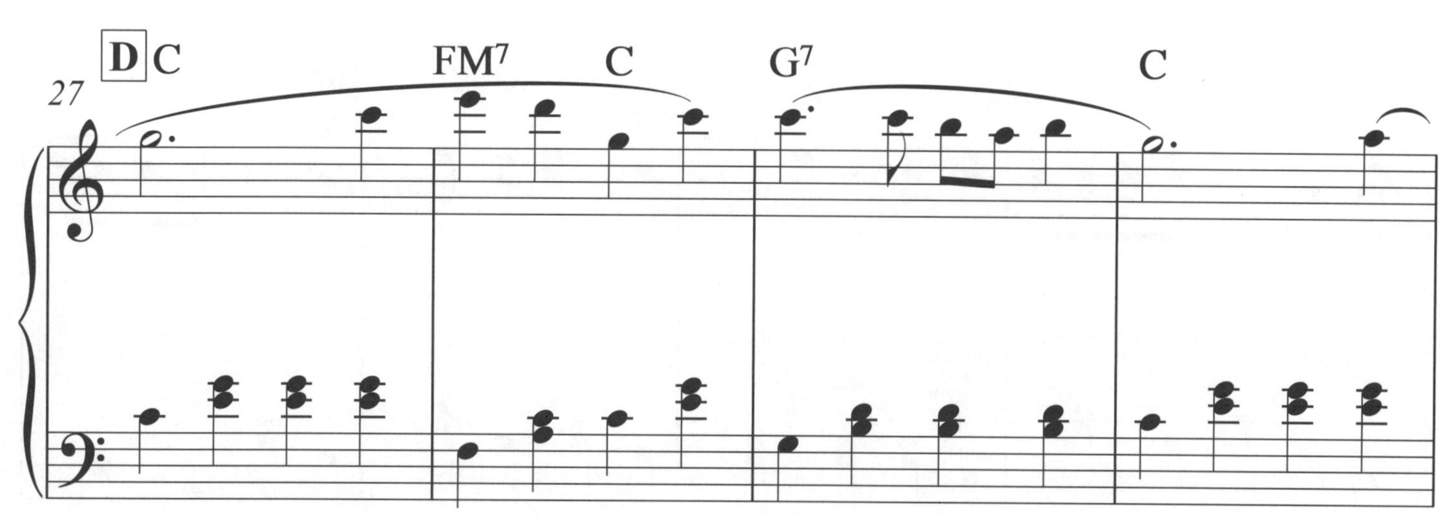

D C   FM7   C   G7   C

31
F   G   C   Am   Dm7   G7   Csus4   C

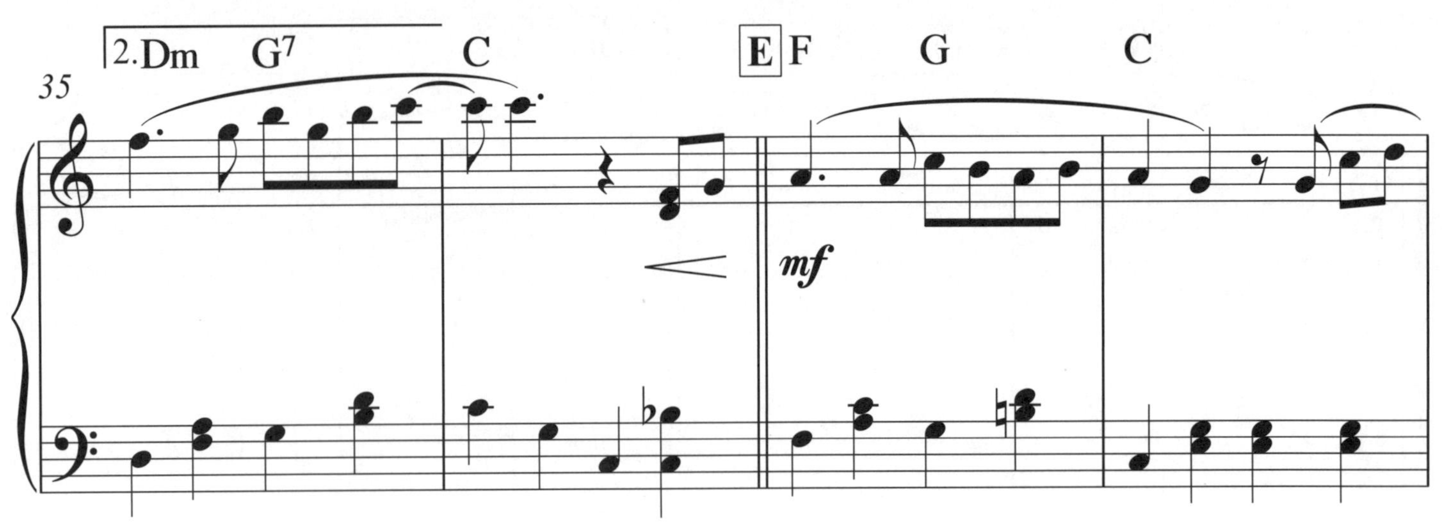

35
2.Dm   G7   C   E F   G   C
mf

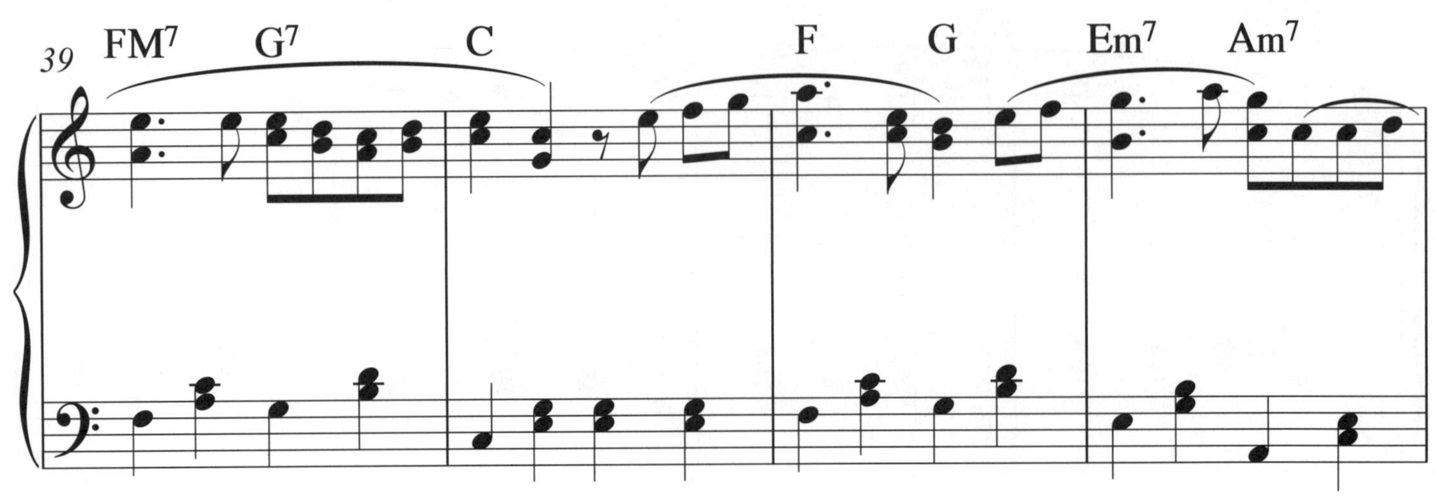

39
FM7   G7   C   F   G   Em7   Am7

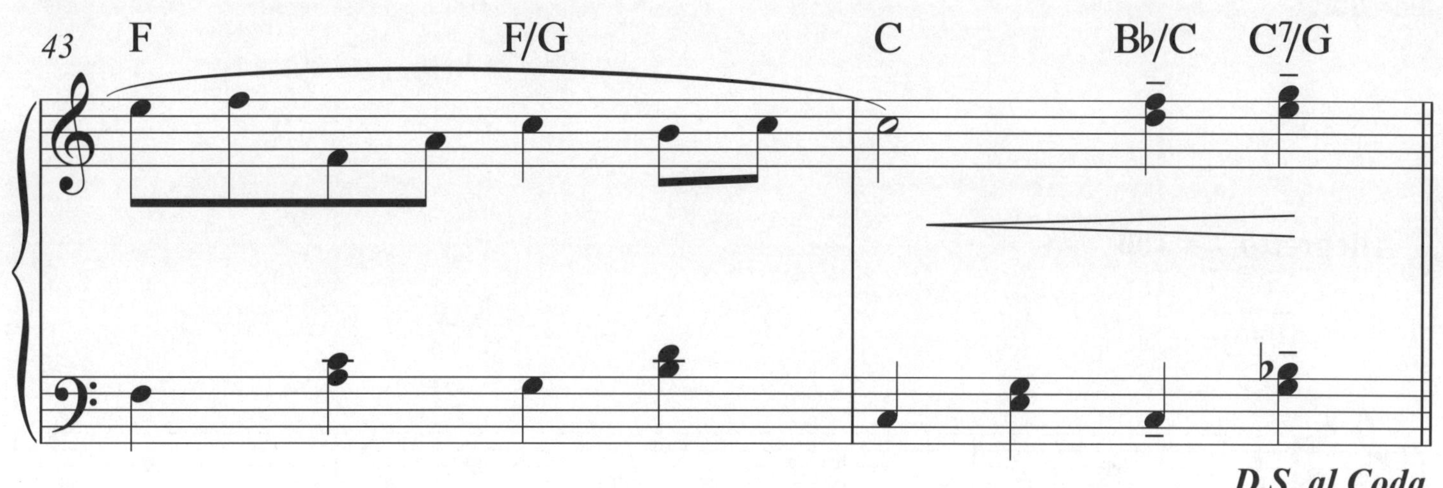

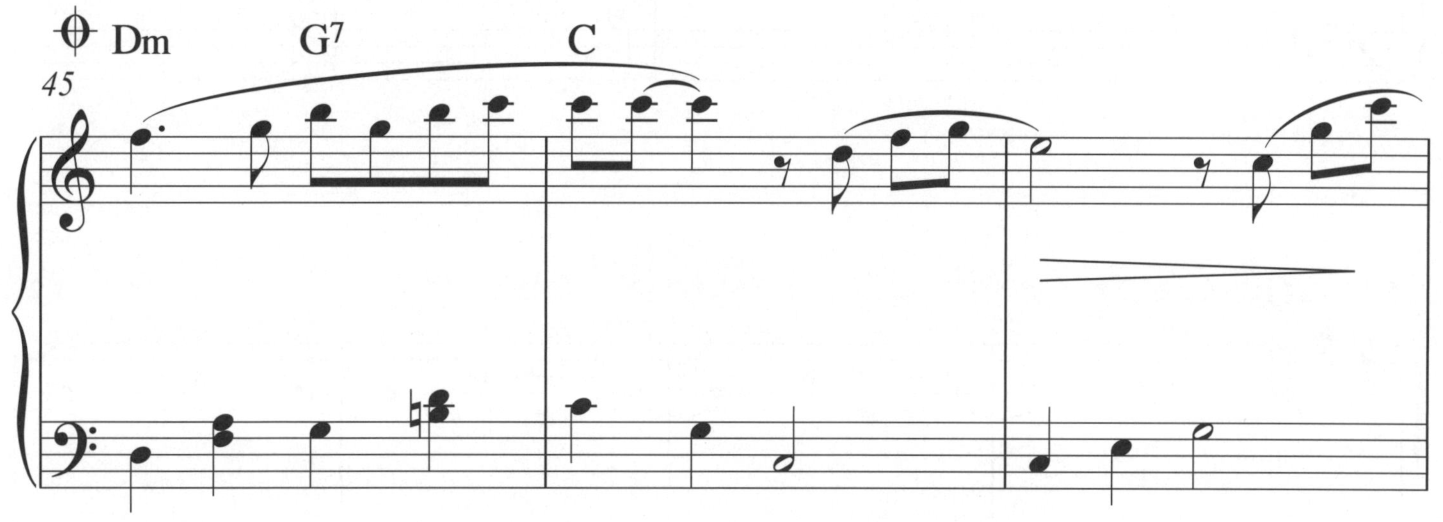

스튜디오 지브리 OST 베스트 | Easy Piano Ver.

Fine On The Outside

A. Priscilla

Allegretto ♩. = 100

스튜디오 지브리 OST 베스트 | Easy Piano Ver.

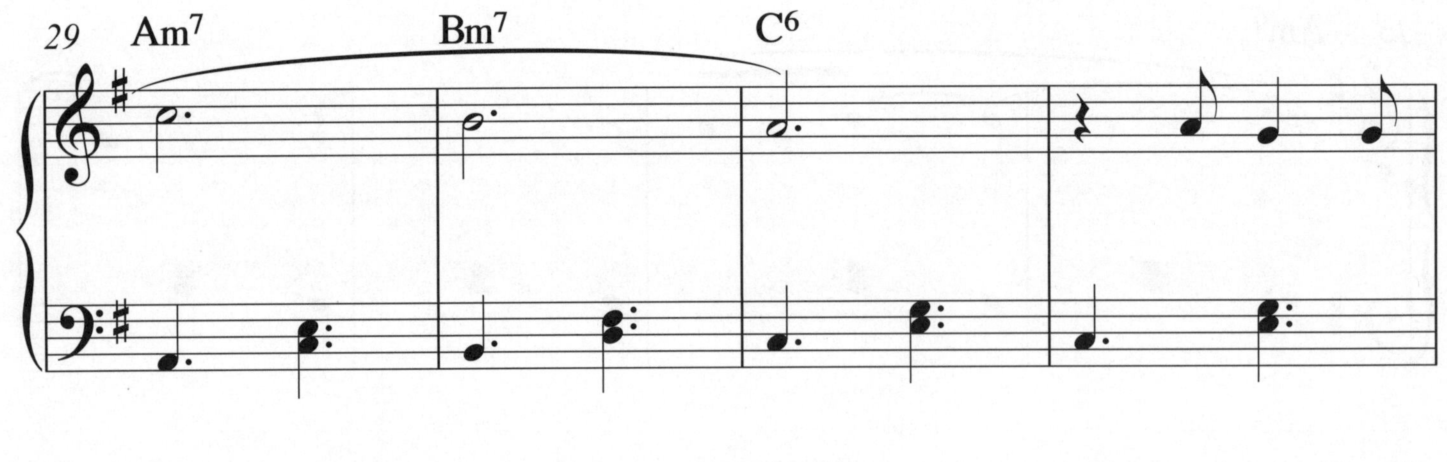

29
Am7
Bm7
C6

33
G
1.

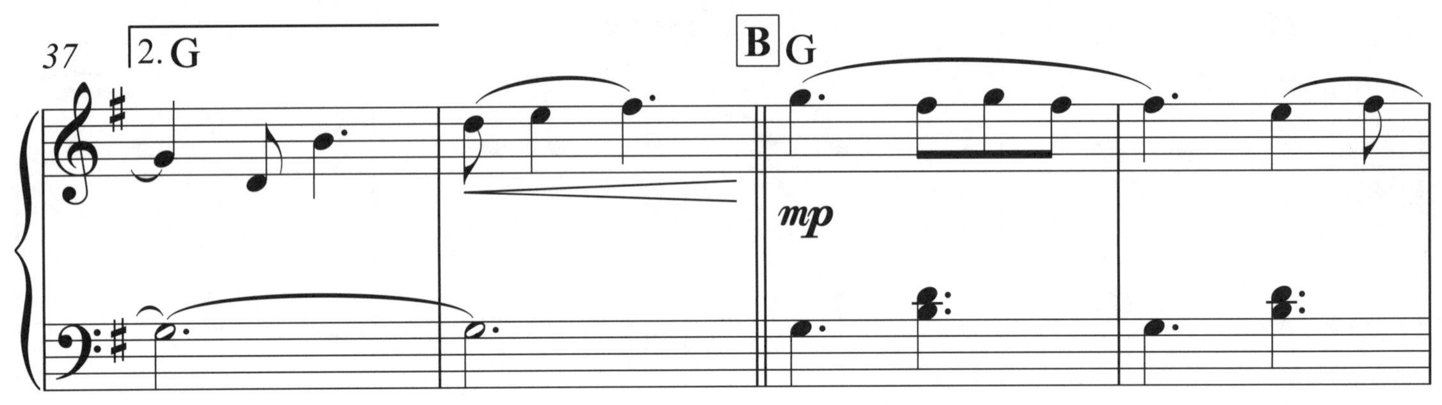

37
2. G
B G
mp

41
G

스튜디오 지브리 OST 베스트 | Easy Piano Ver.

61
Am9

65
CM9
D.S. al Coda

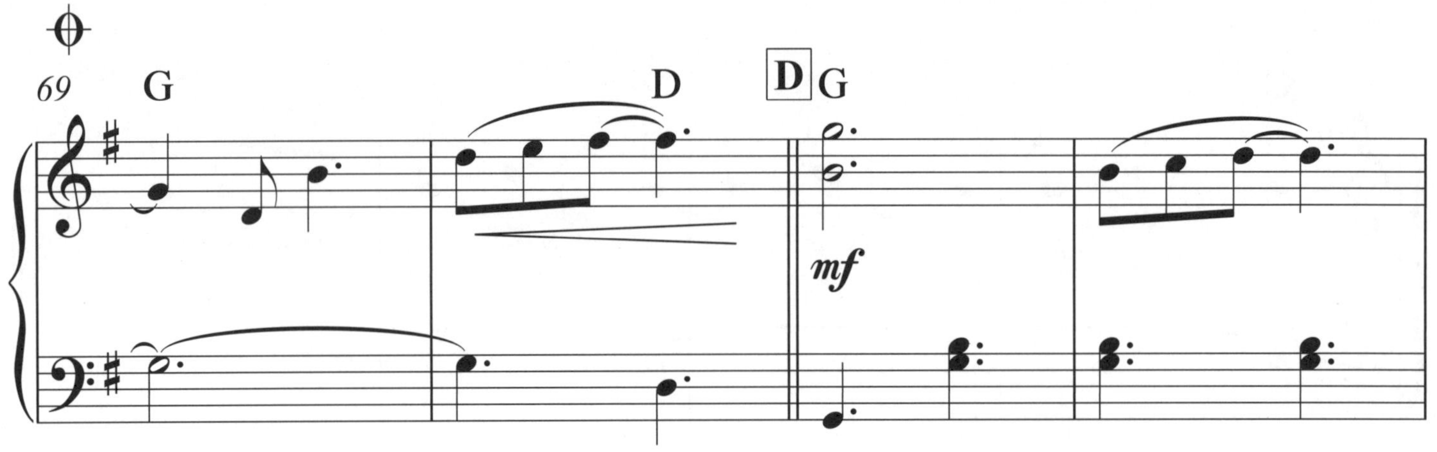

69
G
D
D
G
mf

73
D7/G
G

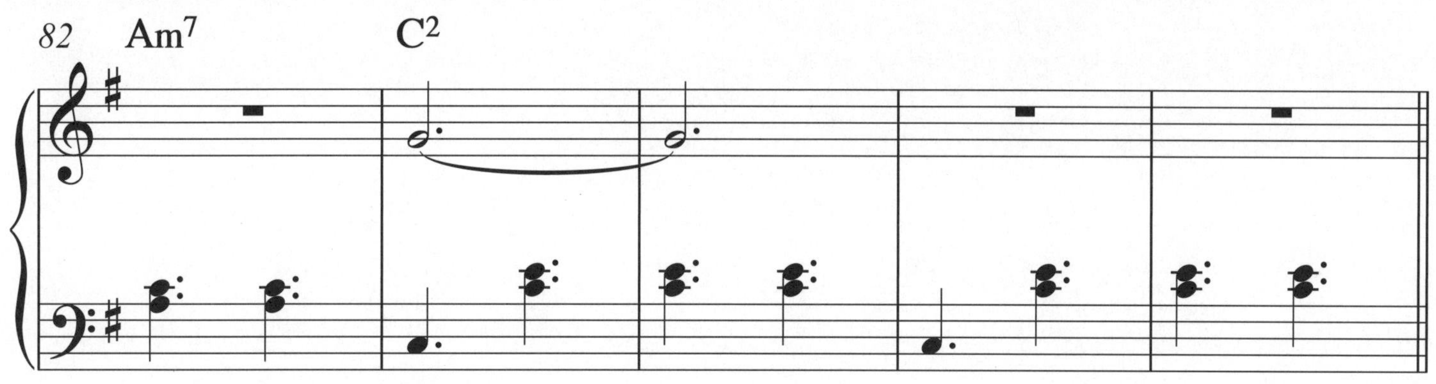

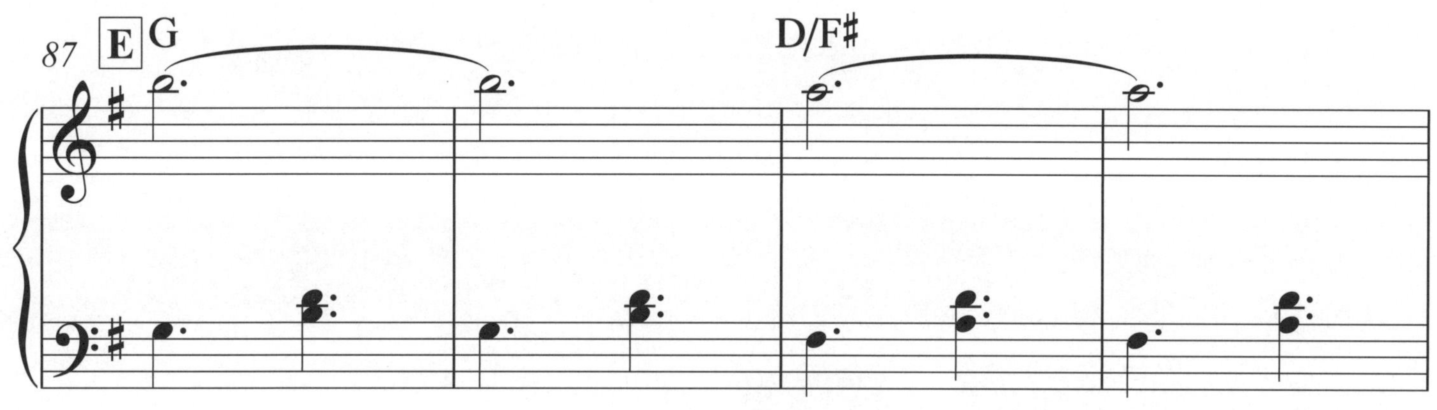

스튜디오 지브리 OST 베스트 | Easy Piano Ver.

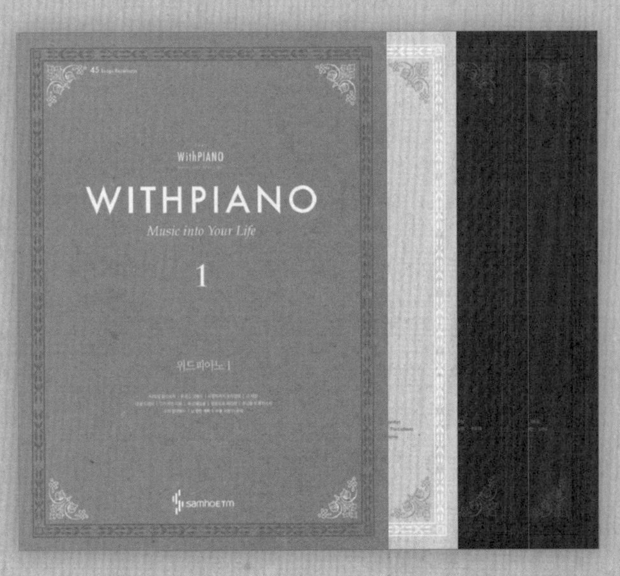

성인 전문 피아노학원인
위드피아노의 학습과정 그대로!!

Music into Your Life
위드피아노1~4

김성식 저 | 국배판 | 128, 148, 152, 156면 | 동영상첨부 | 양장제본 | 각 15,000원

1. 성인 전문 피아노학원으로 각광받고 있는 위드피아노의 커리큘럼에 따라, 곡의
   난이도 순으로 풀어 놓았습니다.

2. 원스, 별에서 온 그대, 해를 품은 달, 말할 수 없는 비밀, 바람계곡의 나우시카 등
   OST, BGM 곡 수록.

3. 선생님의 연주법 강의와 모범연주 영상을 보고 연습할 수 있습니다.

삼호뮤직 / 삼호ETM을 이제 온라인에서 만나보세요.

삼호뮤직 / 삼호ETM의 회사소식, 도서정보, 다양한 음악이야기와 정보를
홈페이지, 인스타그램, 페이스북, 유튜브, 블로그에서 접할 수 있습니다.

· 홈페이지 **www.samhomusic.com**

삼호뮤직 / 삼호ETM의 공식 웹사이트로 신간안내, 악보서비스, 음악에 관한 다양한 소식을
만나보실 수 있습니다.

· 인스타그램 **www.instagram.com/samho_music**

삼호뮤직 / 삼호ETM의 도서정보와 이벤트 및 음악정보를 공유하는 공간입니다.

· 페이스북 **http://www.facebook.com/samhomusicnew**

삼호뮤직 / 삼호ETM의 다양한 경품 이벤트와 음악정보를 함께 이야기하는 SNS공간입니다.

· 유튜브채널 **http://www.youtube.com/samhomusic1**

삼호뮤직 / 삼호ETM도서의 연주 영상을 유튜브 채널로 만나보실 수 있습니다.

· 블로그 **http://blog.naver.com/samhomusic**

이벤트, 도서리뷰, 공연소식을 독자들과 함께 공유하는 공간입니다.

연주 동영상이 있는

스튜디오 지브리 OST 베스트
Easy Piano Ver.

발 행 일 2016년 12월 9일

발 행 인 김두영
발 행 처 삼호ETM (http://www.samhomusic.com)
　　　　　우편번호 10881
　　　　　경기도 파주시 문발로 175
　　　　　마케팅기획부　　　전화 1577-3588　　　　　팩스 (031) 955-3599
　　　　　콘텐츠기획개발부 전화 (031) 955-3589　　　팩스 (031) 955-3598
등 　 록 2009년 2월 12일 제321-2009-00027호

ISBN　　978-89-6721-542-2

제 품 명 : 도서	주　　소 : 경기도 파주시 문발로 175	
제조사명 : 삼호ETM	문의전화 : 1577-3588	
제조국명 : 대한민국	제조년월 : 판권 별도 표기	
사용연령 : 3세 이상	KC마크는 이 제품이 공통안전기준에 적합하였음을 의미합니다.	